中国政法大学—宜信金融消费者权益保护
教育研究系列丛书

报告系列

中国金融消费者权益保护研究报告

李爱君 主编

参编人员

李爱君 刘大伟 周 昀 周长玲
胡安子 方宇菲 张 珺 姜程潇
贾 慧 方 颖 马 军 芦 姗
于佳鑫 王琳琳 吕晓蕾

法律出版社 LAW PRESS·CHINA

中国政法大学—宜信互联网金融创新与金融消费者权益保护
教育研究项目资助

序

随着科技发展、互联网普及和人民生活水平的提高,金融正以越来越具多样化的形式融入百姓的日常生活之中。然而,由于我国金融市场仍处于改革的进程之中,金融机构提供金融产品和服务的行为尚不规范,而金融消费者对金融基础知识了解不足、风险识别能力较差、维权意识较弱,导致近几年来金融消费纠纷频发,在一定程度上对金融市场的稳定健康发展带来了负面影响。国务院办公厅于《关于加强金融消费者权益保护工作的指导意见》中指出“金融消费者是金融市场的重要参与者,也是金融业持续健康发展的推动者。加强金融消费者权益保护工作,是防范和化解金融风险的重要内容,对提升金融消费者信心、维护金融安全与稳定、促进社会公平正义和社会和谐具有积极意义”,要“建立健全金融消费者权益保护监管机制和保障机制,规范金融机构行为,培育公平竞争和诚信的市场环境,切实保护金融消费者合法权益,防范和化解金融风险,促进金融业持续健康发展”。

《中国金融消费者权益保护研究报告》正是在此背景下进行调研和编写的,本报告的宗旨即通过梳理和总结我国当前金融消费者权益保护机制,进行理论分析、案例评述并借鉴域外制度,为监管机构、金融机构以及金融消费者提供建议和指引。从而,为金融消费合法权益的保障、金融业市场的持续健康发展和良好社会氛围的构建做出贡献。

《中国金融消费者权益保护研究报告》是在充分了解我国当前金融监管制度、广泛调研各行业金融机构运作模式和深入分析金融消费者权益保护案例的基础上完成的。本报告分为金融消费者权益保护制度、金融消费者权益保护的权利指标、金融消费纠纷解决机制、保障和补偿计划、金融消费者权益保护案例、域外金融消费者权益保护制度、金融消费者权益保护实施案例7个部分。从法学视野出发,先就制度和权利指标进行梳理,再对不同金融行业的纠纷解决机制和保障补偿措施进行介绍,最后通过对典型案例的评述和域外制度的总结分析,为我国当前的金融消费者权益保护工作提供参考和建议。

《中国金融消费者权益保护研究报告》是中国政法大学互联网金融法律研究院在宜信公司的委托下进行“金融创新与金融消费者权益保护教育实施路径研究”课题研究的理论成果之一。在此课题的研究过程中,除了理论研究,课题组还积极开展实践活动,进行了金融消费者权益保护教育实施路径的尝试,开展了由“中国政法大学—宜信金融消费者权益保护教育基金”提供奖学金的“金融创新与法制媒体班”(现已开展至第4期)、“金融消费知识校园宣传月”、“高校金融消费知识竞赛”、“普惠金融与法制”论文竞赛、“数字金融法制”论文竞赛等一系列金融消费者权益保护教育活动。

《中国金融消费者权益保护研究报告》作为“中国政法大学—宜信金融消费者权益保护教育研究系列丛书”出版的首部报告,自最初的资料整理、案例收集、机构调研工作至今,已耗费了近3年的时间,其间经过了多次调整、补充、改进。在此,特别向为此报告提供详尽案例的中国银行北京市分行、北京秉正银行业消费者权益保护促进中心、中国人民保险、宜信公司等机构和企业表示感谢。

出于各种客观因素,本报告仍存在一些不足和缺憾,有待各界专家学者的指导和建议。望在社会各界的指导、支持和呵护下,《中国金融消费者权益保护研究报告》能够为金融消费者、金融机构及监管部门提供准确、全面、有价值、有实操性的信息和建议,为维护金融消费者合法权益,推进金融业市场持续健康快速发展贡献力量。

李爱君

2019年3月12日

Contents

目　　录

第一章　金融消费者权益保护制度

2015 年 11 月 4 日国务院下发《关于加强金融消费者权益保护工作的指导意见》(以下简称《指导意见》),提出"人民银行、银监会、证监会、保监会(以下统称金融管理部门)要按照职责分工,密切配合,切实做好金融消费者权益保护工作"。2016 年全国人民代表大会发布的《中华人民共和国国民经济和社会发展第十三个五年计划纲要》,提出要加快金融体制改革。其中,在改革金融监管框架下,要求"健全符合我国国情和国际标准的监管规则,建立针对各类投融资行为的功能监管和切实保护金融消费者合法权益的行为监管框架,实现金融风险监管全覆盖"。具体而言,保护金融消费者合法权益属于金融监管中行为监管的一部分,而金融监管部门不仅要完善对金融消费者权益保护的相关监督管理机制,还要建立健全对金融消费者权益保护的保障机制。

目前,各金融监管机构对金融消费者权益保护愈加重视,在中国人民银行、原银监会、证监会、原保监会①的监管机构网站内,我们可以看到有关金融消费者的保护专栏。例如,中国人民银行网站设有"金融知识"一栏,自 2013 年起每年 9 月都开展"金融知识

① 根据中共中央《深化党和国家机构改革方案》规定,将中国银行业监督管理委员会和中国保险监督管理委员会的职责整合,组建中国银行保险监督管理委员会。

普及月活动”，分别深入校园、商圈、社区及农村等领域；证监会网站有投资者保护一栏，其中有“投资者专题”“投资者教育”“12386 证监会热线”三大主题专栏；原保监会网站有消费者保护一栏，其中有“消费者教育风险提示”“政策法规”“工作动态”“投诉维权”“理论探讨”“保险知识大讲堂”“消费者权益保护系列活动”几大主题专栏；原银监会有设立消保局，而消保局下又有设立投诉举报平台等。各个金融行业协会等自治协会也建立了与监管机构相连接的投诉举报平台等。除了线上的金融消费者权益保护的各项活动，各监管机构及各金融机构或类金融机构在线下大力开展各种金融消费者权益保护活动，进行金融消费者权益保护教育。

以下，主要从各行业形态领域具体对此进行说明。

一、银行业机构

目前，有关银行业金融消费者的权益保护在各法律法规中均有规定，如《中华人民共和国商业银行法》（以下简称《商业银行法》）、《中华人民共和国消费者权益保护法》（以下简称《消费者权益保护法》）、《中华人民共和国银行业监督管理法》（以下简称《银行业监督管理法》）、中国人民银行发布的《中国人民银行金融消费者权益保护实施办法》（以下简称《办法》）、银监会发布的《银行业消费者权益保护工作指引》（以下简称《工作指引》）等。

下文主要针对上述法律法规，从对银行业消费者权益保护的发展进程、制度建设及消费者权益保护教育宣传活动三个方面入手，对目前金融消费者权益保护的具体内容做详细介绍。

（一）发展历程

我国 1995 年制定的《商业银行法》中，便明确对存款人合法权益的保护为其立法所追求的目标。我国《商业银行法》第 1 条规定：“为了保护商业银行、存款人和其他客户的合法权益，规范商业银行的行为，提高信贷资产质量，加强监督管理，保障商业银行的稳健运行，维护金融秩序，促进社会主义市场经济的发展，制定本法。”

我国 2003 年制定的《银行业监督管理法》中，仍然使用我国《商业银行法》中对主体的称呼。即其第 1 条规定，“为了加强对银行业的监督管理，规范监督管理行为，防范和化解银行业风险，保护存款人和其他客户的合法权益，促进银行业健康发展，制定本法”。在此阶段，法律中对银行业消费者的称呼为“存款人和其他用户”。

随着银行业业务的增加,对消费者权益保护的认识有了新的提高。

2013 年 5 月中国人民银行出台了《中国人民银行金融消费权益保护工作管理办法(试行)》,对金融消费者作出了明确的定义。其第 2 条规定:“本办法所称金融消费者,是指在中华人民共和国境内购买、使用金融机构销售的金融产品或接受金融机构提供的金融服务的自然人。”

2013 年 8 月银监会出台了《工作指引》,进一步明确了银行业消费者的概念。《工作指引》第 3 条规定:“本指引所称银行业消费者是指购买或使用银行业产品和接受银行业服务的自然人。”

2013 年 10 月我国《消费者权益保护法》第二次修正,增加该法第 18 条第 2 款“宾馆、商场、餐馆、银行、机场、车站、港口、影剧院等经营场所的经营者,应当对消费者尽到安全保障义务”和第 28 条“采用网络、电视、电话、邮购等方式提供商品或者服务的经营者,以及提供证券、保险、银行等金融服务的经营者,应当向消费者提供经营地址、联系方式、商品或者服务的数量和质量、价款或者费用、履行期限和方式、安全注意事项和风险警示、售后服务、民事责任等信息”,明确将银行业消费者纳入消法保护的主体范畴内。

随后,在银监会出台的各项有关对银行业机构的行为规范及文件中,均会提及对银行业消费者的保护。

2014 年出台的《商业银行服务价格管理办法》第 20 条要求,“商业银行应当采取以下措施保护客户相关权益:(一)在营业场所的醒目位置提供相关服务价格目录或说明手册等,供客户免费查阅,有条件的商业银行可采用电子显示屏、多媒体终端、电脑查询等方式披露服务价格信息。(二)设有商业银行网站的,应当在网站主页醒目位置公示服务价格目录或说明手册等,供客户免费查阅。(三)使用电子银行等自助渠道提供服务的,应当在收取服务费用之前,提示客户相关服务价格,并保证客户对相关服务的选择权。(四)明确界定各分支机构同城业务覆盖的区域范围,通过营业场所公示、宣传手册、网站公示等方式告知客户,并提供 24 小时查询渠道。同城业务覆盖的区域范围应当不小于地级市行政区划,同一直辖市、省会城市、计划单列市应当列入同城范畴”。同年出台的《商业银行并表管理与监管指引的通知》第 73 条规定:“商业银行应当确保各附属机构有明确的经营目标和市场定位,在存在潜在利益冲突的业务领域建立防火墙,确保各机构合理开展业务合作,避免利用客户信息优势、银行集团股权关系和组织架构等便利从事内幕交易,从而导致不当利益输送、监管套利和风险传染等情况发生。商业银行及各附属机构应当确保前、中、后台等具有潜在利益冲突的经营环节实现业务叙作、管理责任的隔离；确保自营业务与代理业务严格隔离，避免消费者混淆不同法人主体责任，引发风险传染。”

2016 年 12 月为顺应“十三五”规划的要求，中国人民银行出台《办法》，从金融机构行为规范、个人金融信息保护、投诉受理制度建设及监督与管理机制等几个方面，对金融消费者权益保护建立起一个较为完整的框架体系。

(二)制度建设

1. 银行业消费者的权利

银行业消费者的权利，主要是指为了银行业消费者在与银行业金融机构发生业务往来的各个阶段始终能够得到公平、公正和诚信的对待，而应享受的各项权利。

在我国《商业银行法》中，突出了银行业消费者的存款资源、取款自由原则。其第 29 条规定：“商业银行办理个人储蓄存款业务，应当遵循存款自愿、取款自由、存款有息、为存款人保密的原则。”

而更为具体的规定则主要体现在《工作指引》中。其中，该指引第 9 ~ 12 条明确规定了银行业消费者享有知情权、自主选择权、公平交易权、金融信息安全权。即第 9 条规定：“银行业金融机构应当尊重银行业消费者的知情权和自主选择权，履行告知义务，不得在营销产品和服务过程中以任何方式隐瞒风险、夸大收益，或者进行强制性交易。”其第 10 条规定：“银行业金融机构应当尊重银行业消费者的公平交易权，公平、公正制定格式合同和协议文本，不得出现误导、欺诈等侵害银行业消费者合法权益的条款。”其第 11 条规定：“银行业金融机构应当了解银行业消费者的风险偏好和风险承受能力，提供相应的产品和服务，不得主动提供与银行业消费者风险承受能力不相符合的产品和服务。”第 12 条规定：“银行业金融机构应当尊重银行业消费者的个人金融信息安全权，采取有效措施加强对个人金融信息的保护，不得篡改、违法使用银行业消费者个人金融信息，不得在未经银行业消费者授权或同意的情况下向第三方提供个人金融信息。”

除此之外，银行业消费者在业务往来过程中的财产安全及人身安全也应得到相应的保障。

我国《商业银行法》规定了存款人的存款有息，以及储蓄存款债权的优先受偿权。即该法第 33 条规定：“商业银行应当保证存款本金和利息的支付，不得拖延、拒绝支付存款本金和利息。”该法第 71 条规定：“商业银行不能支付到期债务，经国务院银行业监督管理机构同意，由人民法院依法宣告其破产。商业银行被宣告破产的，由人民法院组织国务院银行业监督管理机构等有关部门和有关人员成立清算组，进行清算。商业银行破产清算时，在支付清算费用、所欠职工工资和劳动保险费用后，应当优先支付个人储蓄存款的本金和利息。”

我国《消费者权益保护法》第 18 条规定：“经营者应当保证其提供的商品或者服务符合保障人身、财产安全的要求。对可能危及人身、财产安全的商品和服务，应当向消费者作出真实的说明和明确的警示，并说明和标明正确使用商品或者接受服务的方法以及防止危害发生的方法。宾馆、商场、餐馆、银行、机场、车站、港口、影剧院等经营场所的经营者，应当对消费者尽到安全保障义务。”

2. 个人信息保护

我国《商业银行法》规定，商业银行为存款人保密。即该法第 29 条第 2 款规定：“对个人储蓄存款，商业银行有权拒绝任何单位或者个人查询、冻结、扣划，但法律另有规定的除外。”

我国《消费者权益保护法》第 29 条规定：“经营者收集、使用消费者个人信息，应当遵循合法、正当、必要的原则，明示收集、使用信息的目的、方式和范围，并经消费者同意。经营者收集、使用消费者个人信息，应当公开其收集、使用规则，不得违反法律、法规的规定和双方的约定收集、使用信息。经营者及其工作人员对收集的消费者个人信息必须严格保密，不得泄露、出售或者非法向他人提供。经营者应当采取技术措施和其他必要措施，确保信息安全，防止消费者个人信息泄露、丢失。在发生或者可能发生信息泄露、丢失的情况时，应当立即采取补救措施。经营者未经消费者同意或者请求，或者消费者明确表示拒绝的，不得向其发送商业性信息。”

《工作指引》第 12 条规定：“银行业金融机构应当尊重银行业消费者的个人金融信息安全权，采取有效措施加强对个人金融信息的保护，不得篡改、违法使用银行业消费者个人金融信息，不得在未经银行业消费者授权或同意的情况下向第三方提供个人金融信息。”

3. 投诉处理机制

2012 年中国银监会发布《关于完善银行业金融机构客户投诉处理机制切实做好金融消费者保护工作的通知》（银监发〔2012〕13 号）（以下简称《通知》），其中要求“完善客户投诉处理机制，制定投诉处理工作流程，落实岗位责任,及时妥善解决客户投诉事项,积极预防合规风险和声誉风险”。2013 年银监会出台《银行业消费者投诉处理规程》,规定:“银监会信访部门作为接诉部门,按照现行工作流程,统一接受消费者投诉。”

《工作指引》第 18 条规定:“银行业金融机构应当建立健全银行业消费者权益保护工作制度体系,包括但不局限于如下内容……(四)银行业消费者投诉受理流程及处理程序……”第 40 条规定:“银监会及其派出机构应当督促银行业金融机构妥善解决与银行业消费者之间的纠纷,并依法受理银行业消费者认为未得到银行业金融机构妥善处理的投诉,进行协调处理。”

目前,部分地区银监局已经制定出较为详细的有关银行业举报和投诉处理办法的规范性文件。例如,上海银监局已发布《上海银监局银行业举报和投诉处理办法(试行)》,江苏银监局发布《江苏银监局银行业消费者投诉处理规程(试行)》,宁夏银监局发布《宁夏银监局银行业消费者投诉处理实施细则》,西藏银监局发布《西藏银监局银行业消费者投诉处理办法(试行)》等。

4. 监管制度

《工作指引》第 35 条规定:“银监会及其派出机构应当充分了解、核实银行业金融机构消费者权益保护体制机制建设情况、工作开展情况及实际效果;建立健全银行业金融机构消费者权益保护工作评估体系,并将考评结果纳入监管综合考评体系,与市场准入、非现场监管、现场检查等监管措施形成联动,督促银行业金融机构履行银行业消费者权益保护工作的主体责任。”

除了专门针对消费者权益保护机制的监管工作外,还有一些制度也从侧面体现出对银行业消费者权益的保护,如接管制度、备付金制度。

接管制度是国家监管机构对于商业银行信用的监督管理制度,是对商业银行信用的时时监督、管控,防止因为其信用的突然下降,致使存款人存款本息受损。我国《商业银行法》第 64 条规定:“商业银行已经或者可能发生信用危机,严重影响存款人的利益时,国务院银行业监督管理机构可以对该银行实行接管。接管的目的是对被接管的商业银行采取必要措施,以保护存款人的利益,恢复商业银行的正常经营能力。被接管的商业银行的债权债务关系不因接管而变化。”此外,我国《银行业监督管理法》第 38 条中也对接管制度作了规定:“银行业金融机构已经或者可能发生信用危机,严重影响存款人和其他客户合法权益的,国务院银行业监督管理机构可以依法对该银行业金融机构实行接管或者促成机构重组,接管和机构重组依照有关法律和国务院的规定执行。”

(三)消费者权益保护教育

在制度建设的同时,各监管部门及金融机构也广泛普及金融消费者权益保护知识,开设各种活动。

中国人民银行自2013年起每年9月都开展“金融知识普及月活动”,并且深入校园、商圈、社区及农村,针对不同人群进行不同内容的宣传。

原银监会下设有单独部门“消保局”,每年开展银行业金融消费者权益保护活动。

中国银行业协会每年会开展“中国银行业消费者权益保护知识网络竞赛答题”活动,通过竞赛使大家踊跃学习相关消费者权益保护知识,增强维权意识。

各地银监局也相继推出保护银行业消费者权益的专门机构,开展大量活动,进行消费者权益保护的教育和宣传。如北京银监局指导北京市银行业协会发起成立了“北京秉正银行业消费者权益保护促进中心”,专注于金融消费者权益保护的宣传教育以及负责消费者的投诉处理工作。

二、证券业机构

对投资者的保护一直以来都是证券业法律法规所追求的目标之一。上海证券交易所、深圳证券交易所的成立标志着我国证券业的发展。2013年国务院发布《关于进一步加强资本市场中小投资者合法权益保护工作的意见》(国办发〔2013〕110号),指出“中小投资者是我国现阶段资本市场的主要参与群体,但处于信息弱势地位,抗风险能力和自我保护能力较弱,合法权益容易受到侵害。维护中小投资者合法权益是证券期货监管工作的重中之重,关系广大人民群众切身利益,是资本市场持续健康发展的基础”。2014年国务院发布《关于进一步促进资本市场健康发展的若干意见》(国发〔2014〕17号),在此明确要“坚持市场化和法治化取向,维护公开、公平、公正的市场秩序,维护投资者特别是中小投资者合法权益”,并且指出要“处理好风险自担与强化投资者保护的关系。加强投资者教育,引导投资者培育理性投资理念,自担风险、自负盈亏,提高风险意识和自我保护能力。同时,健全投资者特别是中小投资者权益保护制度,保障投资者的知情权、参与权、求偿权和监督权,切实维护投资者合法权益”。

以下,主要从发展历程、制度建设及对证券业投资者权益保护的教育宣传三个方面对其进行介绍。

(一)发展历程

1998年全国人民代表大会常务委员会通过了《中华人民共和国证券法》(以下简称《证券法》),自1999年7月1日起施行。我国《证券法》第1条规定:“为了规范证券发行和交易行为,保护投资者的合法权益,维护社会经济秩序和社会公共利益,促进社会主义市场经济的发展,制定本法。”

2003年全国人民代表大会常务委员会通过《中华人民共和国证券投资基金法》(以下简称《证券投资基金法》)。其中,该法第1条规定:“为了规范证券投资基金活动,保护投资人及相关当事人的合法权益,促进证券投资基金和资本市场的健康发展,制定本法。”

2007年证监会、财政部公布《期货投资者保障基金管理办法》,主要为保障期货投资者的合法权益。

2008年国务院出台《证券公司监督管理条例》(国务院令第522号),指明“为了加强对证券公司的监督管理,规范证券公司的行为,防范证券公司的风险,保护客户的合法权益和社会公共利益,促进证券业健康发展,根据《中华人民共和国公司法》(以下简称《公司法》)、《中华人民共和国证券法》(以下简称《证券法》),制定本条例”。

与《证券公司监督管理条例》同时出台的还有《证券公司风险处置条例》(国务院令第523号),也将投资者合法权益保护规定为立法目的之一。其中,该条例第1条规定:“为了控制和化解证券公司风险,保护投资者合法权益和社会公共利益,保障证券业健康发展,根据《中华人民共和国证券法》(以下简称《证券法》)、《中华人民共和国企业破产法》(以下简称《企业破产法》),制定本条例。”

2012年国务院出台了《期货交易管理条例》,其第1条规定:“为了规范期货交易行为,加强对期货交易的监督管理,维护期货市场秩序,防范风险,保护期货交易各方的合法权益和社会公共利益,促进期货市场积极稳妥发展,制定本条例。”

2016年5月证监会发布《证券期货投资者适当性管理办法》,强化投资者保护。该管理办法第1条规定:“为了规范证券期货投资者适当性管理,维护投资者合法权益,根据《证券法》《证券投资基金法》《证券公司监督管理条例》《期货交易管理条例》及其他相关法律、行政法规,制定本办法。”

而除了以上法律法规,证监会在其他的规范性文件中通过一些具体的制度也对证券投资者的合法权益进行了保护，如各类信息披露规范等。

此外，中国证券业协会、中国证券投资基金业协会等自治协会也组织制定了多项自律规则，对证券业投资者进行全方位的保护。

（二）制度建设

1. 信息披露制度

有关证券业法律法规中，对消费者权益保护最重要的制度应为信息披露制度。证券投资者尤其是中小投资者，进入资本市场时处于信息不对称状态，因此，必须要完善证券业的信息披露制度，才可保障证券市场的公开透明，规定首次申请发行股票时，申请人应对相关申请文件进行披露，上市后进行年度报告、中期报告定期披露，并且保证报告信息的充分、完整和准确。信息披露是各国证券法的基本制度，能够在一定程度上保障证券市场的公开透明，为投资者提供有效的投资信息，使其作出正确的投资判断。信息披露制度规定保障了中小投资者的知情权。

自 1993 年起，中国证监会便陆续发布《证券业信息披露内容与格式准则》，更新速度较快，主要有“半年度报告的内容与格式”“年度报告的内容与格式”等。

2004 年中国证监会发布的《证券投资基金信息披露管理办法》，规定了基金行业里 16 项需要披露的信息。

2. 客户资金管理制度

我国《证券法》第 134 条规定：“国家设立证券投资者保护基金。证券投资者保护基金由证券公司缴纳的资金及其他依法筹集的资金组成，其筹集、管理和使用的具体办法由国务院规定。”证券投资者保护基金制度，是指通过证券公司依法缴纳和从其他合法渠道筹集的方式成立该基金，主要用于监测证券公司的风险、促进证券公司处理相关问题、处置证券公司风险等。具体而言，通过该基金制度，一旦证券公司发生经营风险，损害投资者相关权益时，投资者特别是中小投资者能够从该基金中优先获得赔偿，免除了投资者对证券公司挪用客户资金的担心。

2016 年经国务院批准，中国证券监督管理委员会、财政部、中国人民银行发布《证券投资者保护基金管理办法》，具体规定了基金公司的职责和组织机构、基金的筹集、使用、管理和监督，以降低证券公司挪用客户资金的风险，保障客户资金安全。

3. 风险基金制度

风险基金制度在金融业十分普遍,银行业有存款准备金制度,证券业中的证券交易所有风险基金制度。我国《证券法》第116条规定,“证券交易所应当从其收取的交易费用和会员费、席位费中提取一定比例的金额设立风险基金。风险基金由证券交易所理事会管理。风险基金提取的具体比例和使用办法,由国务院证券监督管理机构会同国务院财政部门规定”。风险基金是交易所应对运营管理中可能出现的各种风险而设立的一项专门的准备基金制度,能够有效增强交易所应对风险的能力。风险基金应当存入专门的银行账户。

4. 证券监管措施

证券监管措施的种类主要包括四类:资格限制类、行为限制类、财产限制类、申诫类。

资格限制类监管措施,是指证券监管机构剥夺或者限制监管对象从事特定行为的资格的措施。共有14种:暂停基金托管资格;暂停任职资格;认定为不适当人选;不得再次申请基金托管资格;资格年检;撤销任职资格;取消任职资格;吊销任职资格;取消客户资产管理业务资格;取消从事证券交易结算资金存管业务资格;取消基金管理资格;吊销基金托管资格;取消基金托管资格;取消托管人资格。如2004年证监会发布的《证券投资基金行业高级管理人员任职管理办法》,具体规定了证券投资基金行业高级管理人员的任职资格管理;2005年证监会发布的《证券公司董事、监事和高级管理人员任职资格监管办法》具体规定了对证券公司董事、监事、高级管理人员和分支机构负责人的任职资格监管。

行为限制类监管措施,是指证券监管机构限制或者剥夺监管对象特定行为能力的措施。这类措施最为常见,共有78种:临时接管;限制业务活动;责令暂停部分业务;限制或暂停部分期货业务;暂停证券承销业务许可;暂停客户资产管理业务;暂停网上委托业务;暂停办理相关业务;限制托管业务等。如《证券公司风险处置条例》专门规定了证券公司停业整顿、托管、接管、行政重组、撤销、破产清算和重整。

财产限制类权监管措施,是指证券监管机构对监管对象的财产或某种财产权利进行限制或者剥夺的措施。这类措施共有11种:限制向董事、监事、高级管理人员支付报酬、提供福利;限制分配红利;限制转让财产或者在财产上设定其他权利;限制期货公司自有资金或者风险准备金的调拨和使用;限制有关股东行使股东权利;限制股东权利;责令控股股东转让股权;责令转让所持证券公司的股权;责令转让股权;责令转让所持期货公司的股权;不具有表决权、分红权。如2005年证监会《中国证券监督管理委员会冻结、查封实施办法》规定"中国证券监督管理委员会及其派出机构依法履行职责,有权冻结、查封涉案当事人的违法资金、证券等涉案财产或者重要证据"。

申诫类监管措施,是指证券监管机构对监管对象发出警诫,通过对其名誉、荣誉、信誉等施加影响,从而引起其精神上的警惕的措施。这类措施共有11种:监管谈话;谈话提醒;谈话;出具警示函;出具监管关注函;提示;予以重点关注;要求证券交易所对发行人证券的交易实施特别提示;记入信用记录;记入诚信档案并公布;通报批评。如2012年4月10日证监会制定《证券期货市场诚信监督管理暂行办法》(证监会令第80号),规定建立全国统一的证券期货市场诚信档案数据库(以下简称诚信档案),记录证券期货市场诚信信息。

5. 其他保护制度

各证券业金融机构需对证券投资者的个人信息安全进行保障。中国人民银行制定的《金融机构客户身份识别和客户身份资料及交易记录保存管理办法》,要求要对客户身份进行识别,按照相关规定保存客户身份资料和交易记录,其也适用于证券业金融机构。

根据我国《消费者权益保护法》第28条的规定,提供证券、保险、银行等金融服务的经营者,应当向消费者提供经营地址、联系方式、商品或者服务的数量和质量、价款或者费用、履行期限和方式、安全注意事项和风险警示、售后服务、民事责任等信息。

2013年9月证监会发布了《中国证券监督管理委员会公告》(〔2013〕35号),宣布即日起开通"12386"中国证监会热线试运行,其以投诉热线方式建立起投诉处理机制。"12386"中国证监会热线受理证券期货市场投资者投诉、咨询、建议等,具体包括:(1)投资者在购买产品、接受服务或投资活动中,与证券期货市场经营主体及其从业人员发生争议的,可以提起投诉;(2)对证券期货监管工作或者政策提出建议和意见;(3)对证券期货相关法律制度或者监管工作政策等提出咨询。

(三)教育宣传

中国证监会自2015年起便着手建立投资者教育基地(以下简称投教基地)。根据《关于加强证券期货投资者教育基地建设的指导意见》以及《首批投资者教育基地申报工作指引》(证监会公告〔2015〕23 号),证监会立足公益性、专业性、特色性等原则,建立投资者教育基地,为投资者提供一站式的优质教育服务。在投教基地,通过投教基地集中系统、持续便利地获取投资者教育服务,参与投教基地建设。2017 年 7 月,为深入了解个人基金投资者的投资行为、偏好和需求,有针对性地加强基金投资者教育工作,为基金管理公司及其他资产管理机构制定发展战略、提高客户服务水平提供有益参考,中国证券投资基金业协会开展关于 2016 年个人基金投资者情况调查问卷工作。

中国证券业协会则建立了证券纠纷调解在线申请机制,可以在线申请对证券纠纷进行调解。其网站开设"投资者之家"栏目,对投资者权益保护的最新资讯、证券业投资知识、投资者维权保护进行详细介绍,网站更新速度较及时,充分全面开展证券业投资者权益保护教育的深层次宣传。

三、保险业机构

自 2008 年起,中国保险监督管理委员会便开始重视对保险消费者权益的保护问题。2014 年国务院出台《关于加快发展现代保险服务业的若干意见》,明确提出要维护保险消费者合法权益,规范市场秩序。《关于加快发展现代保险服务业的若干意见》第 23 条规定:"加强保险消费者合法权益保护。推动完善保险消费者合法权益保护法律法规和规章制度。探索建立保险消费纠纷多元化解决机制,建立健全保险纠纷诉讼、仲裁与调解对接机制。加大保险监管力度,监督保险机构全面履行对保险消费者的各项义务,严肃查处各类损害保险消费者合法权益的行为。"

以下主要从有关保险消费者权益保护的发展历程、制度建设及教育宣传三个方面对其保护内容进行介绍。

(一)发展历程

1995 年我国制定了《中华人民共和国保险法》(以下简称《保险法》),指明其立法目的为"规范保险活动,保护保险活动当事人的合法权益,加强对保险业的监督管理,维护社会经济秩序和社会公共利益,促进保险事业的健康发展"。我国《保险法》的施行,为我国保险行业正常运营提供了法治保障。但是其中并未直接规定对保险消费者权益的保护。对我国保险业消费者的法律保护主要体现在保监会所制定的部门规章中,并将其列为保险业监管的重点目标。在后来不断提出"金融消费者权益保护"这一概念后,国家对保险消费者权益保护也越发重视。

2008年保监会出台《加强保险消费者教育工作方案》(保监发〔2008〕118号),提出"要把保护保险消费者利益作为保险监管的根本出发点和落脚点,着力保护好广大保险消费者最关心、最直接、最现实的利益的精神要求",并且加强保险消费者教育和权益保护有关制度建设、建设消费者教育服务窗口、推动保险知识普及,提高消费者自我保护意识、拓展消费者教育舆论宣传阵地、促进保险机构和保险中介机构积极参与消费者教育、开展保险机构、保险中介机构消费者教育监督检查。

2009年保监会出台《人身保险新型产品信息披露管理办法》(2009年第3号),要求保险公司应当向投保人出示保险条款、产品说明书及投保提示书,并且按照规定应当披露的信息进行保存管理以备监管。

2010年保监会出台《保险公司信息披露管理办法》(2010年第7号),要求保险公司向社会公众公开其经营管理相关信息,以保障投保人、被保险人和受益人的合法权益,促进保险业健康发展。

2011年保监会办公厅出台《关于积极做好服务保险消费者有关工作的通知》,要求要加强监管信息公开和舆论监督、普及保险知识、完善合同纠纷调解机制、强化信访投诉处理、处理好局长信箱来信等制度建设,切实做好保护保险消费者合法权益。

2012年保监会出台《关于做好保险消费者权益保护工作的通知》,要求要解决"保险业存在的理赔难、销售误导、服务质量不高等问题",从监管部门、保险公司及保险消费者自身学习保险知识出发,切实保障保险消费者合法权益。同年,针对电销扰民事件,保监会出台《关于尽快遏制电销扰民有关事项的通知》,保护保险消费者个人信息安全。

2013年保监会出台《保险消费投诉处理管理办法》(2013年第8号),规范保险消费投诉,保护保险消费者合法权益。同年,出台《人身保险客户信息真实性管理暂行办法》,保护保险消费者的个人信息知情权。

2014年保监会出台《关于加强保险消费者权益保护工作的意见》(保监发〔2014〕89号),为保险消费者合法权益保护提供了较为全面的法律保障。

2015年保监会出台《保险小额理赔服务指引(试行)》,保障保险消费者的财产安全。

2017年保监会出台《关于加强保险消费风险提示工作的意见》(保监发〔2017〕66号),要求保险业机构重视对保险消费风险提示。

（二）制度建设

1. 信息披露制度

信息披露制度也是保险行业的一项重要制度。为平衡保险公司与保险消费者之间的信息不对称，必须加强信息披露。我国《保险法》第108条规定："保险公司应当按照国务院保险监督管理机构的规定，建立对关联交易的管理和信息披露制度。"《人身保险新型产品信息披露管理办法》针对几类人身保险新兴险分别制定了其具体的信息披露规则。《保险公司信息披露管理办法》规定了保险公司应披露以下信息：基本信息、财务会计信息、风险管理状况信息、保险产品经营信息、偿付能力信息、重大关联交易信息、重大事项信息。《保险公司信息披露管理办法》第7条规定："保险公司披露的基本信息应当包括公司概况和公司治理概要。"在之后出台的各类有关保险消费者权益保护的文件中，信息披露制度也均有规定，如《关于加强保险消费者权益保护工作的意见》第三部分第10条规定："及时披露与消费者权益相关的产品和服务信息。保险公司要在官方网站显著位置公布保险产品条款和服务承诺信息，以清晰和通俗的语言向消费者说明保险产品和服务，重点突出保障范围、免责条款、预期收益等与消费者利益密切相关的内容，并对免责条款做出足以引起消费者注意的提示和明确说明。在保险合同存续期间，及时向消费者披露该产品相关的信息。"在《关于做好保险消费者权益保护工作的通知》《关于加强保险消费风险提示工作的意见》等文件中也均有对此制度的规定。

2. 理赔制度

保监会为保障消费者的财产安全，于2003年3月24日发布了《保险公司偿付能力额度及监管指标管理规定》，并于2008年9月1日实施了《保险公司偿付能力管理规定》，要求保险公司应当根据保障被保险人利益、保证偿付能力的原则，稳健经营，确保实际偿付能力额度随时不低于应具备的最低偿付能力额度。

在《保险小额理赔服务指引（试行）》中，规定了索赔金额在5000元以下的车险理赔和索赔金额在3000元以下的事实清晰、责任明确车险小额理赔和个人医疗保险小额理赔。对此两类保险理赔应加快理赔，做到全流程透明管理，快捷方便服务保险消费者。

我国《保险法》更是规定了保险公司破产后对保险消费者财产权益的保护。该法第92条规定："经营有人寿保险业务的保险公司被依法撤销或者被依法宣告破产的，其持有的人寿保险合同及责任准备金，必须转让给其他经营有人寿保险业务的保险公司;不能同其他保险公司达成转让协议的,由国务院保险监督管理机构指定经营有人寿保险业务的保险公司接受转让。转让或者由国务院保险监督管理机构指定接受转让前款规定的人寿保险合同及责任准备金的,应当维护被保险人、受益人的合法权益。”经营人寿保险业务的公司,需要将保险合同和责任准备金转让给其他经营人寿保险业务的保险公司,以保障保险消费者的权利能够切实得到实现。

3. 个人信息保护

《关于尽快遏制电销扰民有关事项的通知》第5项规定严禁非法买卖使用客户信息,即“电销座席人员必须按正常渠道获得的名单进行销售。严禁任何机构和个人泄露在保险业务活动中知悉的客户的商业秘密和相关信息,严禁通过商业手段购买使用其他单位或个人提供的社会公众的信息,严禁将保险消费者信息资料与其他单位或个人交换使用,严禁其他任何非法管理和使用社会公众和保险消费者信息”。

《人身保险客户信息真实性管理暂行办法》第5条第2款规定:“人身保险公司应按照合法、合理、安全、保密的原则,管理、使用客户信息,妥善保管记载客户信息的人身保险业务文件,采取有效措施确保客户信息的安全性,防止客户信息泄露。”

《关于加强保险消费者权益保护工作的意见》指出要“保障消费者信息安全。保险公司要建立消费者信息保护制度,确保信息的采集、使用和保存符合法律规定或者征得消费者同意,确保业务系统记录的消费者信息资料真实完整有效。完善信息技术保障手段,防止消费者信息泄露,不得利用非法获取的消费者信息开展经营活动和获取不当利益,不得篡改消费者信息资料。加强对互联网消费者信息使用的管理。建立电话号码屏蔽制度”。

4. 投诉处理机制

2012年3月保监会出台《保监局局长接待日工作办法》,展开局长接待日工作,拓宽保险消费者的诉求渠道。其规定每月至少确定一个固定日期作为局长接待日,同时确定固定场所作为局长接待日地点,并配备相应的设施。同年,保监会出台《12378保险消费者投诉维权热线管理办法(试行)》,自此开通“12378热线”保险消费者投诉维权渠道。

2013年保监会出台《保险消费投诉处理管理办法》建立保险消费者可向保险机构、保险中介机构提出保险消费投诉和保险消费者向保监会及其派出机构提出保险消费投诉的投诉处理机制。其中,第13条规定了健全投诉处理机制。即保监会有关部门、保监局要健全投诉事项办理、监督检查、考核和责任追究制度;督促保险公司认真处理保险消费投诉事项,不断提高投诉处理工作规范性和有效性;加大督办和考核力度,对保险公司投诉处理工作中损害消费者合法权益的行为及时采取监管措施,并监督其限期整改。保险公司要设置专门的投诉处理部门和岗位,配备必要的工作人员,建立投诉处理工作责任制;畅通投诉渠道,公布本公司客户服务和消费者投诉电话号码,在营业场所开辟投诉专区,张贴投诉办理须知,建立健全各级机构总经理接待日制度;规范投诉处理程序,严格处理时限,提高处理效率,及时解决消费者的合理诉求。该管理办法第15条规定了完善纠纷调处机制。保监会有关部门、保监局要积极指导推进保险纠纷调处机制建设,并监督其规范运作。地方保险行业协会要做好纠纷调解机构的建设和运行管理,完善制度,规范程序,保障经费,建立多元化、专业化的调解员队伍,保证调解机构具有独立性和中立性。保险公司要支持分支机构积极参与和融入当地纠纷调处体系,根据争议案件的性质、影响等情况适当调整核赔授予权限。第16条规定了推进保险纠纷"诉调对接""仲调对接"机制建设。保监会有关部门、保监局和地方保险行业协会要建立包括调解、仲裁、诉讼等在内的保险消费纠纷多元化解决机制,提高纠纷调解工作的公信力和有效性。加强与司法机关、仲裁机构的沟通合作,在全国范围内广泛建立保险纠纷诉讼与调解、仲裁与调解对接机制。

(三)教育宣传

《关于加强保险消费者权益保护工作的意见》第六部分主要规定了消费者教育,提高消费者的保险知识水平和风险意识。该意见第17条规定了有效开展消费者教育制度。即保监会有关部门、保监局要充分利用"3·15国际消费者权益日""7·8全国保险公众宣传日"集中开展保险宣传教育活动,并持续推动保险知识"进学校、进农村、进社区、进机关、进企业",形成全社会"学保险、懂保险、用保险"的氛围。保险行业协会要组织会员公司通过多种渠道和方式开展保险知识、风险意识和维权能力的宣传教育活动。保险公司要将消费者及公众教育纳入客户服务体系,在官方网站、地市级及以上机构的营业场所开辟消费者教育专区,并积极开拓新媒体平台开展保险宣传和普及保险知识。第18条规定了加强消费风险提示制度。即保监会有关部门、保监局和保险行业协会要建立健全保险消费风险监测和提示工作机制,定期向社会公众提示保险购买、理赔、投诉及争议解决等环节存在的风险及注意事项。保险公司、保险中介机构及保险销售人员在销售保险产品时要及时向消费者提示风险。

目前,证监会网站上开通“消费者保护专栏”,其中除了政策法规、投诉维权之外,设有消费者教育及风险、保险知识大讲堂专栏,以及对消费者权益系列活动加以宣传和介绍。原保监会每年会召开保险消费者权益保护工作会议、保险消费者权益保护记者会以及制定每年保险消费者权益保护的工作要点,并对上1年度对保险消费者权益保护的状况加以说明。各地保监局一般会以专题形式开设一些普法活动,对人身险、财产险以及保险公司的信息披露等各项义务向保险消费者进行宣传教育。

四、信托机构

目前,我国对信托业的规定主要集中于《中华人民共和国信托法》(以下简称《信托法》)与《中华人民共和国慈善法》(以下简称《慈善法》)。

(一)发展历程

2001年我国全国人民代表大会常务委员会制定了《信托法》。其中第1条规定:“为了调整信托关系,规范信托行为,保护信托当事人的合法权益,促进信托事业的健康发展,制定本法。”

2005年银监会出台《信托投资公司信息披露管理暂行办法》,其立法目的为“加强对信托投资公司的市场约束,规范其营业信托行为和信息披露行为,维护客户和相关利益人的合法权益,促进信托业健康发展”。

2007年中国人民银行、银监会、证监会和保监会制定了《金融机构客户身份识别和客户身份资料及交易记录保存管理办法》,其中规定了信托公司应遵守本管理办法的规定,严格落实客户身份识别和客户身份资料及交易记录保存。同年,银监会出台《关于加强银行业客户投诉处理工作的通知》,规定银监会直接监管的信托公司要规范银行业金融机构客户投诉处理工作,提升银行业社会责任意识和整体服务水平,保护广大金融消费者的正当权益。

2009年银监会出台《信托公司证券投资信托业务操作指引》,规定要规范信托公司证券投资信托业务的经营行为,保障证券投资信托各方当事人的合法权益。

2014年银监会、财政部制定《信托业保障基金管理办法》,建立信托业保障基金,即由信托业市场参与者共同筹集,用于化解和处置信托业风险的非政府性行业互助资金,以保障信托当事人合法权益,有效防范信托业风险。

2015年银监会出台《信托公司行政许可事项实施办法》,要求规范银监会及其派出机构实施信托公司行政许可行为，明确行政许可事项、条件、程序和期限，以此来保护申请人合法权益。

2016 年我国全国人民代表大会常务委员会通过《慈善法》，建立慈善信托制度，我国《慈善法》有规定的适用《慈善法》，未规定的适用我国《信托法》。

2017 年银监会、民政部出台《慈善信托管理办法》，进一步建立健全慈善信托制度，更好地保障慈善信托当事人的合法权益。

（二）制度建设

信托业的消费者一般是指信托委托人，委托人为了某个合法目的以自有财产设立信托，享有信托收益，承担相应的责任。从此种意义上说，委托人是信托业的消费者。

1. 知情权保护

所谓知情权，是指委托人对于其委托事项的进展，信托财产的现状，受托人处理信托事务的情况等事项有了解、知悉的权利。我国《信托法》第 20 条规定："委托人有权了解其信托财产的管理运用、处分及收支情况，并有权要求受托人作出说明。委托人有权查阅、抄录或者复制与其信托财产有关的信托帐目以及处理信托事务的其他文件。"

2. 个人信息保护

受托人对于因其受托行为所接触和知晓的委托人的情况和资料，负有妥善保管并不得未经许可而向他人泄露或者加以商业化利用的义务。我国《信托法》第 33 条规定："受托人必须保存处理信托事务的完整记录。受托人应当每年定期将信托财产的管理运用、处分及收支情况，报告委托人和受益人。受托人对委托人、受益人以及处理信托事务的情况和资料负有依法保密的义务。"

我国《慈善法》第 76 条规定："涉及国家秘密、商业秘密、个人隐私的信息以及捐赠人、慈善信托的委托人不同意公开的姓名、名称、住所、通讯方式等信息，不得公开。"《慈善管理办法》第 57 条规定："涉及国家秘密、商业秘密、个人隐私的信息以及慈善信托的委托人不同意公开的姓名、名称、住所、通讯方式等信息，不得公开。"委托人有权不公开与自己切身利益相关的信息。

《金融机构客户身份识别和客户身份资料及交易记录保存管理办法》第 28 条规定："金融机构应采取必要管理措施和技术措施，防止客户身份资料和交易记录的缺失、损毁，防止泄漏客户身份信息和交易信息。"

《北京市慈善信托管理办法》第 30 条规定："涉及国家秘密、商业秘密、个人隐私的信息以及慈善信托委托人不同意公开的姓名、名称、住所、通讯方式等信息，不得公开。”

3. 财产安全保护

我国《信托法》第 26 条、第 27 条、第 28 条、第 29 条规定了对信托委托人的财产安全保护。其中，第 26 条、第 27 条规定受托人的忠实管理信托财产义务，第 28 条规定了禁止受托人自我交易行为，第 29 条规定了信托财产独立管理义务。

此外，我国《信托法》第 21 条规定了在信托管理方法不利于实现信托目的或者不符合受益人的利益时，委托人可调整信托财产管理方法，以保护自身权益。我国《信托法》第 22 条规定了委托人的撤销权，明确保护了委托人的财产安全权。该法第 22 条规定：“受托人违反信托目的处分信托财产或者因违背管理职责、处理信托事务不当致使信托财产受到损失的，委托人有权申请人民法院撤销该处分行为，并有权要求受托人恢复信托财产的原状或者予以赔偿；该信托财产的受让人明知是违反信托目的而接受该财产的，应当予以返还或者予以赔偿。前款规定的申请权，自委托人知道或者应当知道撤销原因之日起一年内不行使的，归于消灭。”

4. 信息披露制度

《信托投资公司信息披露管理暂行办法》规定了信托投资公司信息披露的最低要求。其中，第 3 条规定：“本办法中信息披露是指信托投资公司依法将反映其经营状况的主要信息，如财务会计报告、公司治理、业务经营、风险管理、关联交易及其他重大事项等真实、准确、及时、完整地向客户及相关利益人予以公开的过程。”并对信息披露的内容作出了具体的解释，提供了年报信息披露的格式和样本。

5. 投诉处理机制

银监会在《关于加强银行业客户投诉处理工作的通知》中，规定由银监会直接监管的信托公司要规范银行业金融机构客户投诉处理工作，提升银行业社会责任意识和整体服务水平。主要从建设客户投诉管理的制度、明确处理客户投诉的部门及其职责、优化客户投诉处理的资源配置、明确客户投诉处理的时效性要求、保证客户投诉处理信息的公开透明、注意客户投诉信息的保密工作、加强客户投诉处理的统计工作、建立定期报告制度、建立定期检查回顾制度、建立银监会备案制度、信托业协会协助处理、银监会继续处理投诉等制度出发，要求必须做到以上制度建设，确实落实金融消费者权益保护工作。

(三)教育宣传

中国信托业协会网站设有“投资者教育”专栏,其下以问答方式、案例分析方式、信托知识普及等方式对投资者进行信托知识的教育宣传,以便其得知自己所享有的合法权益,并以法律的手段保护自己。而除在官网的教育宣传外,中国信托业协会还会经常举办信托业消费者权益保护的座谈会,邀请各大信托公司高管参加,增强信托公司保障信托业消费者合法权益的意识。

中国银监会每年 11 月、12 月也会与各大信托公司联合举办“中国信托业年度投资者教育活动”,2016 年活动在武汉举行,2017 年活动在福州举行,其均有当地银监局、当地及知名高校学者、信托公司高管人员为大家普及信托业知识,加深了投资者对信托业的认知和理解,有助于投资者树立理性、正确的投资观念。

五、互联网金融机构

在 2015 年 7 月 18 日的《关于促进互联网金融健康发展的指导意见》(以下简称《互联网金融指导意见》)中,明确指出互联网金融仍属于金融,没有改变金融风险隐蔽性、传染性、广泛性和突发性的特点。因此,加强互联网金融监管,是促进互联网金融健康发展的内在要求。

而在此次《互联网金融指导意见》中,明确将几类行业列为互联网金融的范围。主要有互联网支付、网络借贷(包括个体网络借贷和网络小额贷款)、股权众筹融资、互联网基金销售、互联网保险、互联网信托和互联网消费金融。

在各互联网金融业务中,互联网金融机构与互联网金融消费者之间的基础法律关系并没有改变,因此还是受到传统法律关系中对双方主体合法权益保护的制约。但是,出于互联网信息传递的快捷性、广泛性等特征,对互联网金融领域内所存在的金融风险以及更应重视传统金融领域中所未能全面保护的各项消费者权益。

(一)互联网金融消费者权益保护概述

1. 互联网支付

互联网支付是指通过计算机、手机等设备,依托互联网发起支付指令、转移货币资金的服务。其应为社会提供小额、快捷、便民小微支付服务。互联网支付行业与各方开展的各项活动,如有法律规定,应遵守现行法律法规和监管规定。《互联网金融指导意见》中规定互联网支付行业要建立有效的风险隔离机制和客户权益保障机制。要向客户充分披露服务信息,清晰地提示业务风险。而最后规定了互联网支付业务由中国人民银行进行监管。

2015 年 12 月中国人民银行发布了《非银行支付机构网络支付业务管理办法》(以下简称《网络支付业务管理办法》),该管理办法自 2016 年 7 月 1 日起施行,明确"支付机构应当依法维护当事人合法权益,遵守反洗钱和反恐怖融资相关规定,履行反洗钱和反恐怖融资义务",对互联网支付机构的消费者权益进行了全面的保护。如该管理办法第 6 ~ 8 条规定了机构的客户管理制度,其中包括"认识你的客户原则"等;如该管理办法第 9 ~ 16 条规定了机构的业务管理,禁止机构从事很多行为,使消费者不因机构的行为承担过多的风险;如该管理办法第 17 ~ 30 条,具体规定了保护消费者权益的各种行为规范;如该管理办法第 31 ~ 43 条则为监管原则制度及法律责任相关规定。

2. 网络借贷

个体网络借贷(P2P 网络借贷)是指个体和个体之间通过互联网平台实现的直接借贷。因此所形成的借贷法律关系为民间借贷法律关系,受《合同法》《民法通则》等法律法规以及最高人民法院相关司法解释规范。个体网络借贷仅为中介信息平台:为投资方和融资方提供信息交互、撮合、资信评估等中介服务,对平台客户而言,不得提供增信服务,不得非法集资。

网络小额贷款是指互联网企业通过其控制的小额贷款公司,利用互联网向客户提供的小额贷款。目前,针对网络小额贷款公司的具体监管规则尚未出台,因此网络小额贷款公司仍应遵守现有小额贷款公司监管规定。

而无论是个体网络借贷还是网络小额贷款,网络借贷业务由银监会负责监管。

自 2016 年起,银监会及国务院其他部委联合开展 P2P 网络借贷风险专项整治工作,发布部门规章有《P2P 网络借贷风险专项整治工作实施方案》《关于加强校园不良网络借贷风险防范和教育引导工作的通知》《网络借贷信息中介机构业务活动管理暂行办法》《网络借贷资金存管业务指引》《网络借贷信息中介机构业务活动信息披露指引》,以及联合成立的网贷整治办于 2017 年 12 月发布了《关于做好 P2P 网络借贷风险专项整治整改验收工作的通知》。其中,从主体资格、机构行为、资金存管、信息披露等各个方面对网贷消费者的合法权益进行了保护。

2016 年 10 月中国互联网金融协会对个体网络借贷也发布了行业自治规定,即《互联网金融信息披露个体网络借贷》标准(T/NIFA 1 - 2016),规定了行业内术语,并且严格规范了信息披露原则及行为,做到切实保护消费者权益。

3. 股权众筹融资

股权众筹融资主要是指通过互联网形式进行公开小额股权融资的活动。股权众筹融资必须通过股权众筹融资中介机构平台(互联网网站或其他类似的电子媒介)进行。而在股权众筹融资行业中,因为股安全众筹融资方被限定为小微企业,其公司信息并不被普通大众所广泛了解,因此应通过股权众筹融资中介机构向投资人如实披露企业的商业模式、经营管理、财务、资金使用等关键信息,不得误导或欺诈投资者。而投资者也应充分了解股权众筹融资活动风险,具备相应风险承受能力,进行小额投资。股权众筹融资业务由证监会负责监管。

2016 年 4 月证监会及国务院其他部委部门发布了《股权众筹风险专项整治工作实施方案》。其中,明确了实施方案的目标为“规范互联网股权融资行为,惩治通过互联网从事非法发行证券、非法集资等非法金融活动,切实保护投资者合法权益”。主要规定了众筹平台以“股权众筹”名义从事股权融资业务及募集私募股权投资基金、平台上的融资者未经批准不得擅自公开或者变相公开发行股票、平台不得进行虚假宣传误导消费者、平台上的融资者不得欺诈发行股票等金融产品、平台及其工作人员不得挪用或占用投资者资金、平台和房地产开发企业及房地产中介机构不得以“股权众筹”名义从事非法集资活动、证券公司、基金公司和期货公司等持牌金融机构不得与互联网企业合作,违法违规开展业务。

2016 年 10 月中国互联网金融协会发布《互联网金融信息披露标准和配套自律制度》,其中对个体网络借贷、股权众筹融资、互联网消费金融、互联网理财等业务进行严格的信息披露管理,切实保障互联网金融消费者权益。

4. 互联网基金销售

互联网基金销售要求在传统基金销售的监管基础上,由于互联网易传播大众化的特性,要求在出售基金理财产品时要切实履行风险披露义务,不得通过违规承诺收益方式吸引客户;基金管理人应当采取有效措施防范资产配置中的期限错配和流动性风险;基金销售机构及其合作机构通过其他活动为投资人提供收益的,应当对收益构成、先决条件、适用情形等进行全面、真实、准确表述和列示,不得与基金产品收益混同。第三方支付机构在开展基金互联网销售支付服务过程中,应当遵守中国人民银行、证监会关于客户备付金及基金销售结算资金的相关监管要求。第三方支付机构的客户备付金只能用于办理客户委托的支付业务,不得用于垫付基金和其他理财产品的资金赎回。互联网基金销售业务由证监会负责监管。

目前,有关互联网基金销售仍适用有关基金销售业务的法律规定,如《证券投资基金销售管理办法》《证券投资基金销售结算资金管理暂行规定》《证券投资基金销售机构内部控制指导意见》《证券投资基金销售适用性指导意见》《证券投资基金销售业务信息管理平台管理规定》《开放式证券投资基金销售费用管理规定》。除此之外,证监会还专门制定了《证券投资基金销售机构通过第三方电子商务平台开展业务管理暂行规定》和《网上基金销售信息系统技术指引》,保障互联网基金销售行业内投资人的合法权益受到保护。

5. 互联网保险

保险公司开展互联网保险业务,应遵循安全性、保密性和稳定性原则,加强风险管理,完善内控系统,确保交易安全、信息安全和资金安全。互联网保险销售要做到如实宣传,不得存在误导性描述。互联网保险业也应受保监会监管。

2015 年 7 月保监会发布了《互联网保险业务监管暂行办法》,明确暂行办法的原则为“规范互联网保险经营行为,保护保险消费者合法权益,促进互联网保险业务健康发展”。其中,互联网保险的经营主体、经营业务、经营规则、监督管理进行了规定,重点突出互联网保险业务中的信息披露义务,着重保护互联网保险消费者的合法权益。2016 年 4 月保监会与其他国务院部门联合发布《互联网保险风险专项整治工作实施方案》,在其整治重点和措施中要求“加强互联网保险信息披露监管,要求保险公司严格按照有关规定披露产品信息,满足消费者知情权”。

6. 互联网信托

信托公司通过互联网开展业务的,要严格遵循监管规定,加强风险管理,确保交易合法合规,并保守客户信息。信托公司通过互联网进行产品销售及开展其他信托业务的,要遵守合格投资者等监管规定,审慎甄别客户身份和评估客户风险承受能力,不能将产品销售给予风险承受能力不相匹配的客户。信托公司要制定完善产品文件签署制度,保证交易过程合法合规,安全规范。互联网信托业务由银监会负责监管。

7. 互联网消费金融

主要是指消费金融公司的互联网业务或者互联网消费金融公司。目前,互联网消费金融公司未出台具体监管制度,仍依照消费金融公司的相关规定进行监管。在《互联网金融指导意见》中,互联网消费金融与互联网信托的监管要求一致,并且规定互联网消费金融业务由银监会负责监管。

2016 年 10 月中国互联网金融协会发布《互联网金融信息披露标准和配套自律制度》,其中对个体网络借贷、股权众筹融资、互联网消费金融、互联网理财等业务进行严格的信息披露管理,切实保障互联网金融消费者权益。

(二)制度建设

对以上各互联网金融领域的相关法律法规中有关金融消费者权益制度进行一个总结,大概存在以下几方面的规制。

1. 行业管理

互联网金融各行业需要拿到金融行业所需的特许经营牌照及完成电信主管部门网站备案手续后才可被准许开展各项金融服务。工业和信息化部负责对互联网金融业务涉及的电信业务进行监管,国家互联网信息办公室负责对金融信息服务、互联网信息内容等业务进行监管,两部门按职责制定相关监管细则。

2. 资金第三方存管

除另有规定外,互联网金融从业机构应当选择符合条件的银行业金融机构作为资金存管机构,对客户资金进行管理和监督,实现客户资金与从业机构自身资金分账管理。客户资金存管账户应接受独立审计并向客户公开审计结果。中国人民银行会同金融监管部门按照职责分工实施监管,并制定相关监管细则。

如《网络借贷信息中介机构业务活动管理暂行办法》第 28 条规定,“网络借贷信息中介机构应当实行自身资金与出借人和借款人资金的隔离管理,并选择符合条件的银行业金融机构作为出借人与借款人的资金存管机构”。

3. 信息披露、风险提示和合格投资者制度

互联网金融从业机构应当对客户进行充分的信息披露,及时向投资者公布其经营活动和财务状况的相关信息,以便投资者充分了解从业机构运作状况,促使从业机构稳健经营和控制风险。从业机构应当向各参与方详细说明交易模式、参与方的权利和义务,并进行充分的风险提示。要研究建立互联网金融的合格投资者制度,提升投资者保护水平。各监管机构分工负责监管。

如《网络支付业务管理办法》第 18 条规定,支付机构应当对客户及时提示网络支付的风险,并且对客户进行防范新型诈骗的教育,提高客户识别风

险、防范诈骗的能力。"支付机构应当向客户充分提示网络支付业务的潜在风险,及时揭示不法分子新型作案手段,对客户进行必要的安全教育,并对高风险业务在操作前、操作中进行风险警示。支付机构为客户购买合作机构的金融类产品提供网络支付服务的,应当确保合作机构为取得相应经营资质并依法开展业务的机构,并在首次购买时向客户展示合作机构信息和产品信息,充分提示相关责任、权利、义务及潜在风险,协助客户与合作机构完成协议签订。"

4. 消费者教育

互联网金融从业机构要研究制订互联网金融消费者教育规划,及时发布维权提示。需加强互联网金融产品合同内容、免责条款规定等与消费者利益相关的信息披露工作,依法监督处理经营者利用合同格式条款侵害消费者合法权益的违法、违规行为。

如互联网金融协会制定的《互联网金融信息披露标准和配套自律制度》中,对信息披露作出了具体的规定和要求,并且要求对机构信息、平台运营信息和项目信息进行详细披露。

5. 争议解决及投诉机制

互联网金融行业要构建在线争议解决、现场接待受理、监管部门受理投诉、第三方调解以及仲裁、诉讼等多元化纠纷解决机制。细化完善互联网金融个人信息保护的原则、标准和操作流程。严禁网络销售金融产品过程中的不实宣传、强制捆绑销售。各监管机构分工负责监管。

如中国互联网金融行业协会便建立了网上举报信息平台,若互联网金融消费者有发现互联网金融平台有违法违规行为,均可在举报信息平台进行举报,待中国互联网金融行业协会审核通过后,可直接报送给各监管部门进行监管。

6. 网络与信息安全

互联网金融从业机构应当切实提升技术安全水平,妥善保管客户资料和交易信息,不得非法买卖、泄露客户个人信息。各监管机构分工负责监管。

如《互联网保险业务监管暂行办法》第 5 条第 1 款、第 2 款规定:"保险机构开展互联网保险业务的自营网络平台,应具备下列条件:(一)具有支持互联网保险业务运营的信息管理系统,实现与保险机构核心业务系统的无缝实时对接,并确保与保险机构内部其他应用系统的有效隔离,避免信息安全风险在保险机构内外部传递与蔓延。(二)具有完善的防火墙、入侵检测、数据加密以及灾难恢复等互联网信息安全管理体系。”

(三)教育宣传

2015 年 7 月 18 日由中国人民银行会同银监会、证监会、保监会等国家有关部门组织建立了国家级互联网金融行业自律组织——中国互联网金融协会。

在中国互联网金融协会官网设有“投资者教育”一栏,其下分为“知识百科”“专栏文章”“公开课视频”3 个栏目。在“知识百科”中,主要对互联网金融包括的范围以及以案例形式向投资者普及互联网金融知识;在“专栏文章”中,以风险提示为主,对广大投资者进行新型金融产品的风险提示,以增强其辨别风险的能力;在“公开课视频”栏目下,邀请北京大学、中国人民大学及中国政法大学教授、资深从业律师讲解互联网金融产品及其风险,帮助投资者甄别法律风险,提高法律意识。

为帮助互联网金融投资者和消费者了解互联网金融的特点和风险,树立正确的投资、消费理念,提高识别虚假信息、防范投资风险、保护资金安全的意识和能力,2017 年 9 月中国互联网金融协会面向广大互联网金融投资者和消费者,推出“互联网金融知识在线有奖问答”活动。

第二章 金融消费者权益保护的权利指标

第一节 金融消费者财产安全权

一、金融消费者财产安全权基础理论

(一)金融消费者财产安全权的界定

金融消费者财产安全权,是指金融消费者在购买金融产品或接受金融服务时,其财产安全有权受到金融机构的保护。财产安全权包括宏观和微观两个层面:从宏观角度,是保证整体的资金安全,如金融机构需区分自有财产和金融消费者财产,不得挪用客户资产;对金融机构设立备付金制度;强制第三方机构托管制度;存款保险制度等。从微观角度,是个体金融消费者的财产安全保护,如在未授权支付、信用卡借记卡盗刷、未授权购买金融产品或服务等情况下对金融消费者的保护。

(二)金融消费者财产安全权的内容

金融消费者的财产安全权主要包含三个方面的内容:(1)金融机构应当保障金融产品和金融服务的安全。金融机构应当承担审慎经营义务,如通过内控措施和技术监控防止挪用客户资金,完善技术安全措施保障资金安全,进行身份验证防止资金被盗用等。(2)金融机构应当保障金融消费场所的安全。金融机构对场所安全负有无过错责任,应当保证营业场所的

设备性能和设施安全,如由于 ATM 故障导致客户资金受损由银行承担责任。(3)权利救济机制。金融机构应当设置及时合理的权利救助机制,使金融消费者在购买金融产品或者服务时遭受财产损失后能够及时止损和请求赔偿。例如,银行设置了电话挂失功能使金融消费者在银行卡被盗刷后及时冻结账户,信用卡未授权支付的情形下由银行承担损失等。

对金融消费者的财产安全权的侵害有两类:一是金融机构,包括金融机构的人员、设备设施等对金融消费者的财产安全的侵害。金融机构需要履行安全保障义务,对未尽到审慎经营义务而造成的金融消费者的财产损失需要承担责任。二是第三人,包括第三人盗取资金、冒名购买金融产品或服务等。第三人侵害时,金融机构的义务在于提供及时止损的途径和合理的赔偿。并非第三人造成的所有损害都由金融机构进行赔偿,否则会引发道德风险。

就金融消费者的财产安全权对应的金融机构的义务而言,是指安全保障义务。主要来源于两个义务,即约定义务和法定义务。约定义务来自金融产品和金融服务合同的约定,是合同附随义务,如果金融机构违反安全保障义务需要承担违约责任。由于金融产品和金融服务合同多是由金融机构拟定的格式条款,对金融消费者的财产安全权及违反安全保障义务所承担的责任多为概括性规定。法定义务来源于法律法规对金融机构的强制性规定,如强制存款保险制度、第三方支付中的第三方存管制度等。

金融消费者的财产安全权的保护是有限的,边界在于金融机构的合理预见范围和控制能力。金融业经营者对消费者财产的安全保障措施应当在其所能控制的范围内,即在能力所及之处采取合理的措施防止消费者遭受资金的非法侵害损失。金融业经营者的安全保障义务应当是有一定限度的,如果其对消费者资金损失风险的承担超过其合理预见范围与控制能力,就是强人所难,为诚实信用原则所不容。①

二、我国金融消费者财产安全权保护的现状分析

自我国在 2006 年 12 月银监会颁布的《商业银行金融创新指引》中首次使用“金融消费者”的概念以来,银行业强调保护“银行业消费者”,证券业强调保护“投资者”,保险业则注重保护“保险业消费者”,本章后续相关语词都系表示金融消费者。

---

① 张斌:《金融消费者保护理论与判解研究》,法律出版社 2016 年版,第 49 页。

我国《消费者权益保护法》第 7 条规定了消费者在购买、使用商品和接受服务时享有财产安全不受损害的权利。国务院办公厅《指导意见》在金融领域特别提出注重保障金融消费者财产安全权。金融机构应当依法保障金融消费者在购买金融产品和接受金融服务过程中的财产安全。金融机构应当审慎经营,采取严格的内控措施和科学的技术监控手段,严格区分机构自身资产与客户资产,不得挪用、占用客户资金。

(一)银行业

1. 法律制度层面

银行业对于金融消费者财产安全权的保护从微观上看是主要维护个人存款的安全,从宏观上看是审慎经营,维护银行业甚至金融业的稳定。

在微观层面,我国《商业银行法》中明确规定对个人储蓄存款,商业银行有权拒绝任何单位或者个人查询、冻结、扣划,但法律另有规定的除外。商业银行交存存款准备金,留足备付金。商业银行应当保证存款本金和利息的支付。《商业银行法》第 73 条规定了银行应当保障消费者的存款和利息安全,不得无故拖延、拒付本金及利息;应该遵守票据承兑等有关法律规定,不得押单、押票或违反规定退票;也不得非法冻结划扣消费者存款。《办法》第 12 条规定金融机构应当依法保障金融消费者在购买、使用金融产品和服务时的财产安全,不得非法挪用、占用金融消费者资金及其他金融资产。对于金融消费者财产安全权的倾斜保护意味着银行业负担更多的注意义务,如在信用卡盗刷的情况下,金融消费者只需表明信用卡无遗失没有过错并且并非本人消费,就由银行承担损失。还有对金融场所的要求,一旦金融消费者进入银行,在银行发生抢劫,由于地点的特殊性,银行需要补偿金融消费者的财产损失。我国银行业的立法更多地强调了银行宏观的资金安全保护,对于个人财产安全的保护还不够全面,导致在一些情况出现争议。比如,ATM 被他人恶意安装摄像头或者读卡器,导致金融消费者财产损失时,银行是否存在过错并需要补偿金融消费者的损失。

《工作指引》第 11 条从金融消费者的适当性原则出发,要求银行业金融机构"了解银行业消费者的风险偏好和风险承受能力,提供相应的产品和服务",并且"不得主动提供与银行业消费者风险承受能力不相符合的产品和服务",这使银行消费者财产安全权得到了较好的保障。银行业金融机构应当在产品销售过程中,严格区分自有产品和代销产品,不得混淆、模糊两者性质向银行业消费者误导销售金融产品。银行业金融机构应当严格遵守国家关于金融服务收费的各项规定,披露收费项目和标准,不得随意增加收费项目或提高收费标准。[①] 对于财产安全的保护,还应当注重审核银行格式条款,避免在银行与金融消费者的格式条款中减少金融消费者权利,增加金融消费者义务的显失公平的条款。如果存在不公平条款,在诉讼中可以判定无效以保护金融消费者的财产安全权。

而从宏观角度出发保护金融消费者的财产安全,则要从商业银行的准入至退出的全部环节来分析了。从金融机构准入层面来看,我国《中国人民银行法》第 31 条规定,由中国人民银行按照规定审批金融机构的设立、变更、终止及其业务范围。日常监管来看,中国人民银行有权对金融机构的存款、贷款、结算、呆账等情况随时进行稽核、检查监督。[②] 中国人民银行有权要求金融机构按照规定报送资产负债表、损益表以及其他财务会计报表和资料。[③] 国务院银行业监督管理机构有权依照本法第三章、第四章、第五章的规定,随时对商业银行的存款、贷款、结算、呆账等情况进行检查监督。检查监督时,检查监督人员应当出示合法的证件。商业银行应当按照国务院银行业监督管理机构的要求,提供财务会计资料、业务合同和有关经营管理方面的其他信息。[④] 另外,此处还需简要举出与银行审慎经营以及消费者财产安全息息相关的几个重要制度。

第一,商业银行的接管制度。我国《商业银行法》第 64 条规定了商业银行的接管制度。商业银行发生信用危机严重危及存款人合法权益时,国务院银行监督管理机构对该银行实行接管从而保护存款人的利益。国家监管机构对于商业银行信用进行监督管理,对商业银行信用时时监督、管控,防止因为其信用的突然下降,致使存款人存款本息受损。另外在我国《银行业监督管理法》第 38 条中也对接管制度作出了规定。[⑤] 接管制度是一项危机银行救助制度,对出现困难、濒临破产但有继续经营价值的银行采取挽救措施,有助于发生信用危机的商业银行恢复正常经营能力,减少或避免因为银行破产而引

---

① 《工作指引》第 13 条、第 14 条。

② 《中国人民银行法》第 32 条。

③ 《中国人民银行法》第 33 条。

④ 《商业银行法》第 62 条。

⑤ 《银行业监督管理法》第 38 条:银行业金融机构已经或者可能发生信用危机,严重影响存款人和其他客户合法权益的,国务院银行业监督管理机构可以依法对该银行业金融机构实行接管或者促成机构重组,接管和机构重组依照有关法律和国务院的规定执行。

起的社会震荡，从而保护存款人的财产安全和合法权益。

第二，存款保险制度。《存款保险条例》具体规定了存款保险制度。作为一种重要的金融保障制度，当投保银行发生经营危机或者破产倒闭时，存款保险机构向其提供财务救助或直接向存款人支付部分或全部存款，保护金融消费者的存款安全。另外，在日常经营中，存款保险机构可通过对银行的资产进行评估检查，获取银行的运营信息，并对其进行系统性风险防范，有效地对银行资金流动进行监管，促进商业银行的审慎经营。因此，金融消费者的存款利益能获得最大保障。

第三，财产纠纷的解决机制。财产纠纷是金融消费者与银行产生纠纷的常见原因，对于财产纠纷的争端解决，中国银监会《通知》中规定银行业金融机构应当完善客户投诉处理机制，制定投诉处理工作流程。中国人民银行和银监会均于 2012 年建立金融消费者保护机构，金融消费者可以通过电话、来访、书信、网络等方式进行投诉。

2. 内部管理层面

除上述针对银行消费者财产安全权的保障制度外，商业银行内部也应当加强自身的偿付能力和风险管控，审慎经营，从而间接地使金融消费者的财产安全得到保障。《办法》则要求金融机构建立健全金融消费者权益保护的各项内控制度，其中包括金融消费者风险等级评估机制。因为对风险的有效管控，是保障商业银行正常经营能力和金融消费者财产安全权的有力保证。另外，金融机构应当建立健全涉及金融消费者权益保护工作的事前协调、事中管控和事后监督机制，确保在金融产品和服务的设计开发、营销推介及售后管理等各个业务环节有效落实金融消费者权益保护工作的相关规定和要求。

该实施办法第 11 条还从适当性原则角度强调了金融机构应当根据金融产品和服务的特性评估其对金融消费者的适合度，合理划分金融产品和服务风险等级以及金融消费者风险承受等级，将合适的金融产品和服务提供给适当的金融消费者。金融机构不得向低风险承受等级的金融消费者推荐高风险金融产品，即将消费者风险承受能力与金融产品和服务的推介相匹配，防止金融消费者的非理性消费，这也有利于其财产安全权的保护。

为保护消费者财产安全权，商业银行内部还应当注重消费者权益保护工作的落实成效。2013 年银监会印发的《工作指引》第 17 条从总体上要求银行业金融机构，应当加强银行业消费者权益保护工作的体制机制建设，从而保护金融消费者尤其以财产安全权为主的一系列权利指标，具体安排包括：

“(一)银行业金融机构应当积极主动开展银行业消费者权益保护工作,明确将其纳入公司治理和企业文化建设,并体现在发展战略之中。(二)银行业金融机构董(理)事会承担银行业消费者权益保护工作的最终责任。银行业金融机构董(理)事会负责制定银行业消费者权益保护工作的战略、政策和目标,督促高管层有效执行和落实相关工作,定期听取高管层关于银行业消费者权益保护工作开展情况的专题报告,并将相关工作作为信息披露的重要内容。银行业金融机构董(理)事会负责监督、评价银行业消费者权益保护工作的全面性、及时性、有效性以及高管层相关履职情况。银行业金融机构董(理)事会可以授权下设的专门委员会履行以上部分职能。获得授权的委员会应当定期向董(理)事会提交有关报告。(三)银行业金融机构高管层负责制定、定期审查和监督落实银行业消费者权益保护工作的措施、程序以及具体的操作规程,及时了解相关工作状况,并确保提供必要的资源支持,推动银行业消费者权益保护工作积极、有序开展。银行业金融机构可以结合自身实际,设立由相关高级管理人员和有关部门主要负责人组成的银行业消费者权益保护工作委员会,统一规划、统筹部署整个机构的银行业消费者权益保护工作。(四)银行业金融机构应当设立或指定专门部门负责银行业消费者权益保护工作。银行业消费者权益保护职能部门应当具备开展相关工作的独立性、权威性和专业能力,并享有向董(理)事会、行长(主任)会议直接报告的途径。(五)银行业金融机构消费者权益保护职能部门负责牵头组织、协调、督促、指导本级机构其他部门及下级机构开展银行业消费者权益保护工作。”

另外,银行对于金融消费者财产安全还体现在加强安全管理和重视金融消费者教育。银监会《关于加强银行卡安全管理有关问题的通知》中规定建立银行卡违法犯罪案件的内部案情适时通报制度和案件及时报告制度,加强对银行卡交易密码的管理,注重对银行卡持卡人有效身份的确认,加强对银行卡的挂失管理,加强对银行卡的挂失管理等。中国人民银行《关于防范银行卡短信诈骗的通知》中规定在 ATM、网上银行、移动支付、营业网点、媒体、报纸提醒金融消费者注意财产安全,尽到提醒义务。金融消费权益保护局对于银行卡等业务进行监督检查,以保护金融消费者的财产安全,并且对金融知识进行科普。法条中未明确银行没有尽到提醒义务,如果存在过错时,则需要承担相应的责任。

由于商业银行必须保证存款本金和利息的支付,不得拖延、拒绝支付存款本金和利息,[1]商业银行建立了备付金制度。银行应当按照中国人民银行的规定,向中国人民银行交存存款准备金,留足备付金。[2] 备付金是商业银行保护存款人利益,满足存款支付,确保资产流动性所做的准备,也在保护存款人的财产权益方面起到了重要作用。

3. 监管具体措施层面

从监管机构来看,2012 年中国人民银行和银监会正式成立银行业金融消费者权益保护机构后,中国人民银行于 2013 年 5 月 7 日发布面对中国人民银行及其分支机构的《中国人民银行金融消费权益保护工作管理办法(试行)》,银监会于 2013 年 8 月 30 日发布面对银监会及其分支机构以及各商业银行的《工作指引》,在 2016 年 12 月 14 日中国人民银行又发布了面对央行及其分支机构以及各商业银行的《办法》。

为保护金融消费者合法权益,有效化解社会矛盾,促进银行业提高服务水平,根据我国《银行业监督管理法》和《商业银行法》相关规定,发布了中国银监会《通知》。[3]《通知》指出,银行业金融机构应当牢固树立公平对待金融消费者的观念,并将其融入公司治理和企业文化建设当中。银行业金融机构董事会应当将关注和维护金融消费者的合法权益作为重要职责之一,并确保高级管理层有效履行。

《通知》要求,银行业金融机构应当设立或指定投诉处理部门,完善客户投诉处理、金融消费者保护机制,及时妥善解决客户投诉事项。要规范营业网点现场投诉处理程序,明确投诉处理工作人员的岗位职责,严格执行首问负责制。要在各营业网点和官方网站的醒目位置公布电话、网络、信函等投诉处理渠道为客户投诉提供必要的便利。在投诉处理中发现有关金融产品或服务确有问题的,应立即采取措施予以补救或纠正;给金融消费者造成损失的,应根据有关法律规定或合同约定向金融消费者进行赔偿或补偿。投诉处理时限原则上不得超过 15 个工作日;情况复杂或有特殊原因的,可以适当延长处理时限,但最长不得超过 60 个工作日,并告知客户延长时限及理由。

国务院银行业监督管理机构负责对银行的经营进行监督,减小系统性风

---

① 《商业银行法》第 33 条。

② 《商业银行法》第 32 条。

③ http://www. cbrc. gov. cn/chinese/home/docDOC _ ReadView/8E2E4413FB3747969B0DAAE5E97B050D. html.

险、流动性风险,保障财产安全权。

(二)证券业

1. 法律制度层面

证券业对于金融消费者财产安全权的保障,从证券公司的机构准入一开始,即设立了较高的门槛,只有具备我国《公司法》《证券法》和该条例规定的条件,并经国务院证券监督管理机构批准,方可设立。① 在设立出资和组织架构安排方面也进行了较多防控风险的严密考量。并且,在业务准入方面,也提出了较高的要求,要严格符合我国《证券法》第125条和《证券公司监督管理条例》第四章相关规定。

而在日常经营中,主要是对证券机构使用金融消费者财产的管理,强调必须使客户的资金独立于证券机构。《证券法》规定证券公司客户的交易结算资金应当存放在商业银行,以每个客户的名义单独立户管理。不得将客户的交易结算资金和证券归入其自有财产。禁止任何单位或者个人以任何形式挪用客户的交易结算资金和证券。

2. 内部管理层面

在《证券公司监督管理条例》中,对证券公司的行为作出了较为细致的规定以保护金融消费者的财产安全权。证券公司的股东和实际控制人不得滥用权力,占用证券公司或者客户的资产,损害证券公司或者客户的合法权益。② 客户的交易结算资金的存取,应当通过指定商业银行办理。动用客户的交易结算资金或者委托资金只有在客户进行证券的申购、证券交易的结算或者客户提款和客户支付与证券交易有关的佣金、费用或者税款两种情形下才可以。证券公司不得以证券经纪客户或者证券资产管理客户的资产向他人提供融资或者担保。证券公司从事证券资产管理业务,应当将客户的委托资产交由指定商业银行或者国务院证券监督管理机构认可的其他资产托管机构托管。③ 另外,日常经营中也特别强调金融消费者对金融产品和服务的知情权及适当性原则、及时性原则。证券市场的变化随着时间的不同而发生改变,那么当金融消费者下达购买或者抛出证券的指令,证券机构应当及时地进行相关操作,否则需要根据过错或者重大过失而承担赔偿责任。

---

① 具体设立条件,参见《证券法》第六章、《证券公司监督管理条例》第二章等相关条款。

② 《证券公司监督管理条例》第3条。

③ 《证券公司监督管理条例》第58条。

在证券业经营机构的退出机制方面，也需要对金融消费者的财产安全权进行较多考量。证券公司破产或者清算时，客户的交易结算资金和证券不属于其破产财产或者清算财产。非因客户本身的债务或者法律规定的其他情形，不得查封、冻结、扣划或者强制执行客户的交易结算资金和证券。我国《证券投资基金法》规定基金托管人由依法设立的商业银行或者其他金融机构担任。基金的托管人为商业银行或其他金融机构，可以减少证券公司的道德风险，控制证券公司对金融消费者资金的使用安全。

在基金方面，基金的销售坚持适当性规则，在向金融消费者推介金融产品或服务时，金融机构必须根据金融消费者的投资经验、投资目的、资产状况，推荐适合客户的金融商品。销售环节若存在劝诱行为，必须秉持适当性为原则，要求金融服务者在调查了解金融消费者的投资目的、财产情况以及投资经历与经验后，在审慎营业的立场上，对不同的金融消费者采取不同的劝诱销售方式，论证推介的金融商品尽可能地符合金融消费者的投资需求和经济承受能力。金融服务者应当按照“了解你的客户”的原则，为不同条件的客户推介适合的商品，不能向金融消费者推荐不适合其购买的金融商品。① 金融机构推介金融产品或服务前，应先了解金融消费者的经济状况、投资目标、金融经验、风险偏好和风险认知能力，根据金融消费者的个人情况向其推荐合适的金融产品；在金融消费者决定购买金融产品或服务时，金融机构要根据个人具体情况作出评价，不适合则应及时告知并详细说明理由，不得劝诱，不得提出武断性建议，不得提供特殊利益或者进行担保等。金融机构在推荐其金融产品之前，要了解金融消费者的金融知识水平和投资经验、资产状况，包括日常收入、现有资产、投资目标和风险承受能力等，依据金融消费者的个人情况向其推荐合适的金融产品；在确定金融消费者购买某种金融产品之时，依据金融消费者自身的情况做出其是否适合该商品或服务的评价，若不适合则应当向金融消费者发出警告，向其说明理由。此外，应当要求金融机构对金融消费者的个人信息进行更新，根据新的信息重新做出该金融消费者是否仍然适合其所购买的金融产品的评价。②

---

① 参见董梅梅：《金融消费者知情权保护法律制度研究》，载《法制博览（中旬刊）》2012 年第 5 期。

② 参见彭真明、殷鑫：《论金融消费者知情权的法律保护》，载《法商研究》2011 年第 5 期。

3. 监管具体措施层面①

国务院证券监督管理机构指定专人对证券公司报送的年度报告、月度报告进行审核,并制作审核报告。审核中发现问题的,国务院证券监督管理机构应当及时采取相应措施。

国务院证券监督管理机构应当对有关机构报送的客户的交易结算资金、委托资金和客户担保账户内的资金、证券的有关数据进行比对、核查,及时发现资金或者证券被违法动用的情况。

国务院证券监督管理机构可以要求单位和个人在指定的期限内提供与证券公司经营管理和财务状况有关的资料、信息,如证券公司及其董事、监事、工作人员;证券公司的股东、实际控制人,证券公司控股或者实际控制的企业。

国务院证券监督管理机构有对证券公司的业务活动、财务状况、经营管理情况的检查权,检查方式包括:(1)询问证券公司的董事、监事、工作人员,要求其对有关检查事项作出说明;(2)进入证券公司的办公场所或者营业场所进行检查;(3)查阅、复制与检查事项有关的文件、资料,对可能被转移、隐匿或者毁损的文件、资料、电子设备予以封存;(4)检查证券公司的计算机信息管理系统,复制有关数据资料。

国务院证券监督管理机构为查清证券公司的业务情况、财务状况,经国务院证券监督管理机构负责人批准,可以查询证券公司及与证券公司有控股或者实际控制关系企业的银行账户。

对治理结构不健全、内部控制不完善、经营管理混乱、设立账外账或者进行账外经营、拒不执行监督管理决定、违法违规的证券公司,国务院证券监督管理机构责令其限期改正,并可以:(1)责令增加内部合规检查的次数并提交合规检查报告;(2)对证券公司及其有关董事、监事、高级管理人员、境内分支机构负责人给予谴责;(3)责令处分有关责任人员,并报告结果;(4)责令更换董事、监事、高级管理人员或者限制其权利;(5)对证券公司进行临时接管,并进行全面核查;(6)责令暂停证券公司或者其境内分支机构的部分或者全部业务、限期撤销境内分支机构。

在人员方面,证券监管机关有权对证券业机构的董事监事高管或其他负责人的任职资格进行审查,任何人未取得任职资格,实际行使证券公司董事、监事、高级管理人员或者境内分支机构负责人职权的,国务院证券监督管理机

---

① 本部分法律条款参见《证券公司监督管理条例》第六章。

构应当责令其停止行使职权,予以公告,并可以按照规定对其采取证券市场禁入的措施。

证券公司董事、监事、高级管理人员或者境内分支机构负责人不再具备任职资格条件的,证券公司应当解除其职务并向国务院证券监督管理机构报告;证券公司未解除其职务的,国务院证券监督管理机构应当责令其解除。

另外,前述提及的证券业经营机构必须将客户资产和自有资产相独立,就此证券交易所对证券公司证券自营账户和证券资产管理账户的交易行为进行实时监控;发现异常情况的,会及时按照交易规则和会员管理规则处理,并向国务院证券监督管理机构报告。

此外,为了更加充分地保护证券投资者,我国设立了证券投资者保护基金,是指在防范和处置证券公司风险中用于保护证券投资者利益的资金。依照我国《证券投资者保护基金管理办法》的规定,证券投资者保护基金的基金来源于上海、深圳证券交易所和证券公司,冻结资金的利息收入,向有关责任方追偿所得和从证券公司破产清算中受偿收入,国内外机构、组织及个人的捐赠等。基金的用途为:证券公司被撤销、被关闭、破产或被证监会实施行政接管、托管经营等强制性监管措施时,对债权人予以偿付或其他。

另外,在股票发行改革、退市、并购重组、公司债券、新三板等制度建设中均全面嵌入投资者保护要求。严格审核,严把发行质量关,防止企业欺诈上市;在新股发行制度改革中纳入专门的投保机制,建立摊薄即期回报补偿机制和保荐机构先行赔付制度,这些制度均有利于保护金融消费者的财产安全和合法权益。

通过以上措施,证监会可以对证券经营机构进行全面的监督管理,有效防控其内生和外在的风险,有效保护金融消费者的财产安全。当然,证监会和证券业协会还在信息披露制度方面和金融消费者对自身财产安全权宣传教育等方面,来间接提升财产安全权的保护效果,此处暂不赘述,具体详见本章第二节和第六节有关内容。

(三)保险业

1. 法律制度层面

保险消费的本质就在于保险消费者通过保险商品的购买来转移未来的不确定性,在合同约定的保险事件发生时能够得到经济上的安全保障,其最基本的职能在于分散风险和补偿损失金融消费者在保险业的财产安全,主要体现在保费和保险金上。在投保人解除合同时,根据我国《保险法》的规定,保险人应当自收到解除合同通知之日起30日内,按照合同约定退还保险单的现金价值。保险责任开始前,投保人要求解除合同的,应当按照合同约定向保险人支付手续费,保险人应当退还保险费。保险责任开始后,投保人要求解除合同的,保险人应当将已收取的保险费,按照合同约定扣除自保险责任开始之日起至合同解除之日止应收的部分后,退还投保人。保险人不可以侵吞金融消费者保费。

保险法的赔偿原则为补偿原则,保险的给付并非是基于损害发生而给予保险人赔偿,而是基于保险合同而进行的"损害补偿"。补偿标准是根据保险合同确定的,而不是对被保险人所有损害的填平。"无保险利益,即无损失;无损失,即无补偿"。保险利益是保险合同存在的必要前提,保险损害补偿确定的依据是补偿原则。除此之外,还要"限制补偿"。一方面,旨在"防止赌博",避免道德风险,保险合同为射幸合同,对补偿金额做出限制是讲保险与赌博最简便的区分方式;另一方面,在防止"道德危险",在高额保险补偿金的刺激下,极易诱发被保险人和受益人的铤而走险行为,从而对自身或他人人身财产造成损害。

2014年中国保监会《关于加强保险消费者权益保护工作的意见》在第6项"规范销售行为"中提出保险公司要根据产品特点和消费者风险承受能力建立区分销售制度,将合适的产品销售给有相应需求的消费者,这是保险消费领域的"适当性原则"的遵守,防止消费者盲目非理性消费,从而保护自身财产安全。另外,该意见还列举出一系列保险公司在销售中的禁止行为,如"不得利用广告或者其他宣传方式对保险条款内容和服务质量等做引人误解的宣传""不得在销售活动中阻碍消费者履行如实告知义务,或者诱导其不履行如实告知义务""不得伪造、擅自变更保险合同,或者为消费者提供虚假证明材料""不得夸大保险产品收益,隐瞒合同重要内容,提供虚假产品信息""禁止未经消费者书面授权或者追认而代替其签订保险合同以及其他违反法律、行政法规和保监会规定的行为"。这些销售规范通过保障保险消费者的知情权、自主选择权,使消费者清晰知晓自己所购买的保险产品所存在的风险和收益,并自主选择是否进行交易,从而保护自身的财产安全。

保险资金在运用过程中的不当行为也是导致消费者财产安全受到侵害的重要原因之一。为了规范保险资金运用行为,防范保险资金运用风险,从而保护保险消费者财产安全,保监会于2018年发布了《保险资金运用管理办法》,指出保险资金的运用必须以服务保险业为目标,坚持稳健审慎和安全性原则，符合偿付能力监管要求，根据保险资金性质进行资产负债管理和全面风险管理。

2. 内部管理层面

上述曾提及保险公司在销售过程中要严格遵照我国《保险法》和以上意见行事，内部管理方面必须根据《保险销售从业人员监管办法》等规定提高其对公司从业人员的管控与教育，除销售应规范行为外，保险公司、保险中介机构及保险销售人员在销售保险产品时还要及时向消费者提示风险，从而进一步促使消费者加强对自身的保护。

在保险公司日常经营管理方面，《保险公司管理规定》第六章“保险经营”部分对于如“公平、合理拟订保险条款和保险费率”“建立保险代理人的登记管理制度，加强对保险代理人的培训和管理，不得唆使、诱导保险代理人进行违背诚信义务的活动”“建立健全公司治理结构，加强内部管理，建立严格的内部控制制度”等，[①]不同层面详述了保险公司内部管理机制对保险消费者的财产安全权的直接或间接的保障性规定。

在保险资金的运作方面，保险集团(控股)公司、保险公司应当建立健全保险资金运用的管理制度和内控制度，明确各个环节、有关岗位的衔接方式及操作标准，严格分离前中后台岗位责任，定期检查和评估制度执行情况。[②]

保险公司应当依法提取公积金和缴纳保险保障基金。保险保障基金被视为保单持有人的最后安全网，在保险公司经营困难、发生财务危机或破产倒闭，导致其无力偿债时，按法定程序在法定救助范围内，用于支付保单持有人索赔，或者对受让无力偿债的保险公司保单的其他保险公司等提供资金救助，以达到保护保单持有人利益的目的。我国《保险保障基金管理办法》规定设立国有独资的中国保险保障基金有限责任公司，依法负责保险保障基金的筹集、管理和使用。保障基金对问题保险公司提供救助，保障基金对保单持有人或保单受让公司提供救助，保险保障基金公司参与风险处置，在风险处置中参加整顿组、接管组和清算组等，协助监管机构或主导参与风险处置。立法位阶还较低，以部门规章的形式颁布的规范性文件，需要进一步提高。从我国目前保险保障基金的立法状况来看，除了一部《保险保障基金管理办法》，再无其他规范性法律文件具体规定保险保障基金公司该如何开展救助工作。在保险

① 《保险公司管理规定》第41~58条。

② 《保险资金运用管理办法》第40条。

公司被撤销或者依法实施破产的情况下，仅规定了对接受人寿保险合同的保单受让人进行救助，未明确授权对受让寿险以外的保险合同的其他保险公司提供救助，也未明确对与破产保险公司或被撤销保险公司合并的其他保险公司提供救助。这些都限制了保险保障基金的作用范围。未明确规定保险保障基金提供的救助措施是借款、赠与还是担保等，亦未明确规定对存在重大风险的保险公司依法进行风险处置的手段，这都将制约保险保障基金的运作效率。

3. 监管具体措施层面①

有关保险资金的运用，我国保险业监督管理机构依法对保险资金运用活动进行监督管理。中国保监会对保险资金运用的监督管理，采取现场监管与非现场监管相结合的方式，并可以授权其派出机构行使保险资金运用监管职权。

中国保监会对保险集团(控股)公司、保险公司保险资金运用实行分类监管、持续监管和动态评估；监管中，中国保监会有权要求保险集团(控股)公司、保险公司提供报告、报表、文件和资料。公司的股东大会、股东会、董事会的重大投资决议，在决议作出后5个工作日内向中国保监会报告。

一旦发现公司的偿付能力状况不符合保监会要求的，保监会可以限制其资金运用的形式、比例。

保险集团(控股)公司、保险公司违反资金运用形式和比例有关规定的，由中国保监会责令限期改正。责令该公司限期改正逾期未改正的，可以决定选派有关人员组成整顿组，对该公司进行整顿。同时，对违反资金运用形式和比例有关规定的公司，保监会可以对其行政处罚。

中国保监会有权对保险集团(控股)公司、保险公司的董事、监事、高级管理人员和资产管理部门负责人进行监管谈话，要求其就保险资金运用情况、风险控制、内部管理等有关重大事项作出说明；对保险集团(控股)公司、保险公司严重违反资金运用有关规定的，保监会可以责令调整负责人及有关管理人员。

(四)信托业

1. 法律制度层面

作为信托投资理财法律关系载体的金融信托合同，合同主体双方一方是投资者，另一方是信托机构。我国2007年《信托公司集合资金信托计划管理

① 参见《保险资金运用管理办法》。

办法》第5条规定"参与信托计划的委托人为唯一受益人"。显然,金融信托委托人就是受益人本人,委托人运用信托工具理财的根本目的是投资营利,委托人即受益人,亦即投资人。委托人"投资的目的是不投资",也就是委托别人去投资,不用自己亲自投资。金融信托受益人是投资责任和投资风险的真正承担者,但是其投资的职能"让渡"给了受托人,由受托人代为履行投资职能。尽管理论上,信托受益人对信托财产的归属享有绝对的权利,受托人必须按照受益人的指示管理信托财产,但这一绝对权利的实现并不一定可行。

我国《信托法》规定"任何受益人或目的信托的执行人,都有权利得到必要的信息,以保障其利益和确保受托人对其负责",但现实中的情况是营业化和专业化的信托受托人处于"强势"地位,自然人受益人则处于"弱势"地位,受益人的信息获取权难以得到有效保证。在纷繁复杂的信托金融产品面前,被假定为"理性经济人"的自然人投资者事实上已经转化为金融消费者。

由于信托关系的特殊性,信托机构基于委托人的委托而对信托财产进行管理,需要特别强调的是信托财产和受托人的固有财产的分离使用,以确保金融消费者的财产安全权。我国《信托法》规定了信托财产的独立性,"信托财产与属于受托人所有的财产(以下简称固有财产)相区别,不得归入受托人的固有财产或者成为固有财产的一部分",并设计了一系列的限制,如规定了信托财产的非继承性(该法第16条第2款)、破产财产的排除(该法第16条第2款)、强制执行的禁止(该法第17条)、抵消的禁止(该法第18条)等,将受托人为自身利益而处理信托财产在法律上的可能性降到最低限度,从而大大提高了信托财产的安全性。

受托人禁止将信托财产转为其固有财产,否则须恢复信托财产的原状,造成信托财产损失的,应当承担赔偿责任。受托人禁止将固有财产与信托财产进行交易或者将不同委托人的信托财产进行相互交易,约定并以公平的市场价格进行交易的除外。违反规定造成信托财产损失的,信托机构应当承担赔偿责任。受托人必须将信托财产与其固有财产分别管理、分别记账,并将不同委托人的信托财产分别管理、分别记账。简单来说,信托机构需要尽到善良管理人义务,尽力维护金融消费者的财产安全权,不得以信托财产为自身谋取私利,否则就是对金融消费者财产安全权的侵犯。

对于信托公司在运用信托财产过程中的监督,立法也对信托财产的运用方式进行了一定的限制,以防范信托机构对金融消费者财产安全权的侵犯。《信托公司管理办法》中规定了信托公司管理运用或处分信托财产时,可以采取投资、出售、存放同业、买入返售、租赁、贷款等方式进行，但禁止以卖出回购方式管理运用信托财产。信托公司固有业务项下可以开展存放同业、拆放同业、贷款、租赁、投资等业务。投资业务限定为金融类公司股权投资、金融产品投资和自用固定资产投资。信托公司禁止以固有财产进行实业投资，银监会另有规定的除外。信托公司不得开展除同业拆入业务以外的其他负债业务，且同业拆入余额不得超过其净资产的20%，银监会另有规定的除外。信托公司可以开展对外担保业务，但对外担保余额不得超过其净资产的50%。信托公司应对信托业务与非信托业务分别核算，并对每项信托业务单独核算。以上是对信托公司对信托财产和固有财产运营的限制，可以看出对固有财产的限制是为了保持信托机构的固有财产稳定安全，以防范因资金缺口而产生过高的道德风险。

除了对信托机构的信托财产和固有财产的规定，还有其他容易产生争议事务中偏向金融消费者，从而对金融消费者财产安全权进行保护。《信托公司管理办法》规定信托公司违反信托目的处分信托财产，或者因违背管理职责、处理信托事务不当致使信托财产受到损失的，在恢复信托财产的原状或者予以赔偿前，信托公司不得请求给付报酬。信托公司因处理信托事务而支出的费用、负担的债务，以信托财产承担，但应在信托合同中列明或明确告知受益人。信托公司以其固有财产先行支付的，对信托财产享有优先受偿的权利。因信托公司违背管理职责或者管理信托事务不当所负债务及所受到的损害，以其固有财产承担。从立法对金融消费者的保护来看，在信托机构无法尽到善良管理人的义务时，应当承担恢复原状和赔偿损失的义务，否则丧失报酬取得权。但信托机构可能为了避免或者减轻自己的责任而将信托财产的损失归为不可抗力因素或是金融市场的系统性风险，这时如何判断信托机构的过错就尤为重要。在信托机构无过错或者重大过失的情形下，不应由信托机构来承担恢复原状和赔偿损失的义务，否则有失公平原则。判断信托机构是否有过错还需要考量金融消费者的知情程度，即使投资高风险的金融产品和金融服务，但只要金融消费者知情并且同意，即符合信托合同的约定，造成的损失后果应当由金融消费者自己承担。如果信托机构违反信托合同投资高于合同约定风险或者由于过错和重大过失而处理事务不当，则应当承担恢复原状和赔偿损失的义务。

为降低信托公司的经营性风险，建立了信托业保障基金，有助于完善我国信托业制度。《信托业保障基金管理办法》规定了由信托业市场参与者共同筹集，用于化解和处置信托业风险的非政府性行业互助资金。信托业风险处置应按照卖者尽责、买者自负的原则，发挥市场机制的决定性作用，防范道德风险。在信托公司履职尽责的前提下，信托产品发生的价值损失，由投资者自行负担。

良好的市场需要建立退出机制，才能实现信托市场的正常运转。在《信托公司管理办法》中规定了信托公司出现分立、合并或者公司章程规定的解散事由，申请解散的，经银监会批准后解散，并依法组织清算组进行清算。信托公司不能清偿到期债务，且资产不足以清偿债务或明显缺乏清偿能力的，经银监会同意，可向人民法院提出破产申请。银监会可以向人民法院直接提出对该信托公司进行重整或破产清算的申请。信托公司终止时，其管理信托事务的职责同时终止。清算组应当妥善保管信托财产，作出处理信托事务的报告并向新受托人办理信托财产的移交。信托公司的破产和公司的破产基本相同，除了银监会的批准之外没有其他对信托机构破产的步骤和要求的详细规定。但是，退出机制应当进行单独完善的立法，重点规定信托财产在信托机构退出时的移交问题，防止侵害金融消费者财产安全权和自主选择权。

2. 内部管理层面

2014 年中国银监会办公厅《关于信托公司风险监管的指导意见》要求信托公司应切实履行受托人职责，从产品设计、尽职调查、风险管控、产品营销、后续管理、信息披露和风险处置等环节入手，全方位、全过程、动态化加强尽职管理，做到勤勉尽责，降低合规、法律及操作风险。提升对基础资产的动态估值能力和对资金使用的监控能力，严防资金挪用。

不仅如此，信托公司还要加强风险评估，并规范其产品营销。坚持合格投资人标准，应在产品说明书中明确，投资人不得违规汇集他人资金购买信托产品，违规者要承担相应责任及法律后果。坚持私募标准，不得向不特定客户发送产品信息。准确划分投资人群，坚持把合适的产品卖给适合的对象，切实承担售卖责任。信托公司应遵循诚实信用原则，切实履行“卖者尽责”义务，在产品营销时向投资人充分揭示风险，不得存在虚假披露、误导性销售等行为。加强投资者风险教育，增强投资者“买者自负”意识。严格执行《信托公司集合资金信托计划管理办法》，防止第三方非金融机构销售风险向信托公司传递。发现违规推介的，监管部门要暂停其相关业务，对高管严格问责。

信托公司内部强化依法合规经营，严防员工违法、违规事件发生。组织案件风险排查，严格实施违规问责和案件问责，保持对案件风险防控的高压态势。

3. 监管具体措施层面

为保证信托机构的支付能力，对信托机构建立了净资本管理和信托赔偿准备金制度。银监会对信托公司实行净资本管理。信托公司违反审慎经营规则的，银监会责令限期改正、暂停业务、限制股东权利等监管措施。信托公司每年应当从税后利润中提取5%作为信托赔偿准备金，但该赔偿准备金累计总额达到公司注册资本的20%时，可不再提取。信托公司的赔偿准备金应存放于经营稳健、具有一定实力的境内商业银行，或者用于购买国债等低风险高流动性证券品种。

在业务准入方面，监管机构对信托公司业务范围实行严格的准入审批管理，对业务范围项下的具体产品实行报告制度，凡新入市的产品都必须按程序和统一要求，在入市前10日逐笔向监管机构报告。监管机构不对具体产品做实质性审核，但可根据信托公司监管评级、净资本状况、风险事件、合规情况等采取监管措施。信托公司开展关联交易应按要求逐笔向监管机构事前报告，监管机构无异议后，信托公司方可开展有关业务。异地推介的产品在推介前向属地、推介地银监局报告。属地和推介地银监局要加强销售监管，发现问题的要及时叫停，以防风险扩大。①

在监管职责分配方面，原银监会非银行金融机构监管部和各银监局各司其职，加强协同，形成监管合力。非银行金融机构监管部要着力研究完善制度设计和机制建设，加强指导、检查和后评价工作。各银监局要按照属地监管原则承担第一监管责任，明确各级监管人员的具体职责，切实做好辖内信托公司风险防范与改革发展工作。监管部门要做好非现场监管工作和现场检查工作。非现场监管如列席各公司董事会和议决重大事项的会议。紧盯数据信息系统及行业舆情，督促信托公司提升数据质量。按季开展高管会谈，按年开展董事会、监事会会谈及外部审计会谈。而现场检查工作，要将尽职调查、合规管理和兑付风险等纳入现场检查重点，检查方式和频率由各银监局结合辖内机构实际情况合理确定。

此外，监管方还在建立风险处置和准入事项挂钩制度，这是指信托公司多次在同一类业务发生风险，严重危及稳健运行的，监管机构应依法暂停其该类业务。信托公司连续在不同业务领域发生风险的，可区分原因采取暂停发行

① 参见《中国银监会办公厅关于信托公司风险监管的指导意见》。

集合信托、责令调整高级管理人员和风控架构等监管措施。对发生风险的信托公司，在实现风险化解前，暂停核准其高管任职和创新业务资格。

（五）互联网金融业

1. 法律制度层面

互联网的隐蔽性使互联网的资金安全更成为重点，互联网金融如果无法保障金融消费者财产安全，那么金融消费者对于互联网金融就无法产生根本信任，从而制约整个互联网金融行业的后续发展。尤其是对于P2P平台、众筹平台等的“跑路”，金融消费者无法维护自身的财产安全权。除此之外，网络技术安全问题使互联网金融消费者财产安全权存在隐患，互联网金融是依托于计算机和互联网基础而生的，而网络安全会影响其生存基本。传统金融行业的网络安全是靠国家的实力以维持，而互联网金融的准入门槛低，个体的公司对网络安全的保护不及国家的力量强大，甚至还有部分人通过互联网金融交易的形式实行犯罪行为，造或假借互联网金融机构的名义欺骗消费者，骗走消费者投资资金，损害其财产安全权益。①

互联网金融包含P2P网络借贷、股权众筹、第三方支付、互联网保险、互联网基金等领域，所提供的金融产品和金融服务多样。其特点为违法犯罪行为隐蔽性、迷惑性强、波及面广、社会影响大。司法机关在互联网金融犯罪上有巨大的作用，其根据互联网金融的特点，需要准确的判断犯罪的性质。确定了犯罪的红线，互联网金融机构才能在不触碰法律红线的基础上进行大胆的金融创新，从而营造更加健康的金融市场。非法吸收公众存款行为的认定重点审查互联网金融活动相关主体是否存在归集资金、沉淀资金，致使投资人资金存在被挪用、侵占等重大风险等情形。以非法占有为目的，使用诈骗方法非法集资，是集资诈骗罪的本质特征。检察机关、公安机关、法院应当依法保证互联网金融活动中投资人金融消费者的合法权益，打击犯罪追回赃款，以维护金融消费者的财产安全权。

我国目前现行法律中没有一部专门法律规定互联网金融消费者权利保护，我国《消费者权益保护法》主要是规定消费者的财产安全权保护问题，而互联网金融消费者财产安全权并非传统的提供商品或服务的安全，主要在于金融服务提供保障消费者的资金安全，一旦出现消费者资金遭受损失，在司法

---

① 参见姚汛童：《论我国互联网金融消费者权益的法律保护》，吉林财经大学2016年硕士学位论文。

实践中对消费者的保护和法律适用就存在争议。由于互联网金融的地域性，不同地区或法院存在不同的判决，而我国传统的《消费者权益保护法》《合同法》《侵权责任法》等民商事法律均未对此作出明确的规定，目前仅有互联网金融业的规章和规范性文件对互联网金融领域的消费者财产安全权作出了一些规定。

2015年《互联网金融指导意见》明确指出互联网金融业建立客户资金第三方存管制度和合格投资者制度，"从业机构应当选择符合条件的银行业金融机构作为资金存管机构，对客户资金进行管理和监督，实现客户资金与从业机构自身资金分账管理。客户资金存管账户应接受独立审计并向客户公开审计结果"，此项安排将减少互联网金融业经营机构将自有资金与客户资金混用、挪用或者"卷款跑路"等风险，提升了消费者财产的安全性。该意见还提出"建立互联网金融的合格投资者制度"，由于普通投资者难以承受因非理性金融消费或盲目投资而导致的风险和损失，一旦出现亏损，可能对其个人和家庭财产造成毁灭性的打击，建立合格投资者制度，有利于提升投资者保护水平。

国务院于2016年4月12日印发了《互联网金融风险专项整治工作实施方案》，对于互联网金融机构的资金安全进行了进一步规范。其中，P2P网络借贷平台不得设立资金池、发放贷款、非法集资、自融自保和从事线下营销。P2P网络借贷平台和股权众筹平台未经批准不得从事资产管理、债权或股权转让、高风险证券市场配资等金融业务。P2P网络借贷平台和股权众筹平台客户资金与自有资金应分账管理，严格落实客户资金第三方存管要求，选择符合条件的银行业金融机构作为资金存管机构，保护客户资金安全，不得挪用或占用客户资金。此外，强化资金监测，建立了第三方存管制度，存管银行对相关资金账户进行监督，防范风险。银行对互联网金融机构资金账户及跨行清算采取集中管理，对资金账户、股东身份、资金来源和资金运用等情况进行全面监测。

P2P平台等金融服务机构在银行开立账户，在银行账户内之资金只能转到投资者银行账户或者借款人银行账户，投资者只能将资金从其银行账户转入P2P平台等金融服务机构在银行所开立之账户，借款人也只能从P2P平台等金融服务机构在银行所开设的账户获得资金与进行还款，一系列流程通过程序设定在系统上进行固定化。[1] 基金销售机构提供基金开户、账户登记、基金申购、赎回、交易申请查询、基金行情查询、份额余额查询等服务。第三方网络平台为基金销售业务提供辅助服务,基金销售机构与第三方网络平台签订服务合同,明确权责。第三方网络平台主要体现为第三方支付机构与第三方电子商务平台。第三方支付机构在开展基金互联网销售支付服务过程中,应当遵守中国人民银行、证监会关于客户备付金及基金销售结算资金的相关监管要求。第三方支付机构的客户备付金只能用于办理客户委托的支付业务,不得用于垫付基金和其他理财产品的资金赎回。

2. 内部管理层面

以网贷平台为例,网络借贷信息中介机构应当对出借人与借款人的资格条件、信息的真实性、融资项目的真实性、合法性进行必要审核;采取措施防范欺诈行为,发现欺诈行为或其他损害出借人利益的情形,及时公告并终止相关网络借贷活动,[2]这有利于从中介平台角度,在一定程度上使借贷双方不因欺诈等不当行为造成道德风险。另外,网络借贷信息中介机构不得为自身或变相为自身融资;直接或间接接受、归集出借人的资金;直接或变相向出借人提供担保或者承诺保本保息;自行或委托、授权第三方在互联网、固定电话、移动电话等电子渠道以外的物理场所进行宣传或推介融资项目;发放贷款,但法律法规另有规定的除外;将融资项目的期限进行拆分;自行发售理财等金融产品募集资金,代销银行理财、券商资管、基金、保险或信托产品等金融产品;开展类资产证券化业务或实现以打包资产、证券化资产、信托资产、基金份额等形式的债权转让行为;除法律法规和网络借贷有关监管规定允许外,与其他机构投资、代理销售、经纪等业务进行任何形式的混合、捆绑、代理;虚构、夸大融资项目的真实性、收益前景,隐瞒融资项目的瑕疵及风险,以歧义性语言或其他欺骗性手段等进行虚假片面宣传或促销等,捏造、散布虚假信息或不完整信息损害他人商业信誉,误导出借人或借款人;向借款用途为投资股票、场外配资、期货合约、结构化产品及其他衍生品等高风险的融资提供信息中介服务;从事股权众筹等业务;法律法规、网络借贷有关监管规定禁止的其他活动。[3]

---

① 参见徐沅钤:《"互联网+"下金融消费者权益保护的实证研究——以P2P为例》,载《产业经济评论》2016年第3期。

② 《网络借贷信息中介机构业务活动管理暂行办法》第9条。

③ 《网络借贷信息中介机构业务活动管理暂行办法》第10条。

以第三方支付为例,若金融消费者的银行卡等信息暴露给第三方支付平台等互联网金融机构时,如果这个机构的信用度或者保密手段欠佳,将给金融消费者带来巨大的资金安全风险。因此,非金融支付机构与银行业不同,只能从事支付服务,而不能对金融消费者的资金进行挪用,所以非金融机构对资金如何使用直接关系到金融消费者的财产安全。《非金融机构支付服务管理办法》规定了非金融支付机构审慎经营的要求。客户备付金不属于支付机构的自有财产,支付机构只能根据客户发起的支付指令转移备付金,禁止挪用客户备付金。执行客户资金第三方存管制度,在商业银行开立备付金专用存款账户存放备付金。并且非金融支付机构的实缴货币资本与客户备付金日均余额的比例,不得低于10%。

巨额的备付金放在银行账户中所产生的利息值得探讨究竟由谁获得,是由银行、非金融支付机构还是金融消费者获得?客户备付金,是指支付机构为办理客户委托的支付业务而实际收到的预收待付货币资金。① 对备付金专用存款账户单一性的规定可以在一定程度上避免非金融支付机构私自挪用备用金,但依旧存在客户备用金保障的风险。非金融支付机构保存的客户备付金按照现行规定,虽然保存在托管银行的账户中。在正常情况下能够保障资金的安全,但是客户的资金毕竟实际被非金融支付机构占有,它实际掌握着客户账户资金的实际转移操作权利。如果其违规挪用客户资金,利用客户资金进行投资,或者以其他方式侵害客户账户资金利益,则会使该资金处于较大的风险之中。②

除了备用金被挪用的风险,还存在沉淀资金的违法占有风险。第三方支付机构对沉淀资金及其孳息只有保管的权利,原则上银行不应向非金融支付机构备付金账户计付利息,防止非金融支付机构以"吃利差"为主要营利模式。但是在网上交易的过程中,货款先由买家划入第三方支付机构的账户,加上物流公司这一独立交易参与者带来的不可控因素,等买家收货后确认付款给卖家,一般要有3~7日的周期,如果是退货也需要至少7日的退货时间,加入买家与卖家协商的时间会使退货周期更长。在这些周期内,非金融支付机构将取得沉淀资金的活期利息。非金融支付机构在满足办理日常支付业务需要后,可以以单位定期存款、单位通知存款、协定存款或中国人民银行认可的

① 《支付机构客户备付金存管办法》第1条的规定。

② 参见刘少军:《准金融"机构与业务"监管的法理研究》,载《金融法学家》2013年第5期。

其他形式存放客户备付金。支付机构通过备付金收付账户转存的非活期存款,存放期限不得超过 12 个月。非活期存款转为活期存款的,应退回至原转存的备付金账户。① 与之对照的是,客户却不享有备付金的利息,侵犯客户备付金的权益。

虽然第三方支付机构有安全控件、数字证书、手机动态口令、支付盾等安全机制,但是支付过程中的木马、病毒、钓鱼及网络攻击无处不在,防不胜防,给支付安全造成隐患,甚至给客户造成损失。非金融支付机构的安全系统和银行相比较而言,安全的技术手段还较弱,存在信息系统安全风险。

对第三方支付机构存在的技术风险,首先,要完善非金融支付机构与银行之间的隔离,防止发生病毒或黑客攻击时波及银行系统的安全。其次,使非金融支付机构建立应急机制,对发生技术漏洞时的紧急情况做好预案措施。依法做好客户资料的备份和应急系统的启动。最后,监管机构要用好技术手段。研究建立非金融支付机构监管技术支持系统,通过网上巡查、网站对接、数据分析等技术手段,采集和报送相关信息,及时发现异常,提供非金融支付机构安全防护服务。

3. 监管具体措施层面

为了摆脱互联网野蛮生长的状况,中国人民银行联合 10 个部委联合发布的《互联网金融指导意见》,在监管职责上明确规定:中国人民银行负责网络支付,银监会负责网络借贷、消费金融、互联网信托的监管,原保监会负责对互联网保险的监管,证监会负责对股权众筹、互联网基金销售的监管,基本确立了"一行三会"的监管模式。对于互联网金融消费者的保护工作,则由中国人民银行、原银监会、证监会、原保监会会同有关行政执法部门,根据职责分工依法开展。

以 P2P 行业为例,国务院银行业监督管理机构及其派出机构负责制定有关网络借贷信息中介机构业务活动的统一规范发展政策措施和监督管理制度,负责网络借贷信息中介机构的日常行为监管,指导和配合地方人民政府做好网络借贷信息中介机构的机构监管和风险处置工作,建立跨部门跨地区监管协调机制。各省级人民政府负责本辖区网络借贷信息中介机构的机构监管(包括对本辖区网络借贷信息中介机构的规范引导、备案管理和风险防范、处置工作),如地方金融监管部门应当负责为网络借贷信息中介机构办理备案

① 《支付机构客户备付金存管办法》第 16 条的规定。

登记。尽管此种备案登记不构成对网络借贷信息中介机构经营能力、合规程度、资信状况的认可和评价。地方金融监管部门还有权根据本办法和相关监管规则对备案登记后的网络借贷信息中介机构进行评估分类，并及时将备案登记信息及分类结果在官方网站上公示。① 工业和信息化部负责对网络借贷信息中介机构业务活动涉及的电信业务进行监管。公安部牵头负责对网络借贷信息中介机构的互联网服务进行安全监管，依法查处违反网络安全监管的违法违规活动，打击网络借贷涉及的金融犯罪及相关犯罪。国家互联网信息办公室负责对金融信息服务、互联网信息内容等业务进行监管。②

上述提及的银监部门的规范制定职责。具体到金融消费者财产安全方面，银监会办公厅就规范网络借贷资金存管业务活动的事项制定并发布了《网络借贷资金存管业务指引》，明确了存管业务的三大基本原则：一是分账管理。商业银行为网贷机构提供资金存管服务，对网贷机构自有资金、存管资金分开保管、分账核算。二是依令行事。存管资金的清算支付以及资金进出等环节，需经出借人、借款人的指令或授权。三是账务核对。银行和网贷机构每日进行账务核对，保证账实相符，同时规定每笔资金流转有明细记录，妥善保管相应数据信息，确保有据可查。该指引还明确了网贷资金存管业务的具体操作规则和网贷资金存管业务各方的职责义务，切实从资金存管的角度，保护金融消费者的资金的独立安全、提高平台交易的安全性。

第二节　金融消费者知情权

一、金融消费者知情权的基础理论

（一）金融消费者知情权的界定

金融消费者知情权是金融消费者在购买金融产品或接受金融服务的过程中，有权利知晓金融产品信息的权利，有权要求金融机构及时、真实、准确、全面地进行信息披露。金融消费者知情权根据主体分为两个子权利：一是金融消费者所享有的查询权，二是金融机构履行的信息披露的义务。查询权的涵盖范围大于信息披露的范围，信息披露往往带有一定的强制性，是由法律法规、行业自律、机构自主设定的披露范围，而金融消费者根据自身的需要向金

① 《网络借贷信息中介机构业务活动管理暂行办法》第5条。

② 《网络借贷信息中介机构业务活动管理暂行办法》第4条。

融机构查询金融信息时,金融机构对已经知道或者应当知道的金融信息有告知义务,对违反法律法规的强制性规定、行业规定的事项的除外。

金融消费者知情权的特点主要有及时性、真实性、准确性、全面性。及时性,是指金融机构在得知金融信息后,立即告知金融消费者,以便金融消费者进行决策。在金融消费者行使查询权之后,在合理时间内了解并告知金融消费者其查询的内容。真实性,是指提供金融信息的客观性,禁止进行欺诈、虚假或引人误解的宣传行为等。准确性,是指使用通俗易懂的语言提供金融信息,语言对金融消费者与专业投资者、监管机构等的专业性不同,应达到客观上金融消费者可以理解的程度。全面性,是指提供金融信息时要完整,如在宣传时不仅提示收益,也要提示风险,使金融消费者对产品的利弊有全面的认识。

(二)金融消费者知情权的内容

2013 年修正的我国《消费者权益保护法》中,规定了金融服务的经营者的信息披露义务和金融消费者的问询权。信息披露的内容包括经营地址、联系方式、商品或者服务的数量和质量、价款或者费用、履行期限和方式、安全注意事项和风险警示、售后服务、民事责任等信息。① 问询权体现在经营者对格式条款按照消费者的要求予以说明。

针对不同的金融机构提供的金融产品和服务,信息披露的内容有所区别。对银行业机构,披露的内容包括:金融消费者和金融机构的权利及义务,金融消费者承担的费用及违约金,存款保险等保障机制,纠纷处理及投诉路径。② 披露的要求包括:对专业术语进行解释说明,对金融科技创新产品开展外部安全评估,留存协议、风险提示书及其他披露材料不少于 3 年。③ 对于证券业机构,我国《证券法》中的持续信息披露义务仅针对上市公司,包括公司概况、经营情况、高级管理人员简介、公司的实际控制人和重大事件。④ 信息披露的主体包括上市公司董事、监事、高级管理人员。⑤ 对于保险业机构,应当披露财务会计报告、风险管理状况、保险产品经营情况等重大事项。⑥ 保监会先后于 2009 年和 2010 年相继出台了《人身保险新型产品信息披露管理办法》和《保

① 《消费者权益保护法》第 28 条。
② 《办法》第 14 条。
③ 《办法》第 13 条、第 15 条、第 17 条。
④ 《证券法》第 66 条、第 67 条。
⑤ 《证券法》第 68 条。
⑥ 《保险法》第 110 条。

险公司信息披露管理办法》,对信息披露的内容、方式、时间、管理等作出详细的规定。对第三方支付机构,信息披露的内容包括支付业务的收费项目、收费标准以及支付服务协议的格式条款等内容。①

(三)金融消费者知情权的经济学和法学理论基础

1. 金融消费者知情权的经济学理论基础

金融消费者知情权的经济学理论基础主要有信息不对称理论和"外部效应"理论。

人们在获得与相互影响相关的知识上的差别被称为信息不对称。② 道德风险是一个没有受到完全监督的人从事不诚实或不合意行为的倾向。③ 在金融服务中,金融消费者与金融机构在获得相互影响决策的金融信息上有所差别,金融机构有隐蔽性特性,有掩盖金融信息的激励,从而倾向于隐蔽性行为。在这种情况下,金融消费者要试图通过信息披露义务和查询权来鼓励金融机构更加负责的提供信息,从而避免由于不受监督产生的金融机构的道德风险。

外部性是指一个人的行为对旁观者福利的无补偿的影响。④ 在金融机构不进行信息披露时,对知晓金融信息的金融机构不会考虑不购买金融产品或不接受金融服务的金融消费者的利益,对通过私人渠道获得金融信息的金融消费者也不会考虑到他们的决策所引起其他金融消费者的机会减少或者利益受损。因此,除非政府通过政策规定信息披露义务,金融机构不会主动选择披露信息。政府通过规定金融机构的信息披露义务来防止外部性引起的无效率的市场活动。

2. 金融消费者知情权的法学理论基础

金融消费者知情权的法学理论基础主要有公平交易理论,"双峰理论"和消费者主权理论。

公平交易是公平正义价值的追求,在法律原则上体现为诚实信用原则和权利义务对等原则。金融交易市场中金融消费者在信息掌握和交易选择上处于明显弱势地位,⑤金融机构有告知义务,不得虚假陈述等是诚实信用原则的

---

① 《第三方支付机构支付服务管理办法》第 19 条、第 21 条。

② 参见[美]曼昆:《经济学原理:微观经济学分册》,梁小民、梁砺译,北京大学出版社 2015 年版,第 490 页。

③ 同上。

④ 同上书,第 212 页。

⑤ 参见彭真明、殷鑫:《论金融消费者知情权的法律保护》,载《法商研究》2011 年第 5 期。

体现。根据权利义务对等原则,金融机构在享有资金使用权及费用收取权的同时应当向金融消费者履行相应的信息披露义务。①

英国经济学家迈克尔·泰勒提出“双峰理论”,认为金融监管并存两个目标:一是审慎监管目标,其宗旨是维护金融机构经营的安全性和金融体系的稳定性,而防止系统性金融危机的产生或者金融市场崩溃;二是保护消费者权利的目标,通过对金融机构经营行为的监管,防止和减少消费者受到欺诈和其他不公平待遇。

消费者主权理论又称顾客主导型经济模式,消费者决定生产商品的类型和数量,消费者的意愿偏好和选择决定经济系统的方向。消费者主权的缺失体现在消费自主权、安全性和信息的缺失,对利率、程序、收费标准等信息缺失会影响金融消费的正常进行,损害消费者权益。②

二、我国金融消费者知情权保护的现状分析

次贷危机爆发后,金融消费者知情权的保护成为焦点问题,但我国《消费者权益保护法》对金融消费者知情权的保护还存在不足,仅从经营者的角度强化了其说明义务,对金融消费者知情权的界定仍然没有以法律的形式确定下来,说明了我国对金融消费者的保护缺乏力度。

我国新修订的《反不正当竞争法》第 8 条对于虚假或者引人误解的商业宣传作出了禁止性规定,来保护消费者的知情权,“经营者不得对其商品的性能、功能、质量、销售状况、用户评价、曾获荣誉等作虚假或者引人误解的商业宣传,欺骗、误导消费者”。国务院办公厅《指导意见》(国办发〔2015〕81 号)提出保障金融消费者知情权,要求“金融机构应当以通俗易懂的语言,及时、真实、准确、全面地向金融消费者披露可能影响其决策的信息,充分提示风险,不得发布夸大产品收益、掩饰产品风险等欺诈信息,不得作虚假或引人误解的宣传”。

从上述总结来看,主要是分为两个方面:一方面,完善金融业的信息披露制度;另一方面,反金融欺诈和虚假陈述。下面就各个不同金融行业具体分析如下。

---

① 参见彭真明、殷鑫:《论金融消费者知情权的法律保护》,载《法商研究》2011 年第 5 期。

② 参见佘隆炯、杨静:《金融消费中的消费者主权缺失分析》,载《消费经济》2003 年第 6 期。

（一）银行业

1. 法律制度层面

第一，信息披露制度。银行业通过大量的立法来规范商业银行的金融行为，从而对金融消费者知情权进行保护。《银行业监督管理法》第 36 条规定了银行业监督管理机构应当责令银行业金融机构按照规定，如实向社会公众披露财务会计报告、风险管理状况、董事和高级管理人员变更以及其他重大事项等信息。2013 年《工作指引》第 9 条规定："银行业金融机构应当尊重银行业消费者的知情权和自主选择权，履行告知义务，不得在营销产品和服务过程中以任何方式隐瞒风险、夸大收益，或者进行强制性交易。"在 2016 年 12 月 14 日颁发的《办法》中突出了对金融消费者权益倾斜保护的立法思想，对金融消费者有明确的定义，并且对信息披露的内容和要求进行了具体化的规定。金融消费者是指购买、使用金融机构提供的金融产品和服务的自然人。[①] 在金融信息的披露上，银行业需要主动披露经营信息、金融产品和服务信息以及其他信息，具体包括财务会计报告、各类风险管理状况、公司治理、年度重大事项等信息。对于金融创新性产品银行需要进行外部性评估并且向金融消费者准确披露金融产品特点和风险，并且引入了适合性规则。信息披露的内容包括：金融合同双方的权利义务、费用和违约金、存款保险及保障措施、投诉途径。[②] 信息披露的要求有：使用有利于金融消费者接受理解的方式、对重要的专业术语解释说明、留存相关资料。[③] 在金融消费者的定义明确之前，银行已经通过《商业银行信息披露暂行办法》《商业银行个人理财业务管理暂行办法》《商业银行服务价格管理办法》对于信息披露进行规定，包括在醒目位置进行服务价格信息披露、对商业银行理财计划在宣传中对产品风险的醒目并通俗地提示、商业银行需要将信息披露的内容编制成年度报告等。

银行业对信息披露的规定已经相对比较具体，但还缺乏了对于信息披露的规定缺乏时效性的规定，不能使消费者及时掌握所需要的信息，尤其在理财金融产品上，信息披露的时间对于收益和风险的影响是巨大的。

第二，金融消费者咨询权。金融消费者知情权除了信息披露之外，还有金融消费者咨询权。金融消费者咨询权，消费者享有的，其购买、使用的金融产

---

① 《办法》第 2 条。

② 《办法》第 14 条。

③ 《办法》第 15 条、第 17 条。

品或者接受的金融服务的相关信息向金融机构提问，而金融机构应当作出真实明确的答复的权利。[①] 金融消费者在购买和使用金融产品或服务时，会产生问题，银行应当提供途径作出答复。在未对金融消费者进行真实明确答复而侵犯金融消费者咨询权时，银行也需要承担责任。

第三，银行的营销行为不得存在虚假和欺诈内容，且提示风险和宣介活动应当以利于消费者理解的方式进行。《商业银行外部营销业务指导意见》明确银行必须对产品进行充分的信息披露和风险揭示，确保消费者对银行所提供的产品和服务做出正确的评价，确保消费者在购买该产品之前已知晓并理解相关风险。银行不得采用不正当方式促销。银行在推介产品和服务时，向消费者提供的赠品或免费发放物品的价值应控制在合理范围之内。《商业银行个人理财业务风险管理指引》就个人理财业务的推介行为，明确了对于市场风险较大的投资产品，特别是与衍生交易相关的投资产品，商业银行不应主动向无相关交易经验或经评估不适宜购买该产品的客户推介或销售该产品。而当客户主动要求了解或购买有关产品时，商业银行应向客户当面说明有关产品的投资风险和风险管理的基本知识，并以书面形式确认是客户主动要求了解和购买产品。在说明方式上，商业银行在向客户说明有关投资风险时，应使用通俗易懂的语言，配以必要的示例，说明最不利的投资情形和投资结果。[②]

2. 内部管理层面

其一，在信息披露方面，《办法》（银发〔2016〕314 号）第二章对金融机构行为进行了具体规范，总体上要求金融机构完善规章制度，落实法律法规和相关监管规定中关于金融消费者权益保护的相关要求；并要求金融机构将金融消费者权益保护纳入公司治理、企业文化建设和经营发展战略，制定本机构金融消费者权益保护工作的总体战略和具体工作措施。另外，金融机构应当建立健全金融消费者权益保护工作机制，建立金融消费者权益保护工作专职部门或者指定牵头部门，明确部门及人员职责，确保其能够独立开展工作。

商业银行应当建立健全金融消费者权益保护的各项内控制度，其中包括金融产品和服务信息披露机制以及金融产品和服务信息查询机制，这从银行

---

① 参见熊玉梅：《论金融消费者知情权的保护——以美国 CFPA 法案为视角》，载《金融与经济》2010 年第 3 期。

② 《商业银行个人理财业务风险管理指引》第 25 条。

业在信息披露和消费者咨询权的保障角度出发,对其内部管理提出了要求。

该实施办法第 13 条、第 14 条进一步规定了金融机构披露的信息包括:与金融消费者权益保护相关的经营信息、金融产品和服务信息以及其他信息。并且,推出金融科技创新产品前,应当开展外部安全评估,并及时向金融消费者准确披露金融产品的特点和风险。有关金融产品的披露具体内容,银行业金融机构应当依据金融产品和服务的特性,向金融消费者披露下列重要内容:(1)金融消费者对该金融产品和服务的权利和义务,订立、变更、中止和解除合同的方式及限制;(2)金融机构对该金融产品和服务的权利、义务及法律责任;(3)金融消费者应当负担的费用及违约金,包括金额的确定、支付时点和方式;(4)金融产品和服务是否受存款保险或者其他相关保障机制的保障;(5)因金融产品和服务发生纠纷的处理及投诉途径;(6)其他法律法规和监管规定就各类金融产品和服务所要求的应当定期或者不定期披露或者报告的事项及其他应当说明的事项。

而从披露方式来看,银行业金融机构应当使用有利于金融消费者接受、理解的方式。对于涉及利率、费用、收益及风险等与金融消费者切身利益相关的重要信息,应当根据金融产品和服务的复杂程度及风险等级,对其中关键的专业术语进行解释说明,并以适当方式供金融消费者确认其已接收完整信息。①

有关商业银行自身信息的披露,《商业银行信息披露办法》明确商业银行应当遵循真实性、准确性、完整性和可比性的原则;披露内容包括财务会计报告、各类风险管理状况、公司治理、年度重大事项等信息。商业银行应将年度报告置放在商业银行的主要营业场所,并按银监会相关规定及时登载于互联网网络,确保公众能方便地查阅。银监会鼓励商业银行通过媒体向公众披露年度报告的主要信息。② 银监会发布的《商业银行资本充足率信息披露指引》,对商业银行资本充足率信息披露的范围、内容和流程规范等提出明确的监管要求。该指引要求各商业银行制定切实可行的资本充足率信息披露流程,及时披露实收资本或普通股及其他资本工具的变化情况,每季度披露核心资本总额、资本充足率、核心资本充足率等重要信息,其他如资本充足率并表范围、资本及资本充足率、信用风险暴露总额、逾期及不良贷款总额等相关重要信息应每半年披露。

---

① 《办法》第 15 条。

② 《商业银行信息披露办法》第 27 条。

其二,在营销规范方面,银行业金融机构进行营销活动时应当遵循诚信原则,不得进行虚假陈述或者欺诈行为。金融机构实际承担的义务不得低于在营销活动中通过广告、资料或者说明等形式对金融消费者所承诺的标准。[①]金融机构在进行营销活动时,不得有下列行为:(1)虚假、欺诈、隐瞒或者引人误解的宣传;(2)损害其他同业信誉;(3)冒用、使用与他人相同或者相近的注册商标、字号、宣传册页,有可能使金融消费者混淆;(4)对业绩或者产品收益等夸大宣传;(5)利用金融管理部门对金融产品和服务的审核或者备案程序,误导金融消费者认为金融管理部门已对该金融产品和服务提供保证;(6)对未按要求经金融管理部门核准或者备案的金融产品和服务进行预先宣传或者促销;(7)非保本投资型金融产品营销内容使金融消费者误信能保证本金安全或者保证盈利;(8)未通过足以引起金融消费者注意的文字、符号、字体等特别标识对限制金融消费者权利的事项进行说明;(9)其他违反消费者权益保护相关法律法规和监管规定的行为。[②]

3. 监管者具体措施

中国银监会负责监管商业银行的信息披露行为,对其违规披露行为具有处罚权。除此之外,银监会发布《关于开展银行业"违法、违规、违章"行为专项治理工作的通知》防控金融风险,治理金融乱象,坚决打击违法、违规、违章行为,督促银行业金融机构加强合规管理,扎严"制度笼子",稳健规范发展,更好地服务于实体经济,决定在银行业金融机构中全面开展"违反金融法律、违反监管规则、违反内部规章"行为专项治理工作,其中包含对商业银行信息披露的监管。

(二)证券业

1. 法律制度层面

证券业的信息公开规定较为全面,尤其是针对众多金融消费者的公开募集,对其信息披露有更高的要求。我国《证券法》[③]及关于信息披露的相关法规已经构建起强制信息披露的法律框架,将上市公司持续信息披露的内容确定为定期与不定期的披露与公司股票价格有关的信息。2006 年证监会发布了《上市公司信息披露管理办法》,对上市公司及其他信息披露义务人的所有

---

① 《办法》第 18 条。

② 《办法》第 19 条。

③ 《证券法》第三章第二节"持续的信息公开"。

信息披露行为进行了总括性规范,涵盖公司发行、上市后持续信息披露的各项要求。2004 年制定的《证券投资基金信息披露管理办法》则规范证券投资基金信息披露活动,保护投资人及相关当事人的合法知情权。

第一,信息披露制度可以促使公司管理人员表现得更为勤勉和诚实,有效的信息披露规则可以减少监督作为代理人的董事及其高管以确保他们勤勉工作的代理成本,并间接地影响公司的决策,从源头上防止欺诈行为的发生。

第二,信息披露制度满足金融消费者充分了解他们所购买的金融商品决策的要求。通过减少公司和金融消费者之间的信息不对称,信息披露制度平衡了整个运营中的市场信息,所有的市场参与者有平等机会了解公司及其金融商品的信息。投资者就可以对金融商品的价格作出合理的评估并且作出是否值得购买的决定。这一假设就是,没有足够的信息披露,投资者就不能获得有关投资风险的信息。信息披露规则激励公平并且赋予投资者作出灵活投资选择的信息。上述逻辑上的论证导致金融商品市场透明度和效率。较高的透明度产生了较高的价格稳定性,减少了市场脆弱性。

在基金方面,管理人、基金托管人和其他基金信息披露义务人需要披露基金信息,并保证所披露信息的真实性、准确性和完整性。基金信息披露义务人需要在国务院证券监督管理机构规定时间内对基金信息进行披露,并保证投资人能够按照基金合同约定的时间和方式查阅或者复制公开披露的信息资料。公开披露的基金信息也有详细的列举,包含基金招募说明书、基金合同、基金托管协议,募集情况,上市交易公告书,基金资产净值、基金份额净值,基金份额申购、赎回价格,基金财产的资产组合季度报告、财务会计报告及中期和年度基金报告,临时报告,基金份额持有人大会决议,基金管理人、基金托管人的专门基金托管部门的重大人事变动,涉及基金财产、基金管理业务、基金托管业务的诉讼或者仲裁等内容。立法对虚假记载、误导性陈述或者重大遗漏,对证券投资业绩进行预测,违规承诺收益或者承担损失,诋毁其他基金管理人、基金托管人或者基金销售机构等行为明确禁止,以保障金融消费者的知情权的实现。

2. 内部管理层面

证券业机构内部应当建立完善的信息披露管理制度。发行人、上市公司依法披露的信息,必须真实、准确、完整,不得有虚假记载、误导性陈述或者重大遗漏。[1] 依法必须披露的信息,应当在国务院证券监督管理机构指定的媒体发布,同时将其置备于公司住所、证券交易所,供社会公众查阅。[2]

证券公司建立信息查询制度,[3]保证客户在证券公司营业时间内能够随时查询其委托记录、交易记录、证券和资金余额,以及证券公司业务经办人员和证券经纪人的姓名、执业证书、证券经纪人证书编号等信息。客户认为有关信息记录与实际情况不符的,可以向证券公司或者国务院证券监督管理机构投诉。证券公司应当指定专门部门负责处理客户投诉。国务院证券监督管理机构应当根据客户的投诉,采取相应措施。

而在基金方面,基金管理人、基金托管人应当建立健全信息披露管理制度,指定专人负责管理信息披露事务。基金信息披露义务人公开披露基金信息,应当符合中国证监会相关基金信息披露内容与格式准则的规定;特定基金信息披露事项和特殊基金品种的信息披露,应当符合中国证监会相关编报规则的规定。

基金管理人、基金托管人依法在指定报刊和网站上披露信息,并且可以根据需要在其他公共媒体披露信息,但是其他公共媒体不得早于指定报刊和网站披露信息,并且在不同媒介上披露同一信息的内容应当一致。

3. 监管者具体措施

我国信息披露制度由证券监督管理委员会、证券交易所及监管相关规则规定的其他部门进行监督管理。证监会官网还设有信息披露专栏,并分预先披露、预先披露查询系统、非上市公众公司信息披露、基金信息披露、上交所信息披露、深交所信息披露等子栏目,便于公众查询,也极大地促进了消费者知情权的保护。监管部门和监督职责具体内容见表1。

---

① 《证券法》第63条。

② 《证券法》第70条。

③ 《证券监督公司管理条例》第32条。

表1 监管部门和监督职责具体内容①

	监管部门		监督职责	监督权限
国家证券监督管理机构	中国证券监督管理委员会	发行监管部(创业板发行监管部)	审核企业境内发行股票、债券、可转换债券的申报材料并监管证券发行活动	处罚权;警告;没收非法所得;罚款;暂停资格;调查取证权;对上市公司具有调查取证权;可以申请司法机关予以财产冻结
		市场监管部	审核并监管证券交易所及证券登记、托管、结算机构业务活动;审核及管理证券交易所场内上市品种及场外金融交易工具;监管境内证券市场的信息传播活动;协调指导证券市场交易违规行为监控工作	
		上市公司监管部	监管境内上市公司并购重组活动;监管和指导证券交易所、派出机构监管境内上市公司的信息披露;监督境内上市公司及其内部人履行证券法规规定的义务;对上市公司信息披露、财务会计报告进行巡回检查和专项核查等	
		会计部	协调、制定证券期货市场财务信息披露规范;审核会内各部门草拟的有关证券期货会计财务的规章;审核会计师事务所、资产评估机构及其成员从事证券期货中介业务的资格并监管其相关业务活动	

① 表1引自李锦霖:《信息披露的投资者保护效应研究》,暨南大学2012年金融博士学位论文。

续表

	监管部门	监督职责	监督权限
自律性监管机构	证券交易所	深交所由发审监管部,上交所由上市部对上市公司首次公开发行信息披露进行监管指导;而持续信息披露则由上市公司管理部负责(包括深交所中小板、创业板公司管理部)	处罚权;警告;公开批评调查取证权;只能要求上市公司就可疑问题提供解决
	中国注册会计师协会	拟定业务报备管理制度和业务检查制度,组织实施业务报备工作及年度业务检查工作;协调有关方面对行业职业道德和职业质量的监督、检查和处罚;组织处理有关方面投诉举报专案查处工作	处罚权;对注册会计师和会计师事务所警告;没收违法所得;罚款;暂停执业;吊销许可证等

(三)保险业

1. 法律制度层面

在消费者的各项权利之中,消费者知情权居于核心地位,全面掌握与交易有关的重要信息是消费者正确决策的前提。在保险消费领域,天然的信息不对称使保险消费者在缔约过程中对信息的依赖表现得尤为明显。一方面,保险产品的全部信息集中于一纸保单,而无其他有形产品作为载体,消费者无法辨认产品的“质量”,只能通过主动询问或保险人的介绍才能知悉产品的有关情况,信息不对称特别严重;另一方面,保险产品是复杂的金融产品,格式条款的引入使保险合同更加固定化和专业化,非普通消费者能轻易理解,从而需要保险人施以提示和说明义务。保险消费者享有获得与保险交易有关的必要信息的权利,相应地,保险经营者就负有为保险消费者提供相关信息的义务,并且是“真实、准确、全面”的信息。由此,便产生了保险人的提示说明义务。

保险人的提示说明义务,通常是指保险人在合同订立时,依法应当将保险合同条款、所含专业术语及有关文件内容,向投保人陈述和解释清楚,以便使投保人准确理解自己的合同权利和义务的法定义务。

我国《保险法》第17条分为两款规定了保险人的提示说明义务,第1款规定,“订立保险合同,采用保险人提供的格式条款的,保险人向投保人提供的投保单应当附格式条款,保险人应当向投保人说明合同的内容”;第2款规定,“对保险合同中免除保险人责任的条款,保险人在订立合同时应当在投保单、保险单或者其他保险凭证上作出足以引起投保人注意的提示,并对该条款的内容以书面或者口头形式向投保人作出明确说明;未作提示或者明确说明的,该条款不产生效力”。

我国保险领域对金融消费者知情权的保护还体现在2009年出台的《人身保险新型产品信息披露管理办法》和2010年出台的《保险公司信息披露管理办法》。《人身保险新型产品信息披露管理办法》主要对新型保险产品的信息披露行为进行了规范。《保险公司信息披露管理办法》则规定了保险公司向社会公众披露其经营管理信息的义务,使消费者直观了解保险合同的保障范围、收益风险和除外责任、服务项目和承诺、投诉途径和办理时限等涉及自身权益的重要信息。

2. 内部管理层面

保险公司要及时披露与消费者权益相关的产品和服务信息。保险公司要在官方网站显著位置公布保险产品条款和服务承诺信息,以清晰和通俗的语言向消费者说明保险产品和服务,重点突出保障范围、免责条款、预期收益等与消费者利益密切相关的内容,并对免责条款作出足以引起消费者注意的提示和明确说明。在保险合同存续期间,及时向消费者披露该产品相关的信息。①

另外,根据《保险公司管理规定》第44条、第45条、第46条的规定,保险机构的业务宣传资料应当客观、完整、真实,并应当载有保险机构的名称和地址。保险机构应当按照中国保监会的规定披露有关信息。保险机构不得利用广告或者其他宣传方式,对其保险条款内容和服务质量等做引人误解的宣传。保险机构对保险合同中有关免除保险公司责任、退保、费用扣除、现金价值和犹豫期等事项,应当依照我国《保险法》和中国原保监会的规定向投保人作出提示。

3. 监管具体措施层面

我国《保险法》中规定了国务院保险监督管理机构依法对保险业实施监督管理。中国保监会对保险机构的监督管理,采取现场监管与非现场监管相结合的方式。《保险公司管理规定》中明确了保险机构的信息披露应当按照

① 参见2014年《中国保监会关于加强保险消费者权益保护工作的意见》。

国务院保险监督管理机构的规定执行，明确了保险机构对保险合同中有关事项，应当依照相关规定向投保人作出提示。保险机构的业务宣传资料应当客观、完整、真实，并应当载有保险机构的名称和地址。除了对金融消费者知情权中的信息披露权作出规定之外，还特别对金融消费者的咨询权进行了初步的规定，即保险机构应当按照规定设立客户服务部门或者咨询投诉部门，并向社会公开咨询投诉电话。但是对金融消费者咨询权的规定并不具体，也没有表明保险机构对金融消费者提出的个别咨询不回答或模糊回答的责任。

虽然中国保监会对于个别金融消费者的咨询权的规定不具体，但是建立了公开质询制度，极大程度维护了金融消费者的知情权。根据中国保监会《关于完善监管公开质询制度有关事项的通知》的规定，质询范围包括社会媒体关注、涉及公众利益或可能引发重大风险的事项，有公司治理类、业务经营类、资金运用类等。质询对象包括保险公司，保险公司的实际控制人、股东、投资人及其关联方和一致行动人，保险公司的董事、监事和高级管理人员以及其他利益相关方等。质询形式有质询函在保监会官方网站上予以公示，并将质询函发至保险公司，书面回复和书面说明情况。质询要求被质询人应当真实、准确、清晰、完整地回答问题，不得存在虚假记载、误导性陈述或者重大遗漏。未按规定期限回复，或质询回复存在故意隐瞒或虚假信息等情况的，保监会将其纳入不良诚信记录，采取公开谴责、责令改正、限制其股东权利、责令转让股权、限制其在保险业的投资活动等措施，将质询情况纳入保险公司治理评价体系。

中国保监会对于保险公司的信息披露出具了具体的规范，《保险公司信息披露管理办法》中规定了信息披露，是指保险公司向社会公众公开其经营管理相关信息的行为。首先，信息披露的要求，应当遵循真实、准确、完整、及时、有效的原则，不得有虚假记载、误导性陈述和重大遗漏，以及尽可能使用通俗易懂的语言。其次，信息披露的内容包括：基本信息、财务会计信息、风险管理状况信息、保险产品经营信息、偿付能力信息、重大关联交易信息、重大事项信息，对于每种信息在办法中都有具体的说明解释。再次，信息披露的场所，保险公司应当在公司互联网站披露公司的基本信息，并且应当在每年 4 月 30 日前在公司互联网站和中国保监会指定的报纸上发布年度信息披露报告。最后，信息披露的时间，公司基本信息发生变更的，保险公司应当自变更之日起 10 个工作日内更新，不得迟于规定披露期限届满后的第 20 个工作日。保险公司的互联网站应当保留最近 5 年的公司年度信息披露报告和最近 3 年的临时信息披露报告。

中国保监会还要求保险机构建立信息披露管理制度，包括信息披露的内容和基本格式、信息的审核和发布流程、信息披露事务的职责分工、承办部门和评价制度以及责任追究制度等。在《关于进一步加强保险公司关联交易信息披露工作有关问题的通知》中，还强调了保险机构对关联信息的逐笔报告和披露，并且明确保险公司董事会对本公司关联交易的合规性承担最终责任。

2014 年中国保监会《关于加强保险消费者权益保护工作的意见》规定要加强透明度监管。保监会有关部门、保监局要建立健全消费者权益保护方面的信息披露制度，监督保险公司及时披露与消费者权益相关的产品和服务信息。定期公布保险公司被投诉情况和损害消费者合法权益的典型案例，依法公布行政许可、行政处罚、重要监管措施和损害消费者合法权益行为的查处情况等监管信息。开展保险公司服务质量评价、消费者满意度和消费者信心指数测评，并将评价和测评结果向社会公布。每年组织编写并向社会发布《中国保险消费者权益保护白皮书》。

（四）信托业

1. 法律制度层面

信托关系中的当事人主要包括委托人、受托人和受益人，金融消费者的知情权保护是针对委托人和受益人而言。《信托法》中规定了信托机构对委托人、受益人的信息披露义务以及委托人、受益人的查询权。委托人有权了解信托财产的管理运用、处分及收支情况，并要求受托人作出说明。委托人有权查阅、抄录或者复制与其信托财产有关的信托账目以及其他文件。《信托公司管理办法》中也明确了受益人同样有权向信托公司了解对其信托财产的管理运用、处分及收支情况，并要求信托公司作出说明。首先，对委托人、受益人的查询权的限制是自己的信托财产，不能对他人的信托财产进行查询，是对金融消费者隐私权的保护。其次，委托人在了解和问询信托财产管理运用、处分收支情况后，还有查阅抄录及复制的权利，有利于金融消费者保存证据，是对金融消费者知情权的有利维护。

信托机构的信息披露义务也在立法中予以体现。《信托公司管理办法》中规定了信托机构在处理信托事务的利益冲突时，需要向委托人、受益人进行信息披露。信托机构应定期向委托人、受益人报告信托财产及其管理运用、处分及收支的情况，并保存处理信托事务的完整记录。信托公司收取报酬，应当向受益人公开，并向受益人说明收费的具体标准。

对于涉及金融消费者众多的集合资金信托计划和具有公益性质的慈善信托,则规定了更高的信息披露标准和内容。《信托公司集合资金信托计划管理办法》中规定了信托机构披露信息必须具有真实性、准确性和完整性。信托计划设立后,信托机构依信托计划的不同,需要制作季度信托资金管理报告、信托资金运用及收益情况表。对信托资金管理报告的内容也进行了明确,必须包含信托财产专户的开立情况;信托资金管理、运用、处分和收益情况;信托经理变更情况;信托资金运用重大变动说明;涉及诉讼或者损害信托计划财产、受益人利益的情形;信托计划文件约定的其他内容。

对于信息披露的及时性作出了规定,在信托财产可能遭受重大损失,信托资金使用方的财务状况严重恶化或者信托计划的担保方不能继续提供有效的担保的情形下,信托机构应在获知情况后 3 个工作日内向受益人披露,并自披露之日起 7 个工作日内向受益人书面提出信托公司采取的应对措施。对信托机构的披露时间作出强制性的规定,避免时间冗长而造成的更大的损失,是对金融消费者知情权的有利保护。知情权中及时性也是非常重要的内容,假如金融产品或金融服务的信息披露不及时,那么金融消费者被延迟告知相关金融信息,也会对金融消费者造成损失。对信息披露及时性的规定同时有助于信托机构的注意义务的提升,秉持审慎经营的原则。

《信托投资公司信息披露管理暂行办法》具体规定了信托投资公司的营业信托行为和信息披露行为,要求其遵循真实性、准确性、完整性和可比性原则,规范、及时地披露信息。信托投资公司的信息披露包括两个方面,即具体信托计划的信息披露和公司自身经营情况的披露。对于具体信托计划的信息披露,银监会此前下发了《关于信托投资公司集合资金信托业务信息披露有关问题的通知》,对信托投资公司作为受托人管理、运用和处分信托财产时,向委托人和受益人的信息披露行为予以规范。而《信托投资公司信息披露管理暂行办法》规范的是信托投资公司自身情况的信息披露行为,适用于在我国境内依法设立的信托投资公司。

《信托投资公司信息披露管理暂行办法》分 4 章,共 30 条,对信托投资公司信息披露的原则、内容、方式等作出了规范。信息披露的主要内容:一是年度报告,包括自营资产财务会计报告、信托资产管理会计报告、公司治理、经营概况、年度重大事项、重大关联交易等信息。二是重大事项临时报告,即对发生可能影响本公司财务状况、经营成果及客户和相关利益人的重大事件时,信托投资公司应当临时发布公告予以披露。《信托投资公司信息披露管理暂行办法》的附录部分对年度报告和年度报告摘要的内容与格式进行了详细的规定。在信息披露的方式上,《信托投资公司信息披露管理暂行办法》要求信托投资公司将其年度报告摘要和临时报告刊登在银监会指定的全国性报纸上,并将年度报告全文登载于本公司的网站上,同时,将年度报告备置于公司主要营业场所,供客户及相关利益人查阅。

2. 内部管理层面①

信托公司信息披露,应遵循监管要求依法披露,确保披露信息的真实性、完整性、及时性、可比性。

信托业务涉及三方面的信息披露:

第一,产品推介信息披露。信托公司推介信托计划,应有规范和详尽的信息披露材料,明示信托计划的风险收益特征,充分揭示参与信托计划的风险及风险承担原则,如实披露专业团队的履历、专业培训及从业经历,不得使用任何可能影响投资者进行独立风险判断的误导性陈述。

办理集合资金信托业务时,至少应当在集合信托计划推介材料中披露以下内容:信托计划情况简介;信托资金的运用范围以及信托财产评估的程序和方法(适用时);集合信托计划的保障方式;信托资金拟投向的项目(适用时);集合信托计划的潜在风险和所采取的监控手段;信托合同约定信托财产可委托第三方管理的,应当披露该管理人的名称和管理责任;信托经理的简介;风险特别提示;认购事项说明;其他认为需要推介披露的内容。

第二,产品成立信息披露。集合信托计划成立后的5个工作日内应当就该集合信托计划下推介和设立情况向投资人进行披露。主要内容包括集合信托计划推介情况、信托计划规模、合同份数和信托财产专户开立情况等。如有关联人参与该集合信托计划的情况,应在披露文件中予以专项说明。

第三,产品管理信息披露。信托计划设立后,信托公司应当妥善保存管理信托计划的全部资料,保存期自信托计划结束之日起不得少于15年。受益人有权向信托公司查询与其信托财产相关的信息,信托公司应在不损害其他受益人合法权益的前提下,准确、及时、完整地提供相关信息,不得拒绝、推诿。

(1)定期报告

集合信托计划设立后,信托公司应当依信托计划的不同,按季度制作信托

---

① 本部分涉及条款具体内容参见《信托法》《信托投资公司信息披露管理暂行办法》《信托投资公司集合资金信托业务信息披露有关问题的通知》。

资金管理报告、信托资金运用及收益情况表。办理贷款或投资类集合资金信托业务的信托，应当于每季度结束后20个工作日内向受益人披露投资或贷款单位的资产负债表等有关财务资料。

信托资金管理报告至少应包含以下内容：集合信托计划的基本情况；信托财产专户的开立情况；信托资金管理、运用、处分和收益情况；信托经理变更情况；信托资金运用重大变动说明；涉及诉讼或者损害信托计划财产、受益人利益的情形；信托计划文件约定的其他内容。

单一信托项目应按照信托文件的约定按时向委托人和受益人披露。

(2)临时信息披露

集合信托计划发生下列情形之一的，信托公司应当在获知有关情况后3个工作日内向受益人披露，并自披露之日起7个工作日内向受益人书面提出信托公司采取的应对措施：信托财产可能遭受重大损失；信托资金使用方的财务状况严重恶化；信托计划的担保方不能继续提供有效的担保。

(3)清算报告

信托终止后，项目责任人应在合同约定时间内作出处理信托事务的清算报告。清算报告内容至少应包括信托项目基本情况、信托资金的募集、运用和管理、信托项目的终止与清算、信托财产的收益和分配、受托人声明等。

信托投资公司应当有专门人员负责信息披露事务，包括建立信息披露制度，接待来访，回答咨询，以及负责与银监会、客户、新闻机构等的联系；并将负责信息披露事务人员的姓名、联系电话、电子邮件、图文传真等信息报公司所在地银监会派出机构备案，并在年度报告和年度报告摘要中载明。

信托投资公司应于每个会计年度结束后的4个月内披露年度报告和年度报告摘要。因特殊原因不能按时披露的，应至少提前15日向银监会申请延迟。

信托投资公司应当将书面年度报告全文及摘要备置于公司主要营业场所，供客户及相关利益人查阅。信托投资公司应将年度报告全文登载于本公司的网站上，将年度报告摘要刊登在至少一种银监会指定的全国性报纸上。

信托投资公司应将重大事项临时报告自事实发生之日后5个工作日内刊登在至少一种银监会指定的全国性报纸上，或者根据需要在其他报刊上披露信息，但必须保证：(1)指定报刊不晚于非指定报刊披露信息；(2)在不同报刊上披露同一信息的文字一致。

信托投资公司董事会负责公司的信息披露。董事会及其董事应当保证所披露的信息真实、准确、完整，承诺其中不存在虚假记载、误导性陈述或重大遗漏，并就其保证承担相应的法律责任。

对公司所披露信息的真实性、准确性、完整性无法保证或存在异议的董事，应当单独陈述理由和发表意见。未参会董事应当单独列示其姓名。公司设立独立董事的，独立董事应就公司所披露信息的真实性、准确性、完整性发表意见并单独列示。

3. 监管具体措施层面

中国原银监会对信托机构进行现场检查和非现场监管，发现信托机构存在违法违规行为的，采取暂停业务、限制股东权利等监管措施。现在信托业的信息披露的发展依旧有待完善。但银行业和信托业还是存在很大的差异，信托业无法完全适用我国《银行业监督管理法》，需要对信托业的监管进行独立的立法以规范信托业的金融市场。

对在信息披露中提供虚假信息或隐瞒重要事实的机构及有关责任人员，按照我国《银行业监督管理法》《金融违法行为处罚办法》等有关法律法规的规定进行处罚，构成犯罪的，依法追究刑事责任。

自律管理中，信托业协会官网在“行业研发”一栏下设信息披露专栏，主要内容为信托公司的年度报告摘要。同时，下设行业数据专栏，由协会对每年每季度信托公司的主要业务数据进行统计公开。消费者们可以通过信托业协会的网站，自行查阅相关信息，从而保障自己知情权的实现。

（五）互联网金融业

1. 法律制度层面

互联网金融机构作为近年快速发展的金融机构，对金融消费者知情权的保护问题值得关注。中国人民银行等 10 部门发布《互联网金融指导意见》中，规定了信息披露的制度，但局限于原则性的指明；规定及时公布其经营活动和财务状况的相关信息，但对于信息披露的规定覆盖面过于狭窄，并未贯穿整个互联网金融投资的各个环节，信息披露不够全面。而在中国互联网金融协会正式发布的《互联网金融信息披露个体网络借贷》和《中国互联网金融协会信息披露自律管理规范》中，虽对互联网金融信息披露进行了强制性与鼓励性的规定，但该规范属于行业自律性质，不具有强制约束力，违规只能借助自律惩戒机制来惩罚。

我国对于金融消费者的知情权的保护措施散见于各个法律规章及文件中，并未上升为统一立法，体系性与针对性较差。一方面，相关法律法规的协调性不够,造成有的下位法与上位法之间冲突或是同等效力的法律法规相互重叠交叉,形成了法律真空,使金融消费者无所适从。另一方面,作为下位法,其法律效力较低,不能很好地运用强制力来对金融消费者知情权进行全面的保护。随着互联网金融的蓬勃发展,互联网金融消费不断增加,对于金融消费者的保护越来越重要。然而在事实上,对于金融消费者知情权的保护力度甚至远远小于《消费者权益保护法》对普通消费者知情权的保护。重刑事、行政,轻民事,无形中提高了“违法”门槛,使违法者在巨额利益面前更容易选择铤而走险。对于金融消费者知情权的保护,事无巨细运用刑事手段,还会导致金融消费者排斥互联网金融消费,破坏互联网金融的整体声誉,使刚起步的互联网金融业发展受阻。

2016 年国务院办公厅《关于印发互联网金融风险专项整治工作实施方案的通知》指出各有关部门要主动、适时发声,统一对外宣传口径,有针对性地回应投资人关切和诉求。以适当方式适时公布案件进展,尽量减少信息不对称的影响,这无疑是对保护互联网金融消费者知情权的强调。2016 年 4 月 12 日国务院办公厅《互联网金融风险专项整治工作实施方案》,其中明确规定了股权众筹平台的信息披露义务和股东权益保护要求,禁止虚假陈述和误导性宣传。而且规定了销售金融产品应严格执行投资者适当性制度标准,披露信息和提示风险,禁止将产品销售给予风险承受能力不相匹配的客户。对互联网金融的宣传推介行为提出依法合规、真实准确的要求,禁止对金融产品和业务进行不当宣传,对未取得相关金融业务资质的从业机构宣传,禁止误导性、虚假违法宣传。对于互联网金融对金融消费者知情权的保护上,信息披露只是一个框架性的规定,互联网金融需要根据具体金融产品和服务的特点,受到传统金融行业已有的知情权保护框架的限制。

信息披露是对互联网金融消费者知情权保护的基本内容。严禁不实宣传、捆绑销售,披露金融产品和服务合同。宣传推介材料所使用的语言表述应当准确清晰,应当特别注意避免夸大字眼、容易引人误解的语言表达。风险提示是互联网金融机构保护金融消费者知情权的重中之重,需要强制进行风险测评,规范风险提示函。宣传推介材料应当含有明确、醒目的风险提示和警示性文字,以提醒投资人注意投资风险,电视、电影、互联网资料、公共网站链接形式的宣传推介材料应当包括不少于一定时间的影像显示。银监会发布《网络借贷信息中介机构业务活动信息披露指引》,规范 P2P 平台及其分支机构通过其官方网站及其他互联网渠道(手机 APP、微信公众号、微博等渠道)向社会公众公示网络借贷信息中介机构基本信息、运营信息、项目信息、重大风险信息、消费者咨询投诉渠道信息等相关信息的行为,要求信息披露遵循“真实、准确、完整、及时”原则,不得有虚假记载、误导性陈述、重大遗漏或拖延披露。

而在第三方支付业中,《第三方支付机构支付服务管理办法》中对于信息披露有两个方面的强制性规定:一个是支付机构应当公开披露其支付业务的收费项目和收费标准,另一个是公开披露支付服务协议的格式条款,并报所在地中国人民银行分支机构备案。在《第三方支付机构支付服务管理办法实施细则》中,还对公开披露的场所和时间提出了规制。支付机构应当在营业场所及互联网网站显著位置披露收费项目、收费标准和支付服务协议的格式条款内容,在实施新的支付业务收费项目或收费标准之前需连续公示 30 日。第三方支付机构的信息披露标准与金融机构的信息披露标准相比,依旧需要完善支付服务信息披露。首先是定期披露的规范,也应当建立年度披露制度。其次是披露内容的细化,需要对支付风险、支付服务工作流程、救济手段、投诉制度进行披露。

2. 内部管理层面

有关互联网金融业的机构行为类规范和内部管理规范以网贷行业为例来看,《网络借贷信息中介机构业务活动管理暂行办法》和《网络借贷信息中介机构业务活动信息披露指引》作出了具体规定。

网络借贷信息中介机构应当在其官方网站上向出借人充分披露借款人基本信息、融资项目基本信息、风险评估及可能产生的风险结果、已撮合未到期融资项目资金运用情况等有关信息。披露内容应符合法律法规关于国家秘密、商业秘密、个人隐私的有关规定。

在披露方式上,网络借贷信息中介机构应当及时在其官方网站显著位置披露本机构所撮合借贷项目等经营管理信息。网络借贷信息中介机构应当在其官方网站上建立业务活动经营管理信息披露专栏,定期以公告形式向公众披露年度报告、法律法规、网络借贷有关监管规定。网络借贷信息中介机构应当将定期信息披露公告文稿和相关备查文件报送工商登记注册地地方金融监管部门,并置备于机构住所供社会公众查阅。

信息披露的落实保障则依靠信息披露制度,专人负责信息披露事务,董事、监事、高级管理人员忠实、勤勉地履行职责以及借款人配合等。

另外,信息披露义务也来自合同的约定与遵守。以互联网基金销售为例,基金销售机构自建的网络平台是基金销售机构的自助式前台系统，基金投资人与基金销售机构通过自助式前台系统，达成基金合同。前台业务系统应当具备为基金投资人以及基金销售人员提供投资资讯的功能，投资资讯应当包括：基金基础知识；基金相关法律法规；基金产品信息，包括基金基本信息、基金费率、基金转换、手续费支付模式、基金风险评价信息和基金的其他公开市场信息等；基金管理人和基金托管人信息；基金相关投资市场信息；基金销售分支机构、网点信息。为基金投资人提供的投资资讯信息，要有合法来源，还应当向基金投资人揭示信息来源和发布时间。[①] 自助式前台系统应当通过在线阅读、文件下载、链接或语音提示等方式为基金投资人披露以下信息：基金销售机构情况，包括注册地址，主要办公场所所在地，基金销售分支机构、网点，联系方式等；客户开户协议等相关文档范本；至少两种投诉处理方式；揭示基金投资人自助服务的相关风险和防范措施，应当包括信息安全、异常操作、系统故障等，并提示基金投资人有通过第三方对基金销售机构提供的信息进行核实的义务和妥善保管自己账户密码、证书等身份数据的义务。[②]

3. 监管具体措施层面

由于互联网金融分为具体不同业态，此处暂以网贷为例分析。《网络借贷信息中介机构业务活动管理暂行办法》第 4 条中规定由国家互联网信息办公室负责对金融信息服务、互联网信息内容等业务进行监管。而《网络借贷信息中介机构业务活动信息披露指引》第 23 条则规定网络借贷信息中介业务活动信息披露行为，应当依据《网络借贷信息中介机构业务活动管理暂行办法》及本指引，接受国务院银行业监督管理机构及其派出机构和地方金融监管部门的监督管理。从这两者结合来看，网贷平台的信息披露，既受到国家互联网信息办公室的监管，也受到国务院银行业监督管理机构及其派出机构和地方金融监管部门的监管，属于典型的多头管理、竞争管理。

并且互联网金融行业也强调行业自律对金融消费者知情权的保护，需要中国互联网金融协会来制定行业标准和信息披露标准。中国互联网金融协会的《中国互联网金融协会会员自律公约》第 7 条关于会员义务规定："会员应当严格履行信息披露义务，及时向客户披露重大经营活动、财务状况等信息，确保客户知情权，明确、清晰地提示业务风险，不得隐瞒、误导或欺诈金融消费

---

① 参见《证券投资基金销售业务信息管理平台管理规定》第 6 条。

② 参见《证券投资基金销售业务信息管理平台管理规定》第 12 条。

者。"并且在《自律惩戒管理办法》中规定了警示约谈、发警示函、强制培训、业内通报、公开谴责、暂停会员权利或取消会员资格的惩戒。

对宣传材料的内容、用语等进行审核。监管机构禁止互联网平台经营者制作宣传推介材料。① 违规宣传推介及处罚。宣传推介材料必须真实、准确，与金融合同相符，禁止虚假记载、误导性陈述或者重大遗漏，预测业绩，承诺收益或者承担损失。违反宣传推介规定的，处以提示改正、出具监管警示函、罚款、整改、暂停办理相关业务、立案调查，对直接负责的高级管理人员和其他直接责任人员，采取监管谈话、出具警示函、记入诚信档案、暂停履行职务、认定为不适宜担任相关职务者等行政监管措施，或建议公司或机构免除有关高管人员的职务等。

互联网金融领域的虚假宣传行为既有传统金融中常见的误导性宣传，又有因网络效应而带来的自身特点。一方面，一些互联网金融机构在宣传其产品时与传统金融一样，在强调高收益时却很少见其强调风险。另一方面，互联网金融业的宣传呈现出一个普遍特点，那就是很多互联网金融机构会利用各种渠道向用户传递夸大(甚至是虚构)的信息来增加其机构或产品的吸引力。比如，"人人聚财"曾在其网站浓墨重彩地宣传其获得博时基金子公司亿元风险投资，但事后这一消息立即被博时基金否认。② 互联网宣传推介的违法违规带来民事责任、行政责任、刑事责任。首先，对于互联网金融机构违规宣传推介的民事责任，目前尚未予以明确。其次，对于互联网金融机构违规宣传推介的行政责任，主要规定监管机构可以责令改正，出具警示函暂停办理相关业务。最后，我国现行《刑法》中相关罪名已经基本能满足规制涉互联网金融犯罪的需要，其中主要可以适用的罪名包括：擅自设立金融机构罪，非法经营罪，非法吸收公众存款罪，擅自发行股票、公司、企业债券罪，集资诈骗罪，洗钱罪。③

---

① 孙央:《互联网基金销售的法律监管探究》，华东政法大学2014年经济法学系硕士学位论文。

② 参见曾威:《互联网金融竞争监管制度的构建》，载《法学杂志》2016年第2期。

③ 参见刘宪权:《论互联网金融的行政监管与刑法规制》，载《法学》2014年第6期。

第三节　金融消费者自主选择权

一、金融消费者自主选择权

(一)金融消费者自主选择权的界定

金融消费者自主选择权是指金融消费者有权依据自己意愿选择金融产品或服务的权利,具体而言包括对金融机构、金融商品和服务的类型、金融消费的时间、地点、范围和数额等,不受不当干涉。

(二)金融消费者自主选择权的内容

我国《消费者权益保护法》第9条对消费者进行倾斜性保护,从自主选择权的结果和过程出发,可以对其进行划分。从结果上看,金融消费者有对交易标的物、交易相对方、交易方式的选择权。从过程上看,金融消费者在选择空间、选择时间、反悔权方面有权利。① 侵害消费者自主选择权的情况屡见不鲜,宏观上如金融垄断、行政垄断、不正当竞争等;微观上如设置不合理的个人贷款条件,强制绑定办理信用卡,指定保险公司投保,变现缩短冷静期。

在金融交易中,金融消费者在经济、专业知识、获取能力等方面无法和金融机构相抗。不正当竞争行为使得附加不合理条件的金融交易侵害金融消费者的自主选择权。金融机构通常利用格式条款、免责条款规避自己的责任、转嫁风险;而金融消费者没有讨价还价的余地,自主选择权的行使有客观障碍。在市场完全竞争的情况下,金融机构必须提供更优惠的价格、更优质的产品和服务、更多的选择来加强竞争力,从而促进金融消费者自主选择利的最大化。② 垄断包括垄断行为和垄断状态。垄断行为的判定中,相关市场、市场支配地位和市场集中度是三个重要的衡量指标。对于《反垄断法》而言,除经济垄断,其规制对象还包括行政垄断。尤其是我国长期以来的行政垄断对市场竞争秩序造成了极大的破坏,严重阻碍了市场经济的自由竞争。③ 金融消费者对金融机构有依赖性,金融垄断使消费者剩余减少,应当采取竞争性监管。

二、金融消费者自主选择权的边界

金融消费者自主选择权的保护有界限,在于符合金融机构提出的条件,这

---

① 参见张斌主编:《金融消费者保护理论与判解研究》,法律出版社2016年版,第129页。

② 参见马国泉:《金融消费者保护研究》,法律出版社2013年版,第40页。

③ 参见刘悦、刘璐:《金融消费者权利设置》,载《法制与经济》2014年第8期。

是合格投资者制度的要求。经营者在金融消费者未达到购买金融商品或者金融服务的条件下可以拒绝金融消费者的购买要求。在监管和司法层面认定金融机构或第三人是否侵犯金融消费者的自主选择权时,主要考虑以下三种因素:市场是否存在有效竞争,缔约条款是否存在无效情形,经营者是否以合理的方式公开交易信息。①

三、我国金融消费者自主选择权保护的现状分析

格式合同本身就是一种可能侵害消费者自主选择权的合同,在目前的法律体系下司法部门可以运用合同无效、可撤销的内容保障消费者的自主选择权。由于某些格式条款本身缺乏双方合意,是在一方提供另一方被动接受的情况下签订的,金融机构存在滥用权力的嫌疑,同时消费者意思表示不真实、不自由,既属于显失公平的合同类型也不符合诚实信用原则。我国法律对格式条款合同的有关规定散落在我国《消费者权益保护法》《海商法》《保险法》《合同法》等不同法律中。

而垄断或者反竞争的金融环境,也是阻碍金融消费者自主选择权实现的重要原因。我国《反垄断法》规定的四种垄断行为垄断协议、滥用市场支配地位、经营者集中和行政垄断在金融业均有体现。例如,该法第 13 条规定了垄断协议的范围,以银行卡跨行收费为例,中国银联和多家大型银行并未向广大消费者征求意见,即内部协商一致进行跨行查询收费。

同样地,我国《反不正当竞争法》也在宏观层面上规制了金融经营者的反竞争行为,为金融消费者能够行使自身的自主选择权营造良好的环境。正如国务院《指导意见》明确提出的保障金融消费者自主选择权,"金融机构应当在法律法规和监管规定允许范围内,充分尊重金融消费者意愿,由消费者自主选择、自行决定是否购买金融产品或接受金融服务,不得强买强卖,不得违背金融消费者意愿搭售产品和服务,不得附加其他不合理条件,不得采用引人误解的手段诱使金融消费者购买其他产品"。金融机构不能违背消费者意愿进行交易,其中"搭售和附加不合理交易条件"显然是一种反竞争行为,属于金融机构滥用自身市场支配地位的表现。另外,《消费者权益保护法》第 9 条对消费者自主选择权的保护条款,也指明了"消费者有权自主选择提供商品或

① 参见张斌主编:《金融消费者保护理论与判解研究》,法律出版社 2016 年版,第 131 ~ 132 页。

者服务的经营者,自主选择商品品种或者服务方式,自主决定购买或者不购买任何一种商品、接受或者不接受任何一项服务。消费者在自主选择商品或者服务时,有权进行比较、鉴别和挑选”。

因此,后续分行业分析主要从不当竞争之禁止的角度展开。

(一)银行业

1. 法律制度层面

银行业对于金融消费者自主选择权的保护体现在两个层面。

第一个层面是从宏观上看,银行业遵循公平竞争的原则,防止不正当竞争。我国《银行业监督管理法》第 3 条对此进行了原则性规定,即“银行业监督管理的目标是促进银行业的合法、稳健运行,维护公众对银行业的信心。银行业监督管理应当保护银行业公平竞争,提高银行业竞争能力”。而《银行业反不正当竞争公约》作为一个规范性文件,由中国银行业协会全体会员单位共同商议制定。其目的是维护金融秩序,营造公平竞争环境,反对不正当竞争行为,强化行业自律机制,促进银行业健康协调发展。当然,这显然有助于银行消费者的选择权不被垄断银行所威胁和压迫,也不会受反竞争欺诈行为的误导。银行业在金融垄断、行政垄断、不正当竞争的规定还需要近一步体系化和具体化。银行是否形成垄断,需要进行具体的判别。银行业垄断行为的判定中,相关市场、市场支配地位和市场集中度是三个重要的衡量指标。其中,相关市场包括相关商品市场,相关地域市场,相关市场的时间性、用途、特性、消费者偏好和价格的合理可替代性等。企业市场占有率作为判断支配地位的基础指标。对市场集中程度的判断从银行自身的绝对集中度指数、相对集中度对市场份额进行。① 详细内容在银行业机构内部管理层面的分析中会有进一步的介绍。

第二个层面是从微观上看,银行业尊重金融消费者个人意愿,使金融消费者有权依据自己意愿选择金融产品或服务。我国《商业银行法》第 9 条规定:“商业银行开展业务,应当遵守公平竞争的原则,不得从事不正当竞争。”第 29 条规定商业银行办理个人储蓄存款业务,应当遵循存款自愿、取款自由的原则。《办法》第 16 条规定银行应尊重金融消费者购买金融产品和服务的真实意愿,不得擅自代理金融消费者办理业务和擅自修改金融消费者的业务指令。

① 参见蔡青:《我国银行业反垄断规制问题研究》,复旦大学2011 年经济法学系硕士学位论文。

第20条禁止银行通过附加限制性条件的方式要求金融消费者购买协议中未作明确要求的产品和服务。对于金融产品和服务的价格上，银行要求在充分披露金融信息的基础上，保障金融消费者的自主选择权。《工作指引》第9条规定了银行业消费者的自主选择权，不得进行强制性交易。

《商业银行服务价格管理办法》第5条规定："商业银行应当建立科学有效的服务价格管理体系，加强内部控制，充分披露服务价格信息，保障客户获得服务价格信息和自主选择服务的权利。"该管理办法第25条规定商业银行在为金融消费者提供服务之前，应当告知相关服务项目、服务价格、优惠措施；金融消费者在使用服务前明确表示不接受相关服务价格的，不得强制或变相强制金融消费者接受服务。在金融消费者选择金融产品或服务的过程中，银行、银行提供的金融商品和服务的类型、金融消费的时间、地点、范围和数额等，不受银行的不当干涉。综合看来，银行对于金融消费者个体的自主选择权的保护规定已经比较完备，但是对于宏观上保障公平的规定还未成体系。

2. 内部管理层面

上述提及的《中国银行业反不正当竞争公约》在会员单位内部管理方面，从银行业金融机构不同业务出发，规定了一系列禁止性的条款，反对不正当竞争行为。[①] 第一，在业务宣传中，不得只宣传客户可能获得的收益，隐瞒或不客观揭示业务风险；不得采用虚假宣传的手段，欺骗和误导客户；不得对其他会员单位或同业非会员单位进行歪曲、诋毁，运用模糊概念或容易产生歧义的图文材料影射其他会员。第二，在办理本外币存款业务中，不得违反存款利率管理规定高息揽存或变相高息揽存；不得向存款经办人和关系人支付法定利息以外的各种不正当费用；不得办理储蓄业务，违反"存款自愿、取款自由"的原则强拉客户开立代收代扣个人费用账户。第三，在办理信贷业务中，不得违反监管部门的规定，采取降低贷款条件争揽客户、开展授信营销或提供承诺；不得对单一客户、关联企业客户和集团客户的授信超过有关部门规定的限制比例；不得超出中国人民银行规定的贷款利率浮动范围发放贷款、办理票据业务；不得在信贷业务营销中向经办人和关系人支付各种不正当费用；不得协助客户逃避其他银行信贷监管。

会员单位在办理结算业务、银行卡业务、资金交易业务、证券业务以及提供各类金融服务时，均不得以不正当手段进行竞争；也不得以不正当手段侵犯

① 参见《中国银行业反不正当竞争公约》第二章"不正当竞争行为"第4~15条。

他人的商业秘密。

此外,会员单位应尊重其他同业单位签订的劳动合同或其他相关协议的效力,不得采取不正当手段或方式吸引、招收其他同业单位从业人员。

3. 监管具体措施层面

原银监会对银行的反垄断和反不正当竞争进行监管,而中国人民银行的内设机构金融消费权益保护局对金融消费者的自主选择权进行保障,其设立了投诉调查处,对于金融消费者的自主选择权被侵犯而投诉的情况开展现场检查,尤其是投诉比较集中的热点和难点问题。根据中国人民银行丽江市中心支行的研究,以下四个因素导致自主选择权实现困难,分别是金融消费者知情权保障不利,部分金融消费金融知识匮乏,部分地区金融市场不发达,金融领域产品和服务同质化使金融机构更容易结成统一产品、服务价格、准入条件的大联盟。[①] 所以,要保障金融消费者的自主选择权,首先应当加强对金融消费者知情权的保护,只有信息对称,金融消费者才能真正实现自由选择,知情权是自主选择权实现的前提。其次要加大普及金融知识,金融消费权益保护局对于自主选择权的内容宣传更加细致和普及。再次是金融市场的公平竞争,市场的竞争会倒逼银行进行金融产品和服务的创新,从而提供更加优质的金融服务和产品以供金融消费者选择,在垄断和不正当竞争的金融市场中,金融消费者没有可供自主选择的金融机构、金融产品和服务。最后是倡导金融产品的多样化,防止银行联盟以剥夺金融消费者自主选择权的实现。

我国《消费者权益保护法》中的惩罚性赔偿难以对金融消费适用。在监管方面应更侧重于运用惩罚性赔偿等手段去震慑和激励金融产品生产者提升产品质量,将更容易使更多的消费者从金融产品中获益。[②] 惩罚性赔偿会使金融消费者更加关注自身的自主选择权,而不仅依赖原银监会和中国人民银行对银行业的监管,有助于实现反垄断和反不正当竞争,实现金融消费者的自主选择权。

对于设置不合理的个人贷款条件,强制绑定办理信用卡,强制购买金融产品或服务等侵害金融消费者自主选择权的情况,可以通过金融机构内部投诉进行处理,但是对于金融垄断、不正当竞争的情况,金融消费者也应当有举报

---

① 参见中国人民银行丽江市中心支行课题组:《金融消费者权益保护的法律思考》,载《时代金融》2011 年第 35 期。

② 宋晨晨:《金融消费者权益保护水平研究》,北京交通大学 2016 年博士学位论文。

投诉的权利。

此外,在社会中介组织发挥的反不正当竞争作用方面,根据《银行业反不正当竞争公约》,中国银行业协会自律工作委员会负责对所有会员单位及其从业人员履行公约的情况进行监督检查。会员单位和其从业人员违反上述公约的,经中国银行业协会自律工作委员会查实后,自行处理;而情节严重的,由中国银行业协会自律工作委员会报银监会处理。非会员单位、非会员单位的从业人员违反公约的,由中国银行业协会自律工作委员会报银监会处理。

(二)证券业

1. 法律制度层面

证券业中金融消费者的自主选择权,一方面,体现在交易时金融消费者的自愿原则;另一方面,集中体现在证券市场的公平性,防止内幕交易和操纵证券市场。我国《证券法》规定证券发行、交易活动的当事人具有平等的法律地位,应当遵守自愿、有偿、诚实信用的原则。

证券的发行、交易活动禁止欺诈、内幕交易和操纵证券市场的行为。其中,第四节明令禁止的交易行为,防止由于不正当的交易行为而给金融消费者的自主选择权造成损害。详细地规定了内幕信息的知情人,内幕信息,操纵市场的行为,传播虚假信息的行为。证券交易内幕信息的知情人包括:发行人的董事、监事、高级管理人员,持有公司5%以上股份的股东及其董事、监事、高级管理人员,公司的实际控制人及其董事、监事、高级管理人员,发行人控股的公司及其董事、监事、高级管理人员,由于所任公司职务可以获取公司有关内幕信息的人员,证券监督管理机构工作人员以及由于法定职责对证券的发行、交易进行管理的其他人员,保荐人、承销的证券公司、证券交易所、证券登记结算机构、证券服务机构的有关人员等。在证券交易活动中,涉及公司的经营、财务或者对公司证券的市场价格有重大影响的尚未公开的信息,为内幕信息。内幕信息包括重大事件,公司分配股利或者增资的计划,公司股权结构的重大变化,公司债务担保的重大变更,公司营业用主要资产的抵押、出售或者报废一次超过该资产的30%,公司的董事、监事、高级管理人员的行为可能依法承担重大损害赔偿责任,上市公司收购的有关方案,对证券交易价格有显著影响的其他重要信息。内幕交易行为给投资者造成损失的,行为人应当依法承担赔偿责任。

操纵证券市场包括单独或者通过合谋,集中资金优势、持股优势或者利用信息优势联合或者连续买卖,操纵证券交易价格或者证券交易量,与他人串通，以事先约定的时间、价格和方式相互进行证券交易，影响证券交易价格或者证券交易量，在自己实际控制的账户之间进行证券交易，影响证券交易价格或者证券交易量等。禁止证券交易所、证券公司、证券登记结算机构、证券服务机构及其从业人员，证券业协会、证券监督管理机构及其工作人员、国家工作人员、传播媒介从业人员，编造、传播虚假信息，扰乱证券市场。各种传播媒介传播证券市场信息必须真实、客观，禁止误导。市场具有盲目性，尤其是金融消费者在获得的金融信息有限的时候，如果受到人为的操作和引导，会盲目不理性地进行证券产品的买入或者卖出，从而使证券市场发生非系统性风险。

2. 内部管理层面

证券基金经营机构制定和执行合规管理制度，建立合规管理机制，防范合规风险的行为。合规管理应当覆盖所有业务，各部门、各分支机构、各层级子公司和全体工作人员，贯穿决策、执行、监督、反馈等各个环节。①

《证券公司和证券投资基金管理公司合规管理办法》从证券经营机构合规管理的角度出发，原则性地要求证券经营机构开展各项业务，应当合规经营、勤勉尽责，坚持客户利益至上原则，具体要求也包括了"合理划分客户类别和产品、服务风险等级，确保将适当的产品、服务提供给适合的客户，不得欺诈客户"，这既是对推介适当性原则的要求，实际上也是反对搭售等欺诈销售的行为的要求。

而该办法也对证券经营机构内部的合规负责人的职责提出了具体要求，如应当对证券基金经营机构内部规章制度、重大决策、新产品和新业务方案等进行合规审查，并出具书面合规审查意见。若证券基金经营机构不采纳合规负责人的合规审查意见的，还会将有关事项提交董事会决定。

另外，合规负责人应当按照证监会及其派出机构的要求和公司规定，对证券基金经营机构及其工作人员经营管理和执业行为的合规性进行监督检查。

合规负责人发现证券基金经营机构存在违法违规行为或合规风险隐患的，应当依照公司章程规定及时向董事会、经营管理主要负责人报告，提出处理意见，并督促整改。合规负责人应当同时督促公司及时向证监会相关派出机构报告；公司未及时报告的，应当直接向证监会相关派出机构报告；有关行为违反行业规范和自律规则的，还应当向有关自律组织报告。②

---

① 《证券公司和证券投资基金管理公司合规管理办法》第 2 条、第 3 条。

② 《证券公司和证券投资基金管理公司合规管理办法》第 13 条、第 14 条。

当然,前述证券经营机构的内部合规要求,不仅仅适用于本节金融消费者自主选择权的保护,以及单纯的证券经营机构的反竞争行为(如搭售)禁止中,而是涉及证券经营机构日常经营的方方面面。为篇幅考虑,其他小节凡涉及证券机构日常经营合规的,将略去不表。

3. 监管具体措施层面

国务院证券监督管理机构依法履行对证券公司的监督管理职责。国务院证券监督管理机构的派出机构在国务院证券监督管理机构的授权范围内,履行对证券公司的监督管理职责。① 中国证券业协会、中国证券投资基金业协会等自律组织对证券基金经营机构合规管理工作实施自律管理。②

证券基金经营机构违反有关合规事项规定的,中国证监会可以采取出具警示函、责令定期报告、责令改正、监管谈话等行政监管措施;对直接负责的董事、监事、高级管理人员和其他责任人员,可以采取出具警示函、责令参加培训、责令改正、监管谈话、认定为不适当人选等行政监管措施。

若导致公司出现治理结构不健全、内部控制不完善等情形的,对证券基金经营机构及其直接负责的董事、监事、高级管理人员和其他直接责任人员,依照我国《证券投资基金法》第 24 条、《证券公司监督管理条例》第 70 条采取行政监管措施。③

(三)保险业

1. 法律制度层面

消费自由是公民人身自由的重要体现,具体到保险消费领域,金融消费者的自主选择权体现在金融消费者有权根据自己的需要和意愿,决定是否投保、保险公司的选择、险种的选择以及解除合同的选择等。

首先,金融消费者拥有订立和解除保险合同的自主选择权。金融消费者根据自身需要,可以自主决定是否通过投保来分散风险。我国《保险法》赋予了投保人订立保险合同的自由,该法第 11 条第 2 款规定,“除法律、行政法规规定必须保险的外,保险合同自愿订立”。该法第 131 条则从规范保险经营机构行为的角度规定,“保险代理人、保险经纪人及其从业人员在办理保险业务活动中不得利用行政权力、职务或者职业便利以及其他不正当手段强迫、引诱

① 《证券公司监督管理条例》第 6 条。

② 《证券公司和证券投资基金管理公司合规管理办法》第 5 条。

③ 《证券公司和证券投资基金管理公司合规管理办法》第四章“监督管理与法律责任”。

或者限制投保人订立保险合同”。因此，除非法律、行政法规规定必须强制投保之外，消费者有绝对的自由决定是否投保。实务中出现的银行强行要求客户购买保证保险，否则不予办理贷款业务，或者保险公司规定投保机动车三责险必须一并购买车辆损失险和玻璃附加险，否则不予办理等情形，是对投保人自主选择权的侵犯。

其次，金融消费者也有自主选择是否解除保险合同的权利。对保险合同的解除权，我国《保险法》第 15 条明确规定，“除本法另有规定或者保险合同另有约定外，保险合同成立后，投保人可以解除合同，保险人不得解除合同”。可见，《保险法》对保险合同解除权行使的态度是，投保人以享有保险合同的任意解除权为原则，不得解除合同为例外，而保险人在保险合同成立之后原则上不得解除保险合同。《保险法》对保险合同解除权在当事人之间的分配采取了“向保险消费者倾斜”的立法原则，给予了其高于一般买卖合同买受人的最大限度的解约自由，以保护在处于弱势地位的金融消费者。保险合同的特殊性决定了保险合同双方经济地位的悬殊，格式条款的使用使消费者只有是否订立的自由，而无法体现其自由意志。法律赋予解约的充分自由，使金融消费者得以及时脱离强势契约，是对金融消费者自主选择权进行保护的一种有效手段。

最后，保险机构同样需要公平竞争，进行反不正当竞争和反垄断的规制。我国《保险法》第 115 条原则性地规定，“保险公司开展业务，应当遵循公平竞争的原则，不得从事不正当竞争”。

2. 内部管理层面

保险机构公平竞争，才能保护保险消费者的自主选择权。[①] 因此保险机构开展业务，应当遵循公平竞争的原则，不得从事不正当竞争，具体禁止行为已由《保险公司管理规定》列明，包括保险机构禁止将其保险条款、保险费率与其他保险公司的类似保险条款、保险费率或者金融机构的存款利率等进行片面比较。保险机构禁止捏造、散布虚假事实。保险机构禁止利用政府及其所属部门、垄断性企业或者组织，排挤、阻碍其他保险机构开展保险业务。保险机构禁止劝说或者诱导投保人解除与其他保险机构的保险合同。保险机构禁止给予或者承诺给予投保人、被保险人、受益人保险合同约定以外的保险费回扣或者其他利益。

---

① 参见《保险公司管理规定》第 47 ~ 51 条。

3. 监管具体措施层面

保监会发布《关于在线平台"搭售"保险的风险提示》,提示指出,消费者通过在线平台购买商品或接受服务时,要防止在不知情的情况下被选购保险产品,谨防权益受到侵害。

根据《关于整治机动车辆保险市场乱象的通知》,保监会2017年下发的9张行政处罚决定书,整治车险市场恶性竞争、虚列费用等。① 行政处罚决定书显示,2016年11月至2017年6月,人保财险在某车险平台开展集分宝抵扣商业车险保费的营销活动。人保财险预付资金向某集分宝公司购买集分宝,某集分宝公司收到款项后将相应数量的集分宝发放至人保财险名下的集分宝账户。人保财险使用上述集分宝,在客户支付商业车险保费时直接抵扣一部分保费。

保监会对高管与机构实施双罚,对人保财险四川分公司、太平财险四川分公司、太平洋财险福建分公司以及平安财险四川、宁波分公司的负责人采取撤销任职资格等处罚措施,并责令5家分支机构停止接受商业车险新业务3个月。

(四)信托业

1. 法律制度层面

对于信托行业的反垄断和反不正当竞争重视,有利于维护信托行业的公平竞争、金融消费者的自主选择权和信托行业的持续发展。《信托公司管理办法》中规定信托公司开展关联交易,应以公平的市场价格进行,逐笔向中国银行业监督管理委员会事前报告,并按照有关规定进行信息披露。为防止不正当竞争,关联交易需要逐笔向原银监会进行事前报告并且必须进行信息披露,有利于原银监会对于不正当竞争的监督管理,否则管理交易的金融产品或服务价格可能有失公平,而侵犯金融消费者的权益。

金融消费者的自主选择权不仅包含选择购买信托金融产品或服务前,由于信托财产需要长时间的管理,还包括选择不继续进行信托合同的自主权。

信托财产必须有确定性、合法性,委托人必须有处分权,由此来保证信托财产的独立性。信托财产确定性的含义是,信托财产区别于他人的或者同一主体的其他财产。在信托财产确定之后,还需要将信托财产独立,以达到与委

① 《四家财险公司恶性价格竞争保监会开9张罚单严打》,载 http://news.changsha.cn/html/413/20180226/2281465.html,最后访问日期:2018年3月28日。

托人的其他财产区别的目的。而信托财产的独立需要委托人将信托财产转让给受托人,并且进行一定的公示。信托财产是否能够进行独立的转让是判断其是否能够作为信托财产的第二标准。由于信托财产的独立性,容易使委托人在转移财产后丧失解除合同的主动权,此时若受益人权益受损,委托人可以根据我国《信托法》的规定申请法院撤销受托人的处分行为或要求赔偿。

2. 内部管理层面

我国《信托公司管理办法》第 4 条原则性地规定了信托公司从事信托活动,应当合法合规且不侵犯消费者利益,"遵守法律法规的规定和信托文件的约定,不得损害国家利益、社会公共利益和受益人的合法权益"。

为能符合上述要求,信托公司应不断加强合规管理,规范经营行为,恪守社会公德、商业道德,自觉遵守信托业自律规则和业务相关领域的各项规定,积极维护信托业市场竞争秩序、行业声誉和良好社会形象。① 信托公司与客户的业务往来,应当遵循平等、自愿、公平和诚实信用的原则,保障客户的合法权益。② 在信托公司内部管理方面,除了加强内控和合规的管理,还应当注重业务人员的培训,使其从事日常业务的过程中避免侵犯金融消费者的自主选择权。信托公司应督促从业人员不断提高专业技能和职业道德水平,遵守金融机构从业人员道德准则及从业人员职业操守,反商业贿赂、反腐败,开展公平竞争,培养和建立德才兼备的财富管理团队。③

而对于经营性信托机构,要注意维护行业声誉,禁止恶意竞争,贬损同业;也不得进行虚假或误导性宣传,不得利用受托人身份协助他人违反或变相违反国家有关法律、法规和规章。④

3. 监管具体措施层面

原银监会对信托公司及其业务活动实施监督管理。信托公司制订的本公司的信托业务及其他业务规则,建立、健全的本公司的各项业务管理制度和内部控制制度,均要报原银监会备案。

针对信托公司违反审慎经营规则的,原银监会责令限期改正;逾期未改正的,或者其行为严重危及信托公司的稳健运行、损害受益人合法权益的,原银

① 《信托公司社会责任公约》第 8 条。
② 《信托公司社会责任公约》第 18 条。
③ 《信托公司社会责任公约》第 17 条。
④ 《经营性信托业行业公约》第 12 条。

监会可以区别情形,依据我国《银行业监督管理法》等法律法规的规定,采取暂停业务、限制股东权利等监管措施。

另外,对于信托公司的从业人员,原银监会还有如下监管职责:原银监会对其实行信托业务资格管理制度。符合条件的,颁发信托从业人员资格证书;未取得信托从业人员资格证书的,不得经办信托业务。若信托公司的董事、高管或从业人员违反法律、行政法规或原银监会有关规定,原银监会有权取消信托公司的董事、高级管理人员和信托从业人员的任职资格或者从业资格。并且,原银监会可以与信托公司董事、高级管理人员进行监督管理谈话,要求信托公司董事、高级管理人员就信托公司的业务活动和风险管理的重大事项作出说明。

(五)互联网金融业

1.法律制度层面

对互联网金融来说拥有较大规模是非常重要的。但由于大额融资业务几乎被传统金融垄断,因此互联网金融基本上只能关注传统金融"不屑"关注的小额融投资领域。再加上网络平台的优势,互联网金融天然具有向大规模发展的倾向。另外,大部分互联网金融平台是多边平台,马太效应明显。用户越多,其运营成本越低,可能产生的效益越大,交差补贴的机会越多。因此,越是强大的平台越能吸引用户,相反越弱势的平台则越会被边缘化。[①] 正是因为互联网金融涉众广泛,对其监管也要完善。

金融消费者的自主选择权基于互联网金融市场的公平竞争,但是有的互联网金融机构在宣传推介方面,为了吸引投资者,往往宣传高收益,夸大收益率,不提示风险,甚至对投资者进行补贴销售,种种违规的推介行为。即使监管机构对违规行为进行处罚,也只限于"责令改正",这对于互联网金融机构而言,违法成本太小,并不能阻止其继续违规宣传。

互联网金融监管可以防范市场的逆向选择和道德风险。如果没有监管和最低标准,互联网金融市场就会出现逆向选择。在互联网金融市场上的消费者无法在购买时识别产品或服务的好坏,只能通过价格来判断,因此就会使对购买者负责的经营者成本比不负责的经营者要高,以致使其处于竞争中的劣势,最终被逐出市场;道德风险是指市场上负责任的经营者看到不负责任的恶意行为或无法相信其他经营者都能以一种有利于购买者利益的方式行事,他

① 参见曾威:《互联网金融竞争监管制度的构建》,载《法学杂志》2016 年第 2 期。

们就会被迫采取同样的恶意行为。这样一来，市场上都是恶意的经营者，这就将使整个市场无法持续发展。①

《网络借贷信息中介机构业务活动管理暂行办法》第3条概括地要求网络借贷信息中介机构按照依法、诚信、自愿、公平的原则为借款人和出借人提供信息服务，维护出借人与借款人合法权益，不得提供增信服务，不得直接或间接归集资金，不得非法集资，不得损害国家利益和社会公共利益。该办法第10条则规定网络借贷信息中介机构不得与其他机构投资、代理销售、经纪等业务进行任何形式的混合、捆绑、代理（除法律法规和网络借贷有关监管规定允许外）；也不得虚构、夸大融资项目的真实性、收益前景，隐瞒融资项目的瑕疵及风险，以歧义性语言或其他欺骗性手段等进行虚假片面宣传或促销等，捏造、散布虚假信息或不完整信息损害他人商业信誉，误导出借人或借款人。该条款即为了规制互联网金融经营机构（这里是以P2P平台为例）以搭售、诋毁或虚假宣传等不正当手段进行恶意竞争的行为，从而有效保护金融消费者的自主选择权。

而《互联网金融风险专项整治工作实施方案》中规定整治不正当竞争工作力度，对互联网金融机构向金融消费者提供显失合理的超高回报率以及变相补贴等不正当竞争行为予以清理规范。明确互联网金融从业机构不得以显性或隐性方式，通过自有资金补贴、交叉补贴或使用其他金融消费者资金向金融消费者提供高回报金融产品。中国互联网金融协会建立专家评审委员会，协商相关部门对互联网金融不正当竞争行为进行评估认定，并将结果移交相关部门作为惩处依据。

2. 内部管理层面

在《中国互联网金融协会会员自律公约》中要求会员营造合法、公平、有序竞争的良好环境，不得采用不正当手段进行市场竞争。会员之间发生争议时，要采取合法手段，通过协会调解及其他金融领域争议解决机制化解分歧。只有营造出公平竞争的环境才能维护好金融消费者的自主选择权。

3. 监管具体措施层面②

国务院银行业监督管理机构及其派出机构负责制定统一的规范发展政策措施和监督管理制度，负责网络借贷信息中介机构的日常行为监管，指导和配

---

① 参见李爱君：《互联网金融的法治路径》，载《法学杂志》2016年第2期。

② 参见《网络借贷信息中介机构业务活动管理暂行办法》第六章“监督管理”。

合地方人民政府做好网络借贷信息中介机构的机构监管和风险处置工作,建立跨部门跨地区监管协调机制。各地方金融监管部门具体负责本辖区网络借贷信息中介机构的机构监管,包括对本辖区网络借贷信息中介机构的规范引导、备案管理和风险防范、处置工作。中国互联网金融协会从事网络借贷行业自律管理。

若网贷平台因商业欺诈行为被起诉,包括违规担保、夸大宣传、虚构隐瞒事实、发布虚假信息、签订虚假合同、错误处置资金等行为,还应当向工商登记注册地地方金融监管部门报告。地方金融监管部门应当建立网络借贷行业重大事件的发现、报告和处置制度,制定处置预案,及时、有效地协调处置有关重大事件。地方金融监管部门应当及时将本辖区网络借贷信息中介机构重大风险及处置情况信息报送省级人民政府、国务院银行业监督管理机构和中国人民银行。

第四节　金融消费者公平交易权

一、金融消费者公平交易权的基础理论

(一)金融消费者公平交易权的界定

金融消费者公平交易权,是指金融消费者在购买金融产品或金融服务时,有权要求金融机构遵循公平原则,金融机构不得损害金融消费者权利和规避己方义务。消费者的公平交易权一般体现为交易意向自愿、交易机会平等、交易条件合理、交易地位对等、交易过程自主和交易结果公正6个方面。[①] 根据普惠金融发展的要求,金融消费者公平交易权利还应当包括潜在的金融消费者免受歧视获得基本金融服务的权利。[②] 公平交易权是金融消费者权利的关键,因此对于那些贫困人口来说,能够享受公平交易是非常重要的。在经营者与消费者之间,消费者处于相对弱势的地位,而在消费者中,贫困人口的消费者的地位就更加低微。因此想要让贫困人口消费者能够更好地享受到金融服务,公平交易权的保障是非常有必要的。

---

① 参见孔令学、米泉硕:《金融消费者公平交易权法律保障机制:信用卡滞纳金违宪案》,载《金融发展研究》2016年第11期。

② 参见史学岗:《金融消费者权利保护研究》,西南政法大学2014年民商法学系博士学位论文。

(二)金融消费者公平交易权的内容

金融消费者公平交易权的强调源于金融消费者和金融机构之间的实质不对等。这种不对等性,一方面,体现在消息占用和处理能力不对称,信息不对称严重于一般消费商品,利益冲突和利益驱动诱使金融机构只提供有利信息,不正当利益输送和高额佣金诱发道德风险;另一方面,体现在交易地位不对等,格式合同中出现不公平条款,金融消费者的依赖程度高,争议发生后举证能力不对等。而保护金融者公平交易权是在存在实质不对等的情况下,对金融消费者进行倾斜性保护,以实现合同法中的公平原则。对金融消费者公平交易权的保护主要体现在格式条款规制和冷静期制度。

格式条款虽然有利于商事效率,但是协商空间狭小,金融消费者是基于生活生产基本需要进行的消费,对金融机构提供的条款只能选择接受或者拒绝,损害公平交易权。金融机构提供的格式条款中不公平条款体现在:权利义务分配失衡、单方变更或解除合同、通过免责条款免除己方责任、加重对方责任。①

金融机构的格式合同不得含有误导、欺诈的内容;不得含有减轻、免除己方责任,加重金融消费者责任,限制或者排除金融消费者合法权利的格式条款,及借助技术手段强制交易等不合理条款。金融机构应当及时清理违规的格式合同和条款。② 金融机构不得限制金融消费者寻求法律救济途径。③ 对格式合同中存在的不公平条款的认定需要拟定标准,如合同内容超出金融消费者理解能力,金融消费者和金融机构的获利分配不平等,信息短缺、误导、欺诈消费者等应当直接认定为不公平条款。

制定金融消费者冷静期制度,即后悔权制度,是因为现阶段我国金融市场中所销售的金融产品,具有专业性、无形性、风险性等特点,使投资者在整个交易过程中处于弱势的地位,这样容易使投资者出现非理性消费的问题。为了维护实质公平、倾斜保护弱者,金融消费者冷静期规则给予消费者一次冷静考虑的机会,重新审视其交易,进而决定是否继续履行合同,降低消费者的非理性消费,同时也尽可能促进交易和维护金融市场的稳定性。

---

① 张斌主编:《金融消费者保护理论与判解研究》,法律出版社2016年版,第174~179页。

② 参见《办法》第22条。

③ 参见《指导意见》第3款第6项。

二、我国金融消费者公平交易权保护的现状分析

我国党的十八届三中全会作出《中共中央关于全面深化改革若干重大问题的决定》，正式提出发展普惠金融；党的十八届五中全会通过《中共中央关于制定国民经济和社会发展第十三个五年规划的建议》，提出发展普惠金融是要满足人民群众日益增长的金融需求，要提升金融服务的覆盖率、可得性和满意度，要加强普惠金融教育和金融消费者权益保护。构建普惠金融体系，其实质就是促进金融可得性水平的提升。

国务院办公厅《指导意见》明确提出保障金融消费者公平交易权，并设置了禁止性的条款，"金融机构不得设置违反公平原则的交易条件，在格式合同中不得加重金融消费者责任、限制或者排除金融消费者合法权利，不得限制金融消费者寻求法律救济途径，不得减轻、免除本机构损害金融消费者合法权益应当承担的民事责任"。这一规定主要关注金融机构与消费者之间签订的格式合同，可能存在排除或者限制消费者权利，加重消费者责任和减轻、免除机构自身义务等不公平的格式条款，并加以规制。

（一）银行业

1. 法律制度层面

银行业强调公平原则。我国《商业银行法》第 5 条规定商业银行与客户的业务往来，应当遵循平等、自愿、公平和诚实信用的原则。《办法》第 3 条规定中国人民银行及其分支机构坚持公平、公正原则，依法保护金融消费者合法权益。对金融消费者公平交易权的保护主要体现在对格式条款的规定，《办法》第 22 条中规定了格式合同条款不能误导、欺诈，不得含有减轻、免除己方责任，加重金融消费者责任，限制或者排除金融消费者合法权利的格式条款，及借助技术手段强制交易等不合理条款。金融机构对金融消费者投诉较为集中或者存在隐患的格式合同条款进行及时清理。这个条款明确的规定和包含了公平交易权的内容，是银行业对金融消费者公平交易权的明确保护。

《工作指引》的宗旨是推动实现银行业消费者在与银行业金融机构发生业务往来的各个阶段始终得到公平、公正和诚信的对待。① 《工作指引》第 5 条明确规定履行公正对待银行业消费者的责任，遵从公平交易的原则，依法维护银行业消费者的合法权益。第 10 条则从银行业金融机构与金融消费者订

---

① 《工作指引》第 4 条。

立的格式合同的角度出发，规定银行业金融机构应当尊重银行业消费者的公平交易权，公平、公正制定格式合同和协议文本，不得出现误导、欺诈等侵害银行业消费者合法权益的条款。

为保护金融消费者合法权益，有效化解社会矛盾，促进银行业提高服务水平，根据我国《银行业监督管理法》和《商业银行法》相关规定，发布了《中国银监会关于完善银行业金融机构客户投诉处理机制切实做好金融消费者保护工作的通知》。该通知指出，银行业金融机构应当牢固树立公平对待金融消费者的观念，并将其融入公司治理和企业文化建设中。银行业金融机构董事会应当将关注和维护金融消费者的合法权益作为重要职责之一，并确保高级管理层有效履行。

在银行业的规定中还设有冷静期制度的规定，银行提供的金融理财产品应当允许金融消费者存在一定的冷静期。在银行职员的劝诱下，金融消费者可能会购买金融产品，而基于一时冲动签订格式条款，而格式条款一旦签订就难以毁约。建议构建金融消费者冷静期制度，这样可以减少银行和金融消费者之间实质不平衡，以更好地保护金融消费者公平交易权益。

2. 内部管理层面

根据《中国银行业公平对待消费者自律公约》的要求，会员单位，即银行业金融机构，应建立健全公平对待消费者工作制度，明确岗位职责，完善内部考核和奖惩办法。会员单位应遵守商业道德，遵循公平竞争原则，反对不正当竞争行为，维护正常的市场秩序，保障消费者合法权益。

银行业金融机构加强自我约束、自我管理，具体措施包括：第一，加强对从业人员的职业道德行为规范教育和培训，提高从业人员的服务意识、业务水平和整体素质；第二，督促分支机构及全体员工将诚信意识贯穿于各项业务的各个环节，共同营造良好的行业氛围。

会员单位应加强企业文化建设，营造公平对待消费者的良好环境。并且根据本单位发展情况和自身经营情况，银行业金融机构应当制订公平对待消费者服务方案，并认真组织实施。

在日常经营服务中，应根据消费者的需求以及本单位情况，遵循行业规范，加强与消费者的沟通交流，严格遵守职业道德规范，提供咨询指导、业务办理、技术支持等服务，保证消费者得到与其相应的服务。

3. 监管具体措施层面

金融消费权益保护局是中国人民银行的内设机构，中国人民银行金融消费权益保护工作的主管部门,负责研究拟定交叉性金融业务的标准规范,对交叉性金融工具风险进行监测,协调促进消费者保护相关工作。对交叉性金融业务的标准进行确立,以及检测交叉性金融工具的风险有助于银行对交叉性金融工具进行监管,使金融消费者的知情权得到保障,从而保护公平交易权。金融消费者的知情权是公平交易权的前提,没有对金融产品和金融服务的信息就无法谈及公平交易。

从争议解决角度来看,《办法》第 35 条规定金融消费者与金融机构产生金融消费争议时,原则上应当先向金融机构投诉。也就是说,在金融消费者受到不公平的交易时应当先向金融机构投诉,这是笔者觉得不合理的地方,因为假如存在不公平的格式条款,那么金融机构的整体内部应当是知情的。侵害金融消费者的知情权的主体可能是银行职员,但是侵害金融消费者公平交易权的主体往往就是金融机构,向侵害主体投诉是违反逻辑的。金融消费者应当有权在受到不公平交易时直接向中国人民银行分支机构进行投诉,而无须等金融机构对投诉不予受理或者在一定期限内不予处理,或者金融消费者认为金融机构处理结果不合理再进行投诉。

在金融消费者选择诉讼途径维护公平交易权时,通过诉讼维权存在诸多障碍,金融消费者权益不能得到及时、有效、充分的救济。金融消费者对金融机构侵犯其公平交易权,尤其是歧视消费者的情况下,难以举证。在金融消费领域实行举证责任倒置的原则,出现金融纠纷、消费者向法院起诉金融机构侵犯其公平交易权时,金融机构向法院提供证据证明自己没有实施侵害金融消费者公平交易权的行为,如果不能进行有效证明,则承担损害赔偿的民事责任。

在社会中介组织方面,中国银行业协会负责向有关部门反映会员单位的意愿和要求,维护会员单位的正当权益;建立行业内部沟通协调机制,共同维护银行业市场的正常秩序。中国银行业协会可以根据违约程度对违反自律公约的会员单位采取自律惩戒措施,对涉嫌违规经营的,经查实后,将有关违规情况及时向银监会报告。

(二)证券业

1. 法律制度层面

我国《证券法》规定了证券的发行、交易活动,必须实行公开、公平、公正的原则。我国《证券法》第 4 条还指出,证券发行、交易活动的当事人具有平等的法律地位,应当遵守自愿、有偿、诚实信用的原则。证券活动如果没有公平公开的市场,就无法促进证券的流动,而对于证券市场来说流动性异常重要。证券公司往往比金融消费者掌握着更多的证券市场信息，信息的不对称使金融消费者的公平交易权受到侵害的可能。立法禁止证券公司及其从业人员从事损害金融消费者利益的欺诈行为，具体表现为违背客户的委托为其买卖证券，不在规定时间内向客户提供交易的书面确认文件，挪用客户所委托买卖的证券或者客户账户上的资金，未经客户的委托擅自为客户买卖证券或者假借客户的名义买卖证券，为牟取佣金收入诱使客户进行不必要的证券买卖，利用传播媒介或者通过其他方式提供、传播虚假或者误导投资者的信息等。欺诈客户行为给客户造成损失的，行为人应当依法承担赔偿责任。

《证券公司客户资产管理业务管理办法》要求证券公司应当建立公平交易制度及异常交易日常监控机制，公平对待所管理的不同资产。①《证券公司监督管理条例》也对证券公司与消费者签订的格式合同与公平交易进行了一些具体规定，如该条例第 40 条规定，“证券公司向客户收取证券交易费用，应当符合国家有关规定，并将收费项目、收费标准在营业场所的显著位置予以公示”，就是防止证券公司利用其强势地位，与处于信息不对称弱势地位的证券消费者，进行乱收费等不公平交易。

2. 内部管理层面

证券业机构提供的格式合同有详细的立法规定，证券公司与客户签订证券交易委托、证券资产管理、融资融券等业务合同，应当事先指定专人向客户讲解有关业务规则和合同内容，并将风险揭示书交由客户签字确认。证券公司的业务合同的必备条款和风险揭示书的标准格式，由中国证券业协会制定，并报国务院证券监督管理机构备案。② 由证券业协会进行制定的此类条款，将会考虑到金融消费者的合法权益，尽可能地使交易公平。

尤其是公募基金。公开募集基金的基金合同应当包括的内容如下：基金的目的和基金名称，基金管理人、基金托管人的名称和住所，基金的运作方式，份额总额和基金合同期限，发售日期、价格和费用的原则，基金份额持有人、基金管理人和基金托管人的权利、义务，基金份额持有人大会，基金份额发售、交易、申购、赎回的程序、时间、地点、费用计算方式，以及给付赎回款项的时间和方式，基金收益，报酬及其他费用，投资方向和投资限制，基金资产净值的计算方法和公告方式，基金募集未达到法定要求的处理方式，基金合同解除和终止

---

① 《证券公司客户资产管理业务管理办法》第 45 条。

② 《证券公司监督管理条例》第 30 条。

的事由、程序以及基金财产清算方式,争议解决方式等。对格式合同的内容的要求是为了保护广大金融消费者的公平交易权,体现交易意向自愿、交易机会平等、交易条件合理、交易地位对等、交易过程自主和交易结果公正。

3. 监管具体措施层面

证券业协会的行业监督和国务院证券监督管理机构对金融消费者公平交易权的保护体现,除了对上述格式合同的必备条款和风险揭示书进行制定与备案外,还在于对证券机构进行的有效监督。国务院证券监督管理机构依法履行职责,有权采取现场检查,调查取证,询问,查阅、复制资料,冻结或者查封等调查方式进行监督。存在证券机构侵犯金融消费者公平交易权的情形,国务院证券监督管理机构可以责令改正、没收违法所得、罚款、责令关闭或者撤销相关业务许可。对直接负责的主管人员和其他直接责任人员给予警告,撤销任职资格或者证券从业资格,并处以罚款。

(三)保险业

1. 法律制度层面

消费者享有公平交易的权利。保险领域消费者的公平交易权表现为,保险人在与投保人形成保险法律关系时,保险人应本着公平、平等、诚实、信用的原则,确定当事人双方的权利和义务,禁止利用自身的优势地位在合同中制定规避义务或违反公平的条款。保险行业大量使用保险人事先拟制的格式条款,对格式条款的有效规制事关保险消费者公平交易权的实现。

保险业对格式合同的规制较为详尽。我国《保险法》规定保险人提供的格式条款的,保险人应当向投保人说明合同的内容。对保险合同中免除保险人责任的条款,保险人在订立合同时应当在投保单、保险单或者其他保险凭证上作出足以引起投保人注意的提示,并对该条款的内容以书面或者口头形式向投保人作出明确说明,未作提示或者明确说明的,该条款不产生效力。保险合同内容包括:保险人、投保人、被保险人、人身保险的受益人的名称和住所,保险标的,保险责任和责任免除,保险期间和保险责任开始时间,保险金额,保险费以及支付办法,保险金赔偿或者给付办法,违约责任和争议处理,订立日期等。并且规定了免除保险人依法应承担的义务或者加重投保人、被保险人责任的和排除投保人、被保险人或者受益人依法享有的权利的格式条款无效。

保险业除了格式条款还有一个尤为特殊和重要的制度是冷静期制度。冷静期制度是指消费者在签订合同后的一定时期内,不负违约责任的前提下解除合同的权利,因为合同生效是在消费者的冷却期之后,所以该措施是先于合同关系的一种保护制度。

冷静期制度在我国的网络、电视、电话、邮购等方式购买物品有 7 天无理由退换货制度。在金融领域,保险合同中已经开始适用冷静期制度。现阶段我国金融市场关于冷静期的规定,只是在保险业一些监督管理条例中有具体的表现,而在银行的理财类产品和金融产品的消费中,对这一制度的规定极少。保监会在 2000 年发布《关于规范人身保险经营行为有关问题的通知》,这是在我国金融行业第一次对冷静期进行规定。《关于规范人身保险经营行为有关问题的通知》作出了以下几方面的规定:第一点,规定了关于犹豫期起算及其期间;第二点,规定投保人在犹豫期内可以无条件解除保险合同,但必须退还保险单,而保险公司不得向投保人收取费用,仅可以扣除不超过 10 元的成本费;第三点,保险公司具有法定的说明义务。

尽管冷静期存在被金融消费者滥用的风险,但是极大地保证了金融市场的良性发展。由于金融机构的劝诱行为,金融消费者基于一时冲动购买金融产品,而签订格式合同。冷静期制度在合同生效后一定时期内给了金融消费者解除合同的权利,是对金融机构劝诱行为的制衡,以达到公平原则,维护金融消费者的公平交易权。

2. 内部管理层面

保险公司在日常经营中,应当按照公平原则确定其与消费者的权利义务关系。按照我国《合同法》《保险法》履行格式条款的提示说明义务。并且交易条件中应当约定关于冷静期的条款。

在具体业务方面,根据《关于规范人身保险经营行为有关问题的通知》,保险公司及其代理人应正确宣传人身保险产品,不得夸大或变相夸大保险合同的利益,不得预测不确定的利益。对于投资连结类产品,可以用假设收益率向投保人解释保单价值的累积过程,但必须书面声明该收益率只是假设的,既非用以往业绩为基础,也非对未来收益的预测。

保险公司员工或代理人在开展业务时,必须将保险合同的责任免除事项对投保人逐项解释清楚;在正式签发保单前,必须向投保人出示退保说明和保单前 3 年度退保金额,并逐一说明;出具保单时应将该保单对应的现金价值表附在保单之上。

保险公司的产品宣传资料、投保设计和投保书等应由总公司或总公司授权的分公司设计样式和内容,其他分支机构及其代理人不得擅自变更或另行印制。

保险公司必须在投保书中以足够引起注意的方式加印“投保人、被保险人声明”，声明投保人、被保险人在决定投保之前已经认真阅读并理解了包括签名要求、前3年度退保金额、犹豫期和保险条款的各项内容，声明下方应有投保人、被保险人本人签名。

3. 监管具体措施层面

保险监督管理机构依照我国《保险法》和国务院规定的职责，遵循依法、公开、公正的原则，对保险业实施监督管理，维护保险市场秩序，保护投保人、被保险人和受益人的公平交易权。保险公司使用的保险条款和保险费率违反法律、行政法规或者国务院保险监督管理机构的有关规定的（包括违反公平原则），由保险监督管理机构责令停止使用，限期修改；情节严重的，可以在一定期限内禁止申报新的保险条款和保险费率。

原保监会是否按规定对使用的保险条款和保险费率报经审批或者备案这一事项对保险机构进行现场检查，若严重违法，可能导致其被保监会列为重点监管对象；原保监会有权根据监管需要，要求保险机构进行报告或者提供专项资料；有权根据监管需要，对保险机构董事、监事、高级管理人员进行监管谈话，要求其就保险业务经营、风险控制、内部管理等有关重大事项作出说明；原保监会依照法律、行政法规具有行政处罚权；法律、行政法规没有规定的，原保监会也可责令保险机构改正，给予警告，没收违法所得，处以罚款，涉嫌犯罪的，依法移交司法机关追究其刑事责任。①

（四）信托业

1. 法律制度层面

在信托关系中，金融消费者的公平交易权不仅体现在购买信托金融产品或服务前，由于信托财产需要长时间的管理，所以受托人对信托财产的管理运营行为同样受到规制。立法赋予委托人更主动的申请权和解任权以牵制受托人的权利，维护金融消费者的公平交易权。我国《信托法》中规定因设立信托时未能预见的特别事由，致使信托财产的管理方法不利于实现信托目的或者不符合受益人的利益时，委托人有权要求受托人调整该信托财产的管理方法。受托人违反信托目的处分信托财产或者因违背管理职责、处理信托事务不当致使信托财产受到损失的，委托人有权申请人民法院撤销该处分行为，并有权要求受托人恢复信托财产的原状或者予以赔偿；该信托财产的受让人明知是

---

① 参见《保险公司管理规定》第59~69条。

违反信托目的而接受该财产的,应当予以返还或者予以赔偿。此申请权自委托人知道或者应当知道撤销原因之日起一年内不行使的,归于消灭。受托人违反信托目的处分信托财产或者管理运用、处分信托财产有重大过失的,委托人有权依照信托文件的规定解任受托人,或者申请人民法院解任受托人。与一般依据合同约定对合同进行解除不同,委托人有权向人民法院直接解任受托人,并且有权撤销受托人违背管理人职责造成损失的处分行为,这是对委托人形成权的扩张,目的是保护金融消费者在受托人未尽到善良管理人义务时的公平交易权。

在信托机构的准入条件上,立法也设置了要求,目的是保证信托机构的经营能力,以维护金融消费者的公平交易权。《信托公司管理办法》规定在设立信托公司时,必须经银监会批准,并领取金融许可证。设立信托机构的考核条件包括:公司章程,入股资格的股东,最低限额的注册资本3亿元人民币或等值的可自由兑换货币,注册资本为实缴货币资本,有任职资格的董事、高级管理人员和与其业务相适应的信托从业人员,具有健全的组织机构、信托业务操作规程和风险控制制度;营业场所、安全防范措施和与业务有关的其他设施等。

2. 内部管理层面

信托公司要严格遵守信托合同等法律文件的规定。按照委托人的意愿,以受益人的最大利益为宗旨处理信托事务,认真履行尽职调查义务,谨慎管理信托财产,[①]这意味着信托公司最起码应当保证其与委托人之间的交易是公平的,只有这样才可能保障委托人的合法权益。

3. 监管具体措施层面

原银监会设置了信托公司的董事、高级管理人员实行任职资格审查制度、离任审计制度以及信托业务资格管理制度。从信托机构和信托人员的双重限定以确保信托业市场的稳定,让金融消费者更加信赖信托机构。

除了准入条件外,对于信托合同也作出了详细的规定。《信托公司管理办法》规定信托公司管理运用或者处分信托财产,必须恪尽职守,履行诚实、信用、谨慎、有效管理的义务,维护受益人的最大利益。信托合同应当载明的事项包括:信托目的,委托人、受托人的姓名或者名称、住所,受益人或者受益人范围,信托财产,信托当事人的权利义务,风险揭示和承担,管理方式,经营

---

① 《中国信托业行业宣言》第2条。

权限,信托利益,信托报酬,信托财产税费,信托期限和信托终止,信托事务,违约责任及纠纷解决方式,新受托人的选任方式等。

(五)互联网金融业

1.法律制度层面

互联网金融机构对金融消费者公平交易权的保护重点在准入门槛的要求,只有符合资质的互联网金融机构在提供金融产品和金融服务时才维护金融消费者的公平交易权。对一些不符合资质的互联网金融机构,其没有保障金融消费者合法权益的能力,存在很大的风险。《互联网金融风险专项整治工作实施方案》中规定互联网金融机构未取得相关金融资质,不得利用 P2P 网络借贷平台和股权众筹平台从事相应业务,开展业务的实质应符合取得的业务资质。严格准入管理,采取"穿透式"监管方法,根据业务实质认定业务属性。违反准入规定的,由金融管理部门和工商部门予以认定和查处、予以取缔、依法吊销营业执照。中国互联网金融协会也会视情节轻重,给予警示约谈、发警示函、强制培训、业内通报、公开谴责、暂停会员权利或取消会员资格的惩戒。以第三方支付为例,严格的准入制度的监管,只有严格的准入制度才能保证金融市场中第三方支付机构的资质,从而保障金融消费者的公平交易权。第三方支付机构提供支付服务应具备相应的资质条件,以此来保证第三方支付机构提供支付服务的持续发展能力。我国对第三方支付机构实行支付业务许可制度。① 但是,出于互联网的隐蔽性与监管不到位等原因,现在依旧存在的无证经营支付业务行为,造成不具有良好资信水平、较强盈利能力和一定从业经验的第三方支付机构进入支付服务市场,损害金融消费者的公平交易权。并且中国人民银行对《支付业务许可证》未作数量限制,鼓励所有具有资质的第三方支付机构在支付服务市场中竞争,利用市场进行资源优化配置,这意味着所监管的第三方支付机构的数额庞大。

互联网金融机构格式条款全部由金融消费者在互联网上购买金融产品和金融服务时自己阅读并理解。与在银行柜台或者证券公司办理业务不同,金融消费者对互联网金融机构提供的格式条款没有人对重点条款以及相关术语进行强调和解释,这实际上对互联网金融机构的格式条款提出了更高的要求。但是现在对互联网金融机构的格式条款没有规范的文本,也没有对其通俗易懂的程度作出要求。一些互联网金融机构在宣传推介时出现了片面强调产品

① 参见《非金融机构支付服务管理办法》第 3 条的规定。

高收益而风险揭示不足、将其他营销活动收益混同宣传为产品收益等违规情形。金融消费者受到高收益的影响产生购买欲望,在购买之前,格式条款前需要勾选同意选项以进行购买。很多金融消费者大概浏览,甚至根本不看格式合同就点选同意选项。而出现损失的时候会查看格式合同里写明的细则,互联网金融机构在格式合同中强调自己只是中介,并不对金融产品或金融服务的结果负责。宣传推介中过多强调收益,在格式合同中才强调风险,并且不能确认金融消费者已经理解金融合同,这有侵害金融消费者公平交易权的嫌疑。应当采取视频播放,风险条款另外出现,人员咨询和讲解服务,以维护金融消费者的公平交易权。

互联网金融机构为了争抢客源,普遍采用资金垫付的办法以维持超高收益率。此外,还有一些互联网金融机构采取其他方式变相补贴,如百度理财推出"百宝箱",用户在购买百度理财产品时可以获得一些实物或者虚拟货币基金的奖励;又如一些互联网金融公司推出了注册会员或分享至社交网络就能获得巨额现金或"红包"的活动。

互联网金融机构侵犯金融消费者公平交易权也会带来刑事责任。我国现行《刑法》中相关罪名已经基本能满足规制涉互联网金融犯罪的需要,其中主要可以适用的罪名包括:擅自设立金融机构罪,非法经营罪,非法吸收公众存款罪,擅自发行股票、公司、企业债券罪,集资诈骗罪,洗钱罪。①

2. 内部管理层面

准入资质的要求方面以第三方支付业为例,当前第三方支付机构提供支付服务应具备的条件主要包括:(1)商业主体。第三方支付申请人必须是在我国依法设立的有限责任公司或股份有限公司,且为非金融机构法人。(2)最低资本。第三方支付申请人申请在全国范围内从事支付业务的,其注册资本至少为1亿元;申请在同一省(自治区、直辖市)范围内从事支付业务的,其注册资本至少为3000万元人民币,且均须为实缴货币资本。(3)出资人资格。第三方支付申请人的主要出资人均应为公司法人、具备相关领域从业经验、盈利能力、无犯罪记录的要求。(4)反洗钱义务。第三方支付申请人应具备国家反洗钱法律法规规定的反洗钱措施,并于申请时提交相应的验收材料。(5)技术设施。第三方支付申请人应在申请时提交必要支付业务设施的技术安全检测认证证明。(6)资信良好。第三方支付申请人及其高管人员和主要出资人

---

① 参见刘宪权:《论互联网金融的行政监管与刑法规制》,载《法学》2014年第6期。

应具备良好的资信状况，并出具相应的无犯罪证明材料。除此之外，第三方支付申请人还应符合组织机构、内控制度、风控措施、营业场所等方面的规定。[①]第三方支付机构的准入条件低于金融机构，使不具有良好资信水平、较强盈利能力和一定从业经验的第三方支付机构混入第三方支付市场，造成准入范围出界风险。

而具备资质的互联网金融机构，以网贷行业为例，由原银监会普惠金融部业务指导，中国互联网金融业协会归口提出，对借贷合同的要素进行了标准化工作，发布《互联网金融 个体网络借贷 借贷合同要素》规范网贷合同中平台权利义务、担保、保险等要素，其合同涉及借贷关系的相关条款应按照该标准使用，在一定程度上保证了网贷平台和出借双方等三方主体的权利义务的平衡，有助于保障互联网金融业消费者的公平交易权。

3. 监管具体措施层面

互联网金融业消费者公平交易权的保护措施，由于分不同业态归属原传统金融业态监管机构监管，因此具体监管措施详见前几部分内容。

第五节 金融消费者依法求偿权

一、金融消费者依法求偿权

（一）金融消费者依法求偿权的界定

有权利则有救济，任何权利都必须有所保障才能得以实现，没有保障和救济的权利是脆弱乏力、难以实现的。金融消费者的权利亦然，其实现关键就在于求偿权。金融消费者求偿权的顺利实现，最终直接影响着消费者权益保护的效果。金融消费者的依法求偿权，是指金融消费者在金融消费过程中非因自己的故意或者过失而遭受人身、财产损害时，有依法向金融机构要求赔偿的权利。该项权利是金融消费者安全权、知情权、自主选择权、公平交易权等的应有补充与合理延伸。[②]

首先，金融消费者求偿权只存在于金融消费领域。金融消费是金融消费

① 参见《非金融机构支付服务管理办法》《非金融机构支付服务管理办法实施细则》等的规定。

② 参见黎四奇：《后危机时代问题金融机构处置法律制度完善研究》，世界图书出版广东有限公司2015年版，第109~110页。

者求偿权存在的基础,没有了金融消费,金融消费者求偿权就没有任何意义。在交易中处于弱势地位的金融消费者,为金融之目的,购买、使用金融产品或接受金融服务的行为。由于金融产品具有无形性、风险性、专业性等特征,使金融消费者根本无法仅仅凭借生活经验进行判断,所以较之于一般消费者,金融消费者权益更易受到侵害。

其次,一般来说权利主体需与责任主体存在合同关系。我国《消费者权益保护法》第35条规定消费者或者其他受害人因商品缺陷导致人身、财产受损的,可以向销售者,也可以向生产者索赔。从该条规定中可以看出一般消费者求偿权的主体包括了商品购买者、商品使用者和因商品缺陷而受到人身、财产损害的第三人。只要受到损害,就都可以依法获得赔偿,不要求其与经营者之间存在合同关系。但对于金融消费者,其行使求偿权时,可向金融机构提起违约之诉或侵权之诉,可纵使金融消费者提起的是诱导销售、证券虚假陈述等侵权之诉,一般也必须要求金融消费者与金融机构等责任主体之间存在合同关系。因为在金融消费中,除了保险合同的受益人非为保险购买者却享有求偿权外,其他金融产品或金融服务(如基金、股票、存款、债券等)的购买者一般就为使用者,也是求偿权的享有者,三者往往是合一的。

再次,赔偿范围主要在于财产损害赔偿。由于金融机构服务的日趋规范化以及金融产品与服务本身具有的财产性特点使金融消费者财产权益受损的事件频繁发生,而人身权益受损的事件则极少发生。与人身损害赔偿争议相比,财产性争议往往需要争议解决更高效快速,且财产性争议也更易调和。不光企业会受资金链的束缚,家庭也会,一般的消费纠纷久拖不决,只会导致消费者不能享受此商品或服务带来的便利,不会导致生活水平大幅下降,而金融消费纠纷久拖不决则可能导致金融消费者因缺少周转资金而影响正常生活。而对于金融机构来说,为了避免声誉受损和使争讼财产尽快归于确定,金融机构也希望能尽快解决纠纷。基于以上考虑,为了能快速结案,争议双方都较易妥协,愿意做出让步。对于这一需求我们在立法和实务中需充分考虑,在构建纠纷解决机制时应寻求多样化解决途径,以使纠纷得到更快解决。

最后,权力行使依据主要是金融法律法规。在金融市场发展初期,金融消费者行使求偿权往往需要依据民法、合同法、侵权法等一般民事法律规范,但对于一个发展成熟的金融市场,金融消费者行使求偿权所依据的往往都是金融法律法规。这一部分在下文会有详细论述。

(二)金融消费者依法求偿权的内容

消费者求偿权是消费者对在购买、使用商品或接受服务过程中受到人身或财产损害,所享有的依法获得赔偿的权利。[①] 这是由我国《消费者权益保护法》第11条明确规定的,“消费者因购买、使用商品或者接受服务人身、财产受到损害的,享有依法获得赔偿的权利”。由此可见,消费者的求偿范围包括人身损害和财产损害等方面。由于金融消费者求偿权是消费者求偿权在金融领域的特殊体现,对于金融消费者,他们的求偿范围也包括人身损害和财产损害等方面,通常类型有:

1. 由于金融机构未采取必要的安全措施或安全设施而使金融消费在购买产品或接受服务时人身受到伤害或财产受到损失;

2. 金融机构采用的服务方式不当致金融消费者财产受损失;

3. 金融商品缺陷致使消费者财产受损;

4. 交易条件不公平致使金融消费者财产受损;

5. 解决因以上原因所发生争议所付出的必要费用,如误工费、交通费等。

金融消费者求偿权是金融消费者权利受损后要求获得救济的权利,是金融消费者权利保障的最后一道防线。如何对现有的法律体系加以完善并构建一个高效的金融纠纷解决机制,对金融消费者求偿权的保障具有重大的现实意义。

二、我国金融消费者依法求偿权保护的现状分析

消费者损害求偿权的民事法律依据来自我国《民法通则》。我国《民法通则》规定当公民的人身权利、财产权利受到不法侵害后,侵权人要依法承担赔偿责任。[②] 换句话说,就是如果发生了侵权行为,侵权行为和侵害结果之间存在因果联系,而且对当事人的人身或财产权利造成了侵害,侵权人就应当依法承担相应赔偿责任。

对于权利人的权利受到不法侵犯,应当有权利救济手段对其权利进行保护救济;对于侵权人而言,进行损害赔偿是法律针对其不法行为做出的惩罚性措施。

---

① 李昌麒、许明月:《消费者保护法》,法律出版社2006年版,第72页。

② 《民法通则》中消费者求偿权指消费者因购买、使用商品或者接受服务受到人身、财产损害的,享有依法获得赔偿的权利。

消费者的求偿权在我国《消费者权益保护法》第 11 条中明确规定："因购买、使用商品或接受服务，消费者的人身、财产遭到损害的，依法享有获得赔偿的权利。"另外，考虑到消费者的弱势地位，《消费者权益保护法》还规定了多条惩罚性措施来惩罚经营者的欺诈行为，从而来保障消费者的权利。

并且从纠纷解决方式上，我国《消费者权益保护法》第 35 条还规定，"人民法院应当采取措施，方便消费者提起诉讼。对符合我国《民事诉讼法》起诉条件的消费者权益争议，必须受理，及时审理。"该法第 39 条进一步具体明确了消费者与经营者发生消费者权益争议的解决途径和方式，包括和解、社会调解、行政投诉、仲裁和诉讼。该法第 40 条规定了消费者在接受服务时，其合法权益受到损害的，可以向服务者要求赔偿。该条为金融消费者的依法求偿权提供了上位法依据。这些都是我国现行法律赋予金融消费者的依法求偿权。

2015 年国务院办公厅《指导意见》明确指出保障金融消费者依法求偿权。金融机构应当切实履行金融消费者投诉处理主体责任，在机构内部建立多层级投诉处理机制，完善投诉处理程序，建立投诉办理情况查询系统，提高金融消费者投诉处理质量和效率，接受社会监督。

我国《商业银行法》《证券法》《保险法》这三大金融法，无一例外地将保护存款人、投资人、投保人的合法权益作为立法目的之一。不仅如此，人民代表大会常务委员会在对这 3 部法律进行修订的过程中还逐步增加了一些关于规定金融机构民事责任的条款，赋予了金融消费者诉权。

在司法机关的构建方面，2018 年 3 月 29 日中央全面深化改革委员会第一次会议审议通过了《关于设立上海金融法院的方案》，全国首家金融法院——上海金融法院获准设立。此举将加强我国在国际金融市场的司法存在，相较于过去金融案件因分散管辖而致使司法保障渠道不畅、诉讼无门、判决失当及执行不力等乱象层出，上海金融法院将凭借集中裁判金融案件来对金融市场进行规则指引与价值引领，为上海金融市场与金融中心建设提供了高质量的司法服务保障，也为构建金融多元争端解决机制夯实基础，更将成为金融消费者依法求偿权的有力保障。

（一）银行业

1. 法律制度层面

以银行业为例，2013 年发布的《中国人民银行金融消费权益保护工作管理办法（试行）》规定，中国人民银行受理投诉的范围包括两大类：（1）中国人民银行法定职责范围内的金融消费者投诉；（2）涉及跨市场、跨行业交叉性金融产品和服务的金融消费者投诉。2016 年《办法》第 35 条再次强调这一点，并进一步规定消费者向中国人民银行投诉的基本程序。即“金融消费者与金融机构产生金融消费争议时，原则上应当先向金融机构投诉。金融机构对投诉不予受理或者在一定期限内不予处理，或者金融消费者认为金融机构处理结果不合理的，金融消费者可以向金融机构住所地、争议发生地或者合同签订地中国人民银行分支机构进行投诉”，若“金融消费者投诉中包括举报金融机构违反法律、行政法规、规章和其他规范性文件等行为”，则可以按照举报程序直接向金融机构住所地的中国人民银行分支机构举报。

2016 年中国银监会办公厅《关于加强银行业消费者权益保护　解决当前群众关切问题的指导意见》确立了实施专区产品销售“双录”机制，要求银行业实现自有理财产品与代销产品销售过程全程同步录音录像，完整客观地记录营销推介、相关风险和关键信息提示、消费者确认和反馈等重点销售环节，达到明确辨别银行员工和消费者面部特征，录音应可明确辨识员工和消费者语言表述的程度。录音录像资料至少应保留到产品到期兑付后 6 个月，发生纠纷的要保留到纠纷最终解决后。银行业金融机构应加强对录音录像录制和保存的管控，确保录音录像的录制和保存不受人为干预或操纵，确保录音录像资料可随时精准检索和调阅，以有效维护消费者财产安全权和依法求偿权。该意见还强调银行业金融机构要改进投诉管理，改变单纯压降投诉数量的简单管理模式，注重源头治理，畅通投诉渠道，规范投诉处理流程，切实承担起投诉处置的主体责任。高管层应定期分析消费者投诉处理反映出的各类问题，确保建立一级抓一级、层层抓落实的有效投诉管理体系，依法维护消费者的求偿权。

2. 内部管理层面

银行业内部保护消费者依法受偿权的方式离不开纠纷解决机制的发展，一般包括两方面：一方面，银行业金融机构应当主动建立投诉受理和处置制度，拓宽与消费者的沟通交流渠道，承担赔偿消费者的主体责任。另一方面，建立专业的第三方调解组织进行调解，其调解员队伍主要由来自银行业和法律领域的资深专家组成，例如上海、湖北、无锡等多个地方均成立了此种调解中心或者委员会，既缓解了监管机构的执法压力，也避免了司法途径的高昂费用和举证困难，节省了消费者的维权成本，提升了消费者的维权积极性。

3. 监管具体措施层面

在中国人民银行方面，2013 年中国人民银行选择在上海、湖北、广东、江苏和陕西5省(市)以不同模式试点开通“12363金融消费权益保护咨询投诉电话”,作为中国人民银行受理金融消费者咨询和投诉,加强金融消费权益保护的重要平台和渠道。由于试点受到广大消费者的欢迎,2013年10月在全国范围内推广12363电话。随着2014年12月30日北京地区12363电话的开通,实现了12363电话在全国31个省市的全面覆盖。12363电话由中国人民银行金融消费权益保护部门负责运行管理。

为了公正、高效地处理好金融消费者的投诉,中国人民银行本着“稳妥起步、不断完善、先试点后推广”的原则,2013年起,在上海、广东、陕西、黑龙江等省(市)进行了省(市)级金融消费纠纷调解组织建设试点,在山东省、广东省进行了地(市)级调解组织建设试点。各试点地区结合实际,推动调解组织建设,取得了一定成效。

各试点地区结合当地实际,探索不同模式的金融消费纠纷非诉第三方调解组织构建途径,主要包括以下两类:一是采用民办非企业(法人)模式,成立在民政部门注册登记的独立性、专业化的调解组织,如2014年和2015年分别设立的上海市金融消费纠纷调解中心和陕西金融消费纠纷调解中心;二是在金融消费权益保护协会等社会团体(行业协会)内部设立调解机构,如黑龙江金融消费权益保护协会设立的金融纠纷调解仲裁中心和广东金融消费权益保护联合会设立的广州金融消费纠纷调处中心。

在原银监会及其派出机构方面,其信访电话为本级消费者投诉受理处理电话。36家银监局的消费者投诉电话设置不尽相同。大部分银监局由办公室的信访投诉电话受理金融消费者投诉,个别银监局开设了专门的消费者投诉热线电话,如北京、深圳、重庆、四川等地银监局依托行业内的社会组织开通了银行业消费者投诉热线。在地(市)一级,各银监分局办公室的电话受理消费者投诉。银监会及下设的三级机构同时也接受来信和来访的投诉。

根据银监会2015年报显示,[①]银监会按照“协调处置”原则,持续健全、完善银行业消费纠纷解决机制,在北京、上海、重庆、深圳等地陆续开展各具特色的第三方调解机制试点,各试点银监局的第三方调解机制,一是采用依托银行业组织模式,如2017年1月设立北京秉正银行业消费者权益保护促进中心、2016年5月设立上海银行业纠纷调解中心、2015年11月设立重庆银行业消

① 中国银行业监督管理委员会2015年报,载http://www.cbrc.gov.cn/chinese/home/docView/C41C682055714362AF1C86FEA7486BB5.html,最后访问日期:2017年8月15日。

费者投诉纠纷调解中心；二是采用权益保护类社会团体模式，如深圳成立“深圳市银行业消费者权益保护促进会”，截至2015年年底，该促进会已受理各类纠纷568件，调解成功率近90%。

（二）证券业

1. 法律制度层面

在法律层面，我国《证券法》第69条规定了发行人及上市公司在公布的信息中有虚假记载、误导性陈述、重大遗漏并致消费者受损时，应承担民事责任。该条款不仅将发行人和上市公司确定为责任主体，还同时规定了发行人及上市公司董事、监事、高级管理人员、控股股东、实际控制人及保荐人、证券承销商的民事赔偿责任；我国《证券法》第76条规定了无论合法或非法获取到内幕信息的人员，在信息公开前，买卖或建议他人买卖、泄露该信息，给其他人造成损失的，应承担民事赔偿责任。同时我国《证券法》还用第77条、第79条规定了操纵市场、欺诈客户给其他投资人造成损失的，行为人应该负民事责任。

国务院办公厅《关于进一步加强资本市场中小投资者合法权益保护的若干意见》第5条提出建立多元化纠纷解决机制，包含完善纠纷解决机制、发挥第三方机构作用、加强协调配合。尤其是强调“有关部门配合司法机关完善相关侵权行为民事诉讼制度。优化中小投资者依法维权程序，降低维权成本。健全适应资本市场中小投资者民事侵权赔偿特点的救济维权工作机制。推动完善证券业协会建立纠纷调解机制，调解会员之间、会员与客户之间发生与证券业务有关的纠纷”。

另外，该意见第6条明确健全中小投资者赔偿机制。其一，督促违规或者涉案当事人主动赔偿投资者。对上市公司违法行为负有责任的控股股东及实际控制人，应当主动、依法将其持有的公司股权及其他资产用于赔偿中小投资者。招股说明书虚假记载、误导性陈述或者重大遗漏致使投资者遭受损失的，责任主体须依法赔偿投资者，中介机构也应当承担相应责任。基金管理人、托管人等未能履行勤勉尽责义务造成基金份额持有人财产损失的，应当依法赔偿。其二，建立上市公司退市风险应对机制。因违法违规而存在退市风险的上市公司，在定期报告中应当对退市风险作专项评估，并提出应对预案。研究建立公开发行公司债券的偿债基金制度。上市公司退市引入保险机制，在有关责任保险中增加退市保险附加条款。健全证券中介机构职业保险制度。其三，完善风险救助机制。证券期货经营机构和基金管理人应当在现有政策框架下，利用计提的风险准备金完善自主救济机制，依法赔偿投资者损失。研究实行证券发行保荐质保金制度和上市公司违规风险准备金制度。探索建立证券期货领域行政和解制度，开展行政和解试点。研究扩大证券投资者保护基金和期货投资者保障基金使用范围和来源。

在司法解释层面，最高人民法院2002年1月颁布的《关于受理证券市场因虚假陈述引发的民事侵权纠纷案件有关问题的通知》（以下简称《1·15通知》）和2003年1月颁布的《关于审理证券市场因虚假陈述引发的民事赔偿案件的若干规定》（以下简称《1·9规定》）与我国《证券法》一起构成了证券民事赔偿规则体系。《1·15通知》与《1·9规定》开创了我国证券民事侵权行为赔偿责任的先河，尤其《1·9规定》为法院审理因虚假陈述行为引发的民事侵权案件提供了强有力的法律依据。《1·9规定》明确了被诉主体范畴，虚假陈述行为人不仅包括发起人或实际控制人、上市公司、证券承销商、上市推荐人、再发起人、上市公司、承销商、推荐人中负有责任的高级管理人员，还包括了"其他作出虚假陈述的机构或自然人"，即中介机构和媒体也有可能成为虚假陈述行为人；确定了单独诉讼和共同诉讼两种诉讼方式，也允许当事人在诉讼过程中自行和解；确立了发行人、上市公司与中介机构区别责任的原则。对发行人和上市公司实行无过错责任，只要行为人存在虚假陈述就需对投资者承担赔偿责任，不考虑其主观是否存在过错。对证券公司及中介机构实行过错推定，允许其通过举证自己无过错从而免责；对于因果关系认定问题，《1·9规定》采用的是因果关系推定原则，原告只要证明他在虚假陈述期间购买了与之相关的证券，并因此造成了损失就认为虚假陈述行为与原告损失之间存在因果关系。

自律规则层面，2016年出台的《中国证券业协会证券纠纷调解工作管理办法》共七章26条，规定了证券纠纷调解定义、调解原则、组织架构、受理范围、调解员、经费等具体内容；同年，《中国证券业协会证券纠纷调解规则》发布，共五章23条，规定了纠纷调解的具体程序和规则。

2. 内部管理层面

上市公司及证券期货经营机构等应当承担投资者投诉处理的首要责任，完善投诉处理机制并公开处理流程和办理情况。证券监管部门要健全登记备案制度，将投诉处理情况作为衡量相关主体合规管理水平的依据。支持投资者与市场经营主体协商解决争议或者达成和解协议。

支持自律组织、市场机构独立或者联合依法开展证券期货专业调解，为中小投资者提供免费服务。开展证券期货仲裁服务，培养专业仲裁力量。建立调解与仲裁、诉讼的对接机制。

3. 监管具体措施层面

证监会于 2013 年 9 月开通了“12386 中国证监会热线”，热线由中国证券投资者保护基金有限公司负责具体建设和运行管理。在北京设立了统一的呼叫中心。

该热线受理证券期货市场投资者投诉、咨询和建议等。不受理信访和举报。热线同时承接证监会网站“我要留言”和“给主席写信”栏目以及中国证券投资者保护基金网站“投资者呼叫”栏目的投资者咨询、建议及投诉事项。

在证券期货业，目前存在 4 种形式的调解组织处理投诉纠纷：一是行业协会设立调解组织开展调解，如中国证券业协会设立了调解中心；二是证监会设立的专门机构从事调解，如 2014 年 8 月成立了中证中小投资者服务中心有限责任公司，其主要职责就是提供证券期货纠纷调解服务；三是成立事业单位性质的调解组织，如深圳证监局和深圳国际仲裁院共同发起，深圳国际仲裁院、深圳证券交易所、深圳市证券业协会、深圳市期货同业协会、深圳市投资基金同业公会和前海股权交易中心联合设立了深圳证券期货业纠纷调解中心，该中心登记为公益性事业单位法人；四是通过人民调解委员会形式开展调解，主要是依托各地方证券业协会调解组织成立证券业纠纷人民调解委员会。

推行证券纠纷调解机制，开拓投资者保护新途径。报告称，纠纷调解工作是保护中小投资者合法权益的重要手段。目前，证监会已经搭好了完善多元化纠纷调解机制的基本框架，切实维护了投资者合法权益。同时，有效地预防和化解了社会矛盾。

（三）保险业

1. 法律制度层面

所谓保险消费者的求偿权，存在两种理解：第一种是指保险事故发生或保险合同约定条件成就时，保险消费者得以依照保险合同约定要求保险人支付保险金的权利；第二种是指保险消费者与保险机构之间存在争议纠纷之后，其向保险机构要求赔偿的合法权益。

第一种理解，从我国保险业对保险消费者的求偿权的保护来看，我国《保险法》第 114 条第 2 款概括地规定了保险公司应当“按照合同约定和本法规定，及时履行赔偿或者给付保险金义务”，这既包括对消费者的依法求偿权的保护，也包括对其财产权的保护。具体分析如下：

第一，求偿权的权利主体包括享有保险金请求权的被保险人和受益人。我国《保险法》第 22 条、第 23 条提出“保险金请求权”，又在“人身保险合同”一章中提出“受益权”概念（《保险法》第 40 条）。具体来说，在财产保险中，被保险人必然是因保险事故发生而遭受实际损失之人，故为了充分发挥保险的经济补偿功能，尽快恢复被保险人正常经营、生活，被保险人理应成为求偿权的当然主体。在人身保险中，被保险人投保的主要目的有二：其一，待保险事故发生或到达一定年龄时，能够获得保险补偿以延续生命或保持生活质量；其二，确保保险事故发生之后，与被保险人具有相关利益的受益人能够获得保险补偿，生活质量和生活水平不致受到影响。因此，为实现投保目的，人身保险的被保险人和受益人应成为求偿权主体。

第二，求偿权的产生原因为合同约定。保险消费者之所以享有求偿权，原因有二：一是根据保险合同约定，属于保险责任的保险事故发生，并致使被保险人或受益人产生实际损失；二是保险合同约定的条件成就，保险人有义务向被保险人或受益人支付约定金额。

第三，求偿权的权利内容为保险金给付请求。在财产保险中，被保险人可在保险事故发生后要求保险人在保险金额范围内依照实际损失进行赔偿。在人身保险中，求偿权的权利内容依保险性质不同而具有不同的表现形式：如年金险、以死亡为给付条件的人寿险等定额给付保险，待保险事故发生或约定条件成就时，被保险人或受益人可要求保险人支付约定金额；以填补被保险人医疗费用为目的的医疗保险等费用补偿型保险，被保险人的求偿权应受损失补偿原则约束，保险金给付金额不应超过实际损失。

第二种理解，其法律制度则主要集中在保险争议和纠纷解决方面。《保险法》总概地规定为保险机构违反了《保险法》有关规定，使他人受损的，就应负民事责任。并且，一些相配套的部门规章、规范性文件及司法解释规定了保险纠纷解决方式及民事赔偿规则。2012 年 2 月保监会发布了《关于做好保险消费者权益保护工作的通知》，要求各保险监管机构尽快设立全国统一的投诉受理电话，建立保监局局长接待日制度；要求保险公司公布投诉受理电话和投诉办案流程及时限；要求保险行业协会建立保险纠纷调处机制，有效化解保险合同纠纷。

2016 年《关于全面推进保险纠纷诉讼与调解对接机制建设的意见》建立完善保险纠纷诉调对接机制是保险业矛盾纠纷多元化解决机制的重要组成部分，是创新保险业治理体系和治理方式、推进保险业治理能力现代化的现实需要，是国际通行的保护保险消费者合法权益的有效举措。该机制整合了人民法院、保险监管机构、保险行业组织在保险矛盾纠纷化解方面的力量，实现保险纠纷诉讼与行业调解之间无缝对接，既有利于发挥人民法院对保险纠纷调解工作的推动、引领和保障作用，维护调解活动的严肃性，提升调解结果的公信力；又能够发挥保险纠纷调解处理机制专业、便捷、低成本优势，在充分保障保险纠纷得到公平公正合理解决、保险消费者合法权益得以实现的同时，最大限度地降低了保险消费者维权成本。

2. 内部管理层面

首先，保险公司在理赔过程中要求理赔相关当事人提供证明资料应严格遵守保险合同的约定，不得随意增加证明事项。按照保险合同约定确需相关当事人提供但因客观原因无法出具的，保险公司应主动考虑要求其提供具有同等效力的证明资料替代，严禁刁难相关当事人。

其次，保险公司内部不断完善并自查理赔制度、流程、手续，修改和清理其中不合理、不必要的环节，简化优化服务流程，创新服务方式，为群众提供高效、优质、便捷的理赔服务。①

最后，建立偿付能力管理机制。② 只有具备较好的偿付能力，才能实际满足消费者的求偿要求。保险公司按照《保险公司偿付能力管理规定》（保监会令 2008 年第 1 号）的要求，建立与其业务规模、业务结构、风险特征相适应的内部偿付能力。保险公司董事会和管理层（外国保险公司分公司管理层）对本公司偿付能力管理负责。保险公司应当建立偿付能力管理流程，指定一名高级管理人员负责公司偿付能力管理的具体事务，并将工作任务分解到责任部门和责任人。

保险公司还可以通过制定资本规划、及时制订偿付能力达标方案、建立偿付能力管理责任追究制度等保障自身偿付能力，从而应对保险消费者的求偿需求，有效保护其依法求偿权。

3. 监管具体措施层面

构建并完善保险纠纷调处机制。③ 保险纠纷调处作为解决矛盾纠纷的有

---

① 《中国保监会关于进一步规范保险理赔服务有关事项的通知》。

② 《关于保险公司加强偿付能力管理有关事项的通知》。

③ 《保险纠纷调处机制》，载 http://www.circ.gov.cn/web/site0/tab5175/info2350913.htm，最后访问日期：2018 年 3 月 5 日。

效途径,是保护保险消费者权益的一项重要措施。为及时化解矛盾纠纷,降低保险消费者维权成本,保监会通过完善保险纠纷调处机制,努力探索纠纷解决的有效途径。保险纠纷调处机制自2005年4月开展试点工作以来,总体运行良好。目前,各保监局辖区全部建立了保险纠纷调处机制,河北、山西、江苏、福建、山东、湖南和广西等24个地区在所辖地市建立了纠纷调处机构,开展纠纷调处工作。截至2013年6月30日,全国共设立保险纠纷调处机构278个,成功调解纠纷29,138件,为消费者挽回经济损失近6亿元。

同时,保监会探索和推动建立了保险纠纷"诉调对接"工作机制。2012年底,保监会联合最高人民法院下发了《关于在全国部分地区开展建立保险纠纷诉讼与调解对接机制试点工作的通知》,目前,在31个保监局辖区开展保险纠纷诉讼与调解对接工作试点,其中北京、上海、江苏、江西、重庆、深圳、大连、宁波、青岛和厦门等保监局全辖区列为试点地区,其他21个保监局辖区选取1~2个城市作为试点地区。

另外,各保监局进行保险理赔服务监管,有针对性地开展现场检查,并将有关情况纳入保险公司分支机构的分类监管。对自查整改不到位、理赔投诉较多、群众反映较强烈的公司严肃问责,并依法采取监管措施,着力维护保险消费者合法权益。而作为自律中介机构的保险行业协会发挥行业自律作用,负责采取有效措施切实解决投诉中涉及的理赔服务问题,不断提高行业理赔服务水平。

(四)信托业

1. 法律制度层面

由于信托业缺少特别规定,其对金融消费者求偿权的保护适用《办法》、银监会《通知》等规范。

2. 内部管理层面

信托机构应当发挥其在解决消费者求偿纠纷的责任主体作用,积极与消费者协商解决,或积极配合调解与仲裁。

3. 监管具体措施层面

信托业监管的具体措施详见前文银行业监管部分的内容。

(五)互联网金融业

1. 法律制度层面

目前,有关互联网金融业的消费者依法求偿权的保护,主要适用我国《消费者权益保护法》,但虽然"金融消费者"属于"消费者"的下位概念,无论是对传统消费者还是对金融消费者的保护理念都是从消费者的弱势地位为出发点的，但互联网的特殊性使其背景下的消费者更加需要相关法规的保护。这是由于经营者与消费者的地位在金融消费领域中更加不平等，信息不对称更为严重。信息不对称的情况在金融市场难以消除，而且随着金融产品种类的不断增多，消费者由于缺乏专业知识对产品费用、利润结构、税收负担、风险收益形式等这些交易中的相关规定难以形成正确理解，经营者和消费者两者之间的这种信息不对称致使经营者居于明显有利的地位，而消费者由于专业知识的匮乏，缺乏对产品和服务的专业理解，不得不处于弱者地位。因此，急需法律的保护以实现真正意义上的平等公平，但我国相关法律法规的缺失使法律适用上出现了困境。在这一情况下，《互联网金融指导意见》提出健全消费者保护制度，规范互联网金融市场秩序构建，强调构建在线争议解决、现场接待受理、监管部门受理投诉、第三方调解以及仲裁、诉讼等多元化纠纷解决机制。

2. 内部管理层面

互联网金融目前处从野蛮生长到逐步走向理性的阶段，但目前互联网金融业内部有关消费和依法求偿权的保护的内部管理规定还比较少，往往纠纷解决依托传统的投诉和司法诉讼途径。

3. 监管具体措施层面

涉及不同业态各传统金融领域监管机关的事项，分别由各个监管部门按照前文所述的具体措施进行监督和处理，如建立多元化纠纷解决机制，确保互联网金融业消费者的求偿权。

三、市场调查情况

在本次《金融消费者权益保护调查问卷》中我们针对依法求偿权，做出了如下调研来测试金融消费者的权利意识，在“您认为金融消费者有哪些权利”一项中，调查人数中66.67%认为金融消费者拥有依法求偿权，这一数据说明金融消费者已经开始对自身的依法求偿权有意识地重视和维护，但相较于大家已经较为熟知的知情权（93.8%），自主选择权（85.27%），公平交易权（86.05%）和财产安全权（82.95%）来说，人数仍然较少，关注度不佳（如图1所示）。

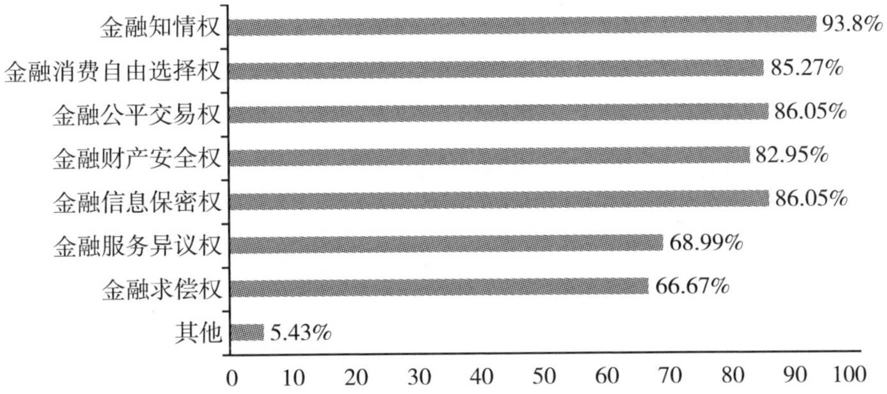

图 1

“您在购买金融产品或服务的过程中是否遇到过权利被侵害的情况”，认为自身权利被侵害过，占比 29.46%；而参与调查的认为自身权利从未被侵害过的金融消费者，则较多，占比 70.54%（如图 2 所示）。

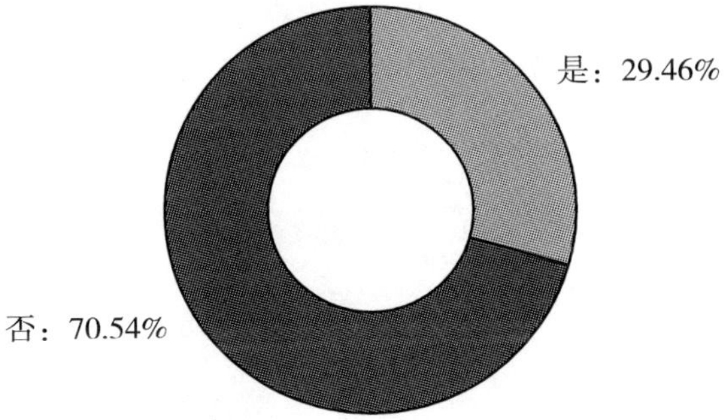

图 2

关于维权的过程中遇到过哪些困难，参加调查的金融消费者中有 55.04% 的人不知道找哪个机构维权，求助无门；不知道如何联系维权机构的，占比 44.96%；而不知道有何维权依据的占比高达 49.61%；另外，对于维权机构没有信心，觉得不能解决问题的也占全部被调查者的 40.31%；认为存在其他维权障碍的占比 13.95%（如图 3 所示）。

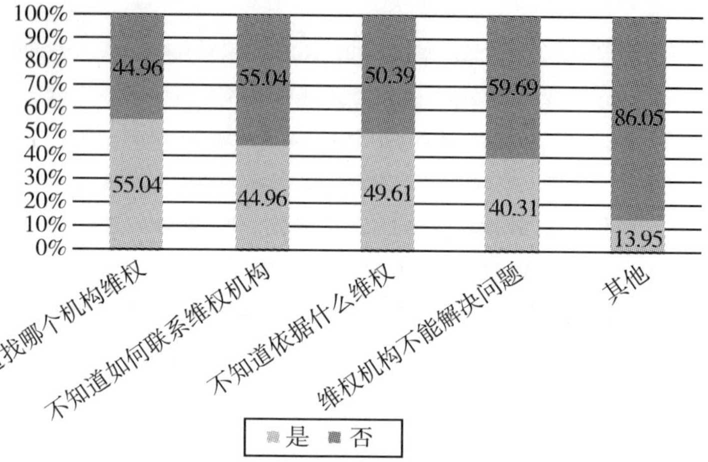

图 3

针对金融消费者对现有的金融消费者维护体系是否有足够的信心，我们也进行了调查：认为现有的金融消费者维护体系在一定程度上可以维护金融消费者的权益的人数最多，占 58.14%；紧接着是认为很难保障的，占总数的 30.23%；认为无法保障，以及完全可以保障，分别占被调查总数的 7.75% 和 3.88%（如图 4 所示）。

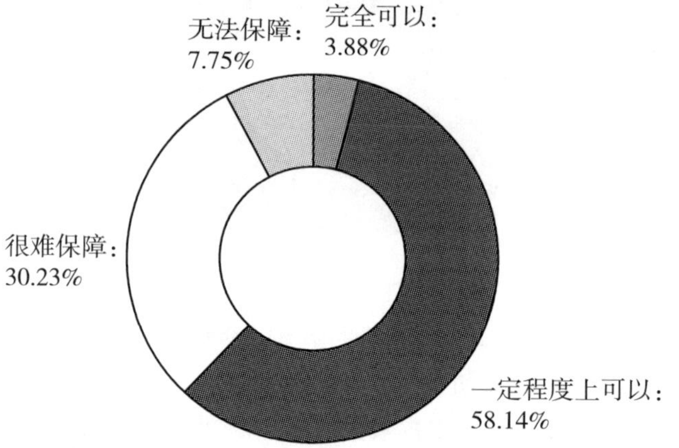

图 4

当金融消费者与金融机构产生纠纷时，我国现行的纠纷解决机制除了金融机构内部处理，或者借助诉讼、仲裁等传统的维权方式，主要围绕投诉处理机制来展开。《金融消费者权益保护调查问卷》调查结果显示，在纠纷发生时金融消费者选择的维权方式最多的是“与金融机构协商”和“向有关部门投诉”，分别占比为 66.67% 及 67.44%；而选择向法院起诉来维护自身权益的，则少很多，占比为23.26%；可能会提请仲裁占被调查者全部的19.38%；试图寻求舆论力量帮助而向新闻媒体披露的和选择向法院起诉的一样多，占比为23.26%。而遇到纠纷自认倒霉忍气吞声的金融消费者竟然占比高达16.28%。在遇到纠纷时选择其他方式维权的则占总人数的6.2%（如图5所示）。

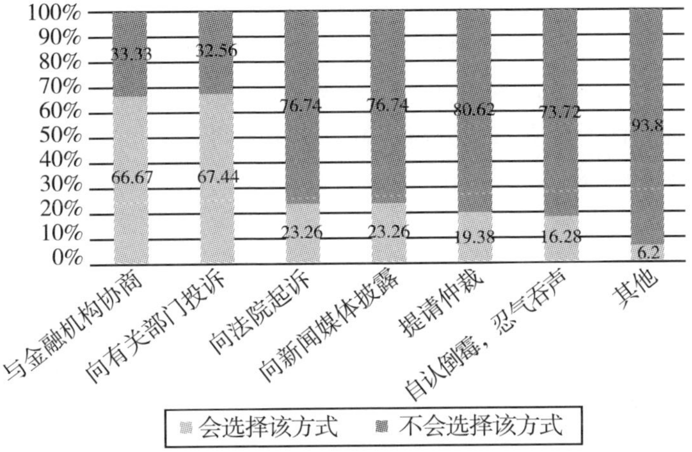

图5

这些机制在一定程度上解决了涉及消费者切身利益的一些实际问题，有效防范和化解了大量因纠纷所产生的不稳定因素，但在实践中仍暴露出不少弊端。首先，金融机构作为当事人之一，一旦自身利益与消费者权益产生冲突，其裁断难以让消费者真正信服，且必然存在部分金融消费纠纷无法通过金融机构内部处理机制解决。其次，通过商事仲裁或诉讼方式解决金融纠纷的周期长、成本高，再加上作为个体的金融消费者举证能力有限，仲裁或诉讼失败的风险较高，消费者权益难以真正得到保护。特别是现有的商事仲裁模式，无法快速、高效地解决以“大批量、小金额”为特点的金融消费纠纷。商事仲裁机构的仲裁员都是兼职，即在本职工作之外，利用业余时间从事纠纷仲裁，从业时间不可控；商事仲裁机构的仲裁员均为资深专家，需要仲裁机构支付较高的办案薪酬。而金融消费纠纷大多数争议金额在万元以下，多为几百元、几千元，商事仲裁机构受理此类案件获得的收入无法覆盖办案成本，因此商事仲裁机构对办理金融消费纠纷案件没有积极性。

故此，向金融监管机关投诉，是金融消费者处理消费纠纷的主要选择。国务院办公厅《指导意见》在“规范金融机构行为”一节明确提出了保障金融消费者依法求偿权，要求金融机构切实履行金融消费者投诉处理主体责任，在机构内部建立多层级投诉处理机制，完善投诉处理程序，建立投诉办理情况查询系统，提高金融消费者投诉处理质量和效率，接受社会监督。虽然这一文件的效力级别只是规范性文件，但为金融消费者依法求偿权的保护给出了方向性的指引。金融消费者投诉处理机制成为金融消费权益保护体系中最基础也是最核心的部分。无救济就无权利，当消费者权利受到侵害时，存在高效、经济、可得的救济渠道，这个权利保护机制才是有效的。世界银行发布的《金融消费者保护的良好经验》①指出，应当为消费者提供经济、有效、权威和专业合适并匹配充足资源的独立第三方纠纷解决机制。例如独立的金融申诉专员机构，或一个具有类似效率和执行力的机构。这个机构的行为应当是公正的，并独立于指派它的机构、业界和涉及投诉的金融机构，同时也独立于任何消费者和消费者组织。该机构或类似机构作出的决定对金融机构应当具有约束力。近年来，“一行三会”都在完善投诉处理机制上进行了探索和实践。

有关金融消费纠纷的投诉，为了保障金融消费者的权益，使其意愿得以表达，权利得以伸张。我国各地各部门都进行了一些有益探索。

“一行三会”积极探索投诉受理机制建设，并取得一些成效。中国人民银行目前已经在江苏、安徽、重庆等地开展了金融消费者权益保护工作的试点。截至2010年年底，试点地区共受理投诉113件，消费者对处理结果的满意度超过98%。在重庆云阳县，试点启动后，只要消费者认为在金融机构消费时权益遭受了侵害，就可向金融机构或中国人民银行云阳县支行投诉，原则上可10日内就可结案。原保监会、证监会、原银监会也在自己的网站上公布了投诉受理电话，并要求各金融机构建立内部纠纷解决机制。

此外，各监管机构纷纷设立消费者保护局，并都把健全投诉受理机制作为重要的工作目标。2011年10月原保监会保险消费者保护局已经成立，该机构将从产品、售后、信访和信息披露等方面加大监管力度，而加强售后服务管理，进一步解决理赔难问题，健全举报投诉受理机制也成为其工作目标之一。

而司法层面，有关金融消费的纠纷日益增多，毕竟若金融消费者的诉权得到保障，其自身的实体权利——受偿权才可能被有效保护。2018年3月14日作为设立全国首家金融审判庭的法院，上海市浦东新区人民法院发布《2017年度金融消费者权益保护审判白皮书》，通报了2017年金融消费者权益保护

---

① In Search of Good Practices in Financial Consumer Protection, Consumers International (CI), February 2013, paras. 5 – 15.

审判情况。①

该白皮书显示,2017年浦东法院共受理金融消费者纠纷案件32,605件,共审结32,435件,收案数与结案数均为历年最高。从结案方式来看,以判决结案的11,459件,占35.33%,以调解和撤诉结案的20,891件,占64.41%。从案件类型看,信用卡纠纷数量最多,共19,830件,占60.82%;金融借款纠纷数量次之,共9,845件,占30.19%。以上数据比较2016年浦东法院共受理的金融消费纠纷26,607件②(占同期全部金融商事案件的91.5%,较2015年同比增长54.59%,接近2014年的2倍),案件增幅趋势明显。

据分析,金融消费者纠纷案件具有以下特点:一是信用卡纠纷增幅显著,金融借款纠纷多集中于消费信用和车辆贷款等方面;二是互联网金融纠纷数量快速上升,案件类型多样化,刑民交叉问题进一步凸显;三是金融创新引发的金融消费者群体性纠纷增多;四是人身保险纠纷增多,外地保险公司应诉率低、调撤难度较大。

至于新设的上海金融法院即将在金融消费者受偿权保护和司法裁判引领等方面发挥的作用,暂让我们拭目以待吧。

第六节　金融消费者受教育权

一、金融消费者受教育权的基础理论

(一)金融消费者受教育权的界定

对于金融消费者受教育权,金融消费者有权接受关于金融产品的种类、特征等有关知识的教育,接受权利遭到侵害时如何救济等知识的教育。

金融消费者受教育权的保护,是十分必要的,具体来看,首先有利于金融消费者个体利益的保护,实现个案的公平正义。金融商品和服务日益复杂化、专业化、丰富化、交易中信息的不对称,以及信息披露不充分,使金融消费者与金融机构之间公平交易地位不断弱化,长此以往会造成对金融消费者公平交易权的极大侵害。金融消费者接受关于金融产品的种类、特征等专业知识的

---

① 《2017年度金融消费者权益保护审判白皮书》,载http://finance.sina.com.cn/roll/2018-03-14/doc-ifyshcxh8658815.shtmll,最后访问日期:2018年3月27日。

② 《2016年度金融消费者权益保护年度审判白皮书》,载http://shfy.chinacourt.org/article/detail/2017/03/id/2622389.shtml,最后访问日期:2018年3月27日。

教育,在一定程度上可以缓和双方的信息的不对称和交易地位的不平等。

首先,在理财产品误导销售频发的当下,金融消费者的金融知识匮乏,反向识别金融诈骗的能力不强是导致金融消费者自身利益受损的主要原因之一。另外,金融消费者不明确自己权益受到侵害之后的自我救济方式,甚至不指望能够得到赔偿,自身保护意识淡薄。而金融消费者权利实现的效果很大程度上依赖于金融消费者的自我保护意识,然而目前的问题是许多金融消费者怕麻烦或者存在厌讼心理而放弃投诉或者诉讼维权,这反向纵容了金融机构的侵权行为,因此需要大力提高金融消费者的权利意识和维权意识,当然,仅有意识还是远远不够的,重点的是要提高金融消费者的自我保护能力。一方面,需要为金融消费者提供更多更全面的信息;另一方面,通过金融消费者的主动学习和被动学习,了解更多关于金融产品的研发、销售流程,金融产品的主要风险等,提高金融产品的正确认知。提供自我保护意识和自我保护能力是相辅相成的,有意识才会注意提高能力,提高能力则有更好的保护意识。

其次,面对市场经济的发展,强化金融消费者教育是现实需要的。目前,我国金融消费教育与金融市场的发展速度相比已明显落后。金融活动已广泛渗透到社会经济生活的各个方面,但是金融消费教育尚处于起步阶段,各地金融消费教育机构少、投入低,金融消费教育从业人员整体素质不高,教学水平低,金融机构与消费者之间的信息不对称,影响消费教育的效果;加之现有法律法规不完善,可操作性差,缺乏统一标准,造成各地消费教育的发展参差不齐,从一定程度上制约了我国消费教育事业的发展。国务院办公厅《指导意见》要求金融机构进一步强化金融消费者教育,开展广泛、持续的日常性金融消费者教育,帮助金融消费者提高对金融产品和服务的认知能力及自我保护能力,提升金融消费者金融素养和诚实守信意识。

再次,有助于减少由投资者风险自担意识薄弱而诱发的金融消费者群体性事件。我国金融市场正处于市场化的转型过程中,但相当多金融消费者出于计划经济遗留的惯性思维,将从金融机构购买金融投资产品认定为是国家向其出售的保本保收益产品,推定一旦出现风险,相关金融机构理应承担全部风险损失。其他虽然涉及非正规金融领域或涉及民间融资,但也认定政府不会放任,不通过正规的渠道维护自身权益,反而采取非正当的信访方式,在政府门口聚集,施加压力,造成经济秩序和社会秩序的双重混乱。

最后,有利于提升金融业竞争力,令金融机构长远发展,更好地实现社会公共利益。从整个金融体系的发展历程来看,一个理性的、数量稳定的消费群体既是金融系统能够健康发展的必要条件，也是优化金融发展环境的必要条件。金融消费者的理性选择、契约精神、信用意识，以及识别风险能力的培养，都有赖于切实有效的金融消费者教育活动，只有做好这一点才能真正提升金融业的竞争力，降低金融风险，维护金融稳定，优化金融发展环境。

（二）金融消费者受教育权的内容

该项权利可分为金融消费知识的教育权和消费者权益保护的知识教育权。前者包括消费者有权接受关于金融产品的种类、特性、风险与收益等有关知识的教育，后者包括金融消费者有权接受其权益受到侵犯时如何救济方面的知识教育。

金融消费者的受教育权实际上是知情权的延伸，消费者通常在消费行为前对金融产品和服务进行短时间一次性的了解与分析，其效用是有限的。金融产品具有高度的复杂性与专业性，金融消费者有权也有必要接受长时间持续性的金融教育，才能在错综复杂的金融产品中作出正确选择。

比起快速发展的金融衍生工具和金融市场，金融教育普及发展速度远远不及。出于利润最大化的原则，大量金融机构对金融消费者的教育工作不够重视，极力向金融知识薄弱的消费者推销新兴金融衍生产品，这实际上是对金融消费者受教育权的侵害。因此，金融消费者保护部门应更加重视对金融消费者的教育普及，拓宽金融消费者获得知识的渠道和方式，不断提高消费者维护自己合法权益的能力。

二、我国金融消费者受教育权保护的现状分析

国务院办公厅《指导意见》明确提出保障金融消费者受教育权。消费者拥有的九大权利，这些权利的维护除了良好的法制环境以外，更有赖于消费者的自我觉醒和自我保护意识。唯有从金融消费权益保护的内部因素和外部因素共同努力，即确立相关的法律法规和金融消费者本身对法律法规的认识两个方面，在懂法、守法、用法的知识背景下，运用法律武器来维护自身利益，只有这样，才能真正确保金融消费者权益的保护。

（一）银行业

1. 法律制度层面

2013 年 8 月 30 日银监会印发的《工作指引》指出银行业金融机构应当建立健全银行业消费者权益保护工作制度体系，其中包括银行业消费者金融知

识宣传教育框架安排;[①]并强调银行业金融机构应当积极主动开展银行业金融知识宣传教育活动,通过提升公众的金融意识和金融素质,主动预防和化解潜在矛盾。[②]

2016年银监会办公厅《关于加强银行业消费者权益保护　解决当前群众关切问题的指导意见》第4条提出加大宣教力度,逐步增强银行业消费者维护自身合法权益的能力。具体包括:"(一)明确主体责任。各银行业金融机构要承担起主体责任,向社会公众普及金融知识。要强化组织保障和后勤保障,安排专门的宣传教育工作经费。在积极参加监管部门统一组织的各项宣传教育活动的同时,还要充分动员全体员工,利用营业网点和各种网络资源优势,扩大日常宣传效果。(二)加强组织推进。各级监管机构要有效整合行业协会等方面的金融知识普及活动,统筹安排各类宣传教育活动的开展时间、频次,避免工作交叉和资源浪费。组织和动员银行业金融机构通过请进来、走出去等多种途径,充分利用现代传媒方式,积极提升银行业消费者金融知识素养。同时,要积极协调相关政府部门,形成合力,扩大金融知识教育活动的覆盖面,推动金融知识普及工作纳入国民教育体系。(三)突出宣教重点。各级监管机构和银行业金融机构,要不断增强敏感性,提升宣传教育的时效性。针对当前多发的存款纠纷、私售'飞单'、信用卡还款纠纷、储户个人信息泄露、非法揽储等突出问题,灵活调整和安排宣传内容,增强广大消费者识别非法金融业务、非法金融活动和防范不法侵害的能力,有效促进金融市场和谐健康发展。"

2016年年底《办法》顺应这种趋势而出台。《办法》第8条明确规定,"金融机构应当建立健全金融消费者权益保护的各项内控制度,包括但不限于以下内容:……(六)金融知识普及和金融消费者教育机制"。《办法》第44条、第45条规定,中国人民银行及其分支机构建立金融消费者权益保护案例库制度来向金融机构和金融消费者进行风险提示;并且引导、督促金融机构开展金融知识普及宣传活动,提高金融消费者对金融产品和服务的认知能力、风险意识、法律意识以及依法维权的能力。[③]

在自律规则方面,2014年中国银行业协会消费者保护委员会制定并发布

① 《工作指引》第18条。
② 《工作指引》第22条。
③ 《办法》第44条、第45条。

《中国银行业公众教育服务工作自律指引》(以下简称《自律指引》),从而引导银行业协会的会员单位主动、规范、持续、系统地开展公众教育服务工作,提高社会公众金融知识水平。该指引为公众教育服务下了一个明确的定义,认为公共教育是指针对社会公众开展的解读金融政策、普及金融知识、宣介服务收费政策、揭示金融产品风险、引导依法理性维权等各项活动;[①]并指出其目的,是通过对社会公众进行金融知识普及、金融意识和金融素质培养,防范和化解潜在矛盾,构建和谐的金融消费环境,促进银行业健康可持续发展。[②]

2. 内部管理层面

金融机构应当制订年度金融知识普及与金融消费者教育工作计划,结合自身特点开展日常性金融知识普及与金融消费者教育活动,参与中国人民银行及其分支机构组织的金融知识普及活动,并防止"名为教育,实为推介"的现象发生,特别强调"金融机构不得以营销个别金融产品和服务替代金融知识普及与金融消费者教育"。[③]

《自律指引》为银行业金融机构指出了更加明确的机制体制,[④]要求建立健全公众教育工作的长效机制,拟制相应的公众教育规章制度;总部与分支机构的上下沟通机制;各级机构、各相关部门的内部横向协调机制;与社会公众及消费者权益保护机构间的日常沟通机制;公众教育工作的内部检查机制;公众教育工作考核评价体系;以及针对公众教育工作的人才队伍建设和必要的资源保障。

《自律指引》还为其会员单位明确了公众教育的内容、渠道和方式。其内容包括但不限于以下方面:[⑤](1)介绍国家金融政策法规,提高社会公众合法合规意识;(2)介绍消费者权益保护法律法规,促进社会公众正确认识自身权利义务;(3)宣介基本金融知识,提高社会公众金融素质;(4)宣传银行卡、电子银行等常用银行产品和服务使用注意事项,引导社会公众正确使用银行产品和服务;(5)提示银行理财、外汇、贵金属、基金、保险、信托等常见投资品风险防范须知,提高社会公众风险意识,倡导理性投资;(6)加强个人征信重要性的宣传,讲授如何解读个人征信报告,引导社会公众科学合理使用贷款和信

---

① 《自律指引》第2条。

② 《自律指引》第3条。

③ 《办法》第25条。

④ 《自律指引》第11~22条。

⑤ 《自律指引》第23条。

用卡等信用工具，珍视个人信用；(7)宣介银行产品和服务收费政策，促进银行收费透明化；(8)介绍常见金融诈骗、非法集资手段和特点，提高社会公众风险防范意识；(9)宣讲假币和伪造商业票据的识别方法，避免社会公众财产损失；(10)推广银行无障碍设施设备和服务政策，提高特殊群体使用银行服务的程度；(11)宣介消费者投诉维权的渠道、方法和流程，引导社会公众依法、合规、理性维权。从宣传教育的内容可以发现涵盖内容较为广泛和全面，不仅包含基本的金融知识、银行各类业务知识，还包括银行的各种服务政策，以及消费者对自身九大权利的认知和维权方式方法。

宣传教育活动不仅内容要具有广泛性，宣传教育渠道也应当具有多样性、多层次的特征。《自律指引》力求渠道多元化，形式新颖化，内容生动化，构建效果好、成本低、覆盖面广的公众教育模式，①如以营业网点为阵地，深入社区、学校、军营、厂区、市场等，借助各类新兴电子渠道和新媒体开展，利用主流传播渠道(如报纸、期刊、杂志、第三方网站)，与监管部门、银行业协会、高校及其他金融机构等部门合作开展等，当然宣传教育也可以利用产品推介会、宣讲会、业务研讨会等营销平台，但需要特别强调避免以产品营销推介替代公众教育活动。深入剖析不同的宣传教育渠道所针对的目标群体特征，从而开展丰富多样的宣传教育形式以便目标群体的吸收和理解，②包括但不限于图片、视频、案例、漫画、常见误区解析、在线课堂、有奖问答等简洁清晰、形式活泼、通俗易懂的形式。

3. 监管具体措施层面

就以上法律制度层面的具体规定的实施情况，中国人民银行和原银监会监督其各自发布的规范进行监督管理，督促银行业金融机构的执行和落实。而除此之外，这两个监管机构也会各自组织或开展具体的金融消费者宣传教育活动。

中国人民银行内设了金融消费权益保护局，对金融消费者开展保护。金融消费权益保护局对金融消费者进行调查研究，并且通过问卷调查了解金融消费者金融素养，对金融知识进行普及。从2013年开始，中国人民银行选择每年9月统一开展全国性的“金融知识普及月”活动，并于2015年9月在福建省“金融知识纳入国民教育”的试点学校南平市建阳师范附属小学和平潭综

① 《自律指引》第24条。

② 《自律指引》第25条、第26条。

合实验区城南中学开展“金融知识进校园”活动。与此也同步开展了金融知识进农村、商圈、社区、高校、机关等系列活动,加强了对各个领域的金融消费者的知识宣传和普及。①

原银监会定期开展宣传教育活动,每年制定的宣传主题均根据当年金融发展情况和金融消费者权益保护现状有所区别。自 2013 年起至今,银监会统筹组织、全国银行业金融机构共同参与,定期举办“金融知识进万家”宣传服务月活动。银监会也会不定期对重点宣传教育主题进行专项活动,如银监会办公厅《关于深入开展防范和打击非法集资宣传教育活动的通知》要求 2012 年 7 月 1 日至 12 月 31 日组织开展的银行业金融机构防范和打击非法集资宣传教育活动;《关于进一步加强校园贷规范管理工作的通知》要求整顿校园贷市场的同时,要抓好校园秩序管理与学生教育引导工作。各银行业金融机构与各高校开展丰富的宣传教育活动以引导学生科学理性消费,健全举报惩戒制度以维护校园稳定秩序。

作为自律性组织,中国银行业协会针对其有关公众宣传教育的自律指引执行情况对会员单位进行监督检查,以适当方式对工作表现突出的单位予以表彰。中国银行业协会消费者保护委员会负责解释和修订该自律指引,即《自律指引》。

(二)证券业

1. 法律制度层面

在国务院办公厅文件层级上,《关于进一步加强资本市场中小投资者合法权益保护工作的意见》(国办 2013 年 110 号文件)第 8 项明确要强化中小投资者教育。其重心在于普及证券期货知识。将投资者教育逐步纳入国民教育体系,有条件的地区可以先行试点。充分发挥媒体的舆论引导和宣传教育功能。该意见指定两类主体:一为证券期货经营机构,“应当承担各项产品和服务的投资者教育义务,保障费用支出和人员配备,将投资者教育纳入各业务环节”;二为自律组织,“应当强化投资者教育功能,健全会员投资者教育服务自律规则。中小投资者应当树立理性投资意识,依法行使权利和履行义务,养成良好投资习惯,不听信传言,不盲目跟风,提高风险防范意识和自我保护能力”。

---

① 《中国人民银行开展 2015 年“金融知识进校园”活动》,载 http://www.pbc.gov.cn/redianzhuanti/118742/118729/119529/2953767/index.html,最后访问日期:2017 年 8 月。

证券业在法规规章制度层面上对投资者教育的原则性和概括性规定较少，但实际措施和投资者教育保护投入较大。现有规范仅在规范性文件层面上有关于证券期货投资者教育基地的具体规定。

证监会以证监会公告〔2015〕23号形式发布了《关于加强证券期货投资者教育基地建设的指导意见》及配套《首批投资者教育基地申报工作指引》、《第二批证券期货投资者教育基地申报工作指引》（以下简称《指引》）。证监会在充分听取相关部委以及市场主体、教育机构、新闻媒体、投资者意见的基础上，制定了《关于加强证券期货投资者教育基地建设的指导意见》和《指引》。该指导意见主要包括四方面内容：一是总体要求，明确了投教基地的定义、功能目标，建设原则和命名管理的主体、原则、方式等；二是投教基地的建设标准，明确了投教基地的分类，规定了投教基地的教育内容、功能区域和其他标准；三是投教基地的申报命名，明确了申报主体、申报材料、申报途径和命名程序；四是投教基地的监督管理，明确了投教基地的命名使用、日常运行、考核管理的要求，规定了激励措施和禁止情形等。《指引》提出了申报首批和第二批投教基地的具体量化标准，细化了申报材料要求，包括四类：省级实体投教基地、省级互联网投教基地、国家级实体投教基地、国家级互联网投教基地。具体申报条件如第一类省级实体投教基地，应当具备专门用于投资者教育的场所；展示或者投放的书籍手册、音频视频、模拟交易或者游戏软件、历史实物及讲解介绍等投教产品；面向社会公众持续开展与投教基地相关的特色鲜明、创新有效的投教活动；具有保障投教基地正常运行的经费等。第二类省级互联网投教基地，应当具备专门用于投资者教育的网站；完善的网络防护体系等。而另外两类国家级相应基地，要求则更高。

2. 内部管理层面

各证券公司（如东北证券、华福证券、华泰证券等）积极参与上述投教基地的申报工作，建立了符合《关于加强证券期货投资者教育基地建设的指导意见》的基地。在证监会于2018年1月16日第二批授牌的16家全国证券期货投资者教育基地中，有13家是证券公司主办设立的。加上第一批被授牌的5家国家级证券期货投教基地，截至目前，共有18家证券公司设立的投教基地获得国家级证券期货投资者教育基地授牌。①

① 《证券公司国家级投教基地宣传活动》，载 http://tzz.sac.net.cn/wqbh/tjjdxc/201803/t20180308_134678.html，最后访问日期：2018年3月20日。

在具体投教活动方面,各证券公司在其建立的投教基地开展了丰富多样的主题活动并开展了常态化的投教宣传工作。例如,2018 年 3 月 15 日东北证券国家级投教基地以“理性投资,从我做起”为主题开展“大学生走进基地”系列活动。活动包含基地介绍,证券基础知识宣讲和现场知识竞赛游戏,使大学生进一步了解证券市场并掌握证券基础知识。① 2017 年 9 月 18 日财达证券北京分公司携辖区营业部及中小投资者等 18 人走进上市公司——中铁高新工业股份有限公司,进行实地参观与学习交流,以帮助投资者树立理性投资理念,促进投资者与上市公司间的沟通交流。② 诸如此类投教活动动态记录,证券业协会官网共披露了多达 25 页,共计 500 条,可见投资者教育活动的数量多和经常性。

3. 监管具体措施层面

近年来,证监会推动投资者教育纳入国民教育体系试点。上海、广东、四川、青岛、宁夏等 20 余个省、市、自治区开展试点工作,将投资者教育纳入各类学校的课程设置中,取得了良好效果。同时,启动了“投资者保护·明规则、识风险”专项活动,多渠道、多层次、全方位开展宣传,帮助投资者了解证券期货法律法规。证监会自身运行的投教基地,官网上设有投资者教育专栏,共有投资者风险提示与防范、证券期货知识两个分栏,通过线上多样的宣传教育手册、图画、视频和有关证券基础知识,维权方法,法律法规,非法金融活动等专题文章。

另外,在投教基地建设方面,证监会根据《关于加强证券期货投资者教育基地建设的指导意见》以及《指引》命名东北证券投资者教育基地等 13 家基地为首批全国证券期货投资者教育基地,为投资者提供一站式的优质教育服务。2017 年 9 月 22 日证监会对第二批拟命名的教育基地进行公示,2018 年 1 月 16 日第二批 16 家国家级投资者教育基地正式授牌。证监会正式命名和授牌了首批 13 家国家级证券期货投资者教育基地。首批省级投教基地评审工作也已完成,全国共命名省级投资者教育基地 83 个。

证券业协会设有投资者之家专区,包含多个栏目。其中,包括远程培训系

① 《东北证券投资者教育基地开展“理性投资,从我做起”3·15 投资者教育专项活动》,载 http://tzz.sac.net.cn/zxsd/tjhd/201803/t20180327_134835.html,最后访问日期:2018 年 3 月 20 日。

② 《财达证券股份有限公司开展“走进上市公司中铁工业”活动》,载 http://tzz.sac.net.cn/zxsd/tjhd/201710/t20171023_133304.html,最后访问日期:2018 年 3 月 20 日。

统根据协会投资者教育工作的总体部署、依托行业培训资源而专门开设的免费课程专区,内容涵盖证券市场基础知识、常见产品风险防范、投资者保护等领域,投资者只需进行简单注册即可学习课程。远程培训系统也同时提供开放性资源如资料库惠及公众投资者。投资者学习专区将以公众投资者为目标学习人群、建设内容相对完整的投资者专项课程体系,推动投资者了解证券市场法律法规,掌握基本投资知识和技能,正确认识投资风险,提升投资综合素质。

(三)保险业

1.法律制度层面

保险业有关保险消费者的宣传教育工作,作出了一些较为原则性和概括性的规定。中国保监会《关于加强保险消费者权益保护工作的意见》(国发〔2014〕29号)较为系统地提出消费者的受教育权的保护工作如何开展。要求提高消费者的保险知识水平和风险意识,有效开展消费者教育。保监会有关部门、保监局要充分利用"3·15国际消费者权益日""7·8全国保险公众宣传日"集中开展保险宣传教育活动,并持续推动保险知识"进学校、进农村、进社区、进机关、进企业",形成全社会"学保险、懂保险、用保险"的氛围。

《关于做好保险消费者权益保护工作的通知》(保监发〔2012〕9号)第5条要求保险监管机构、保险行业协会、保险公司普及保险知识,倡导科学理性的保险消费观念,指出"建立保险监管机构、保险行业协会、保险公司和社会各界多方参与的保险消费者教育工作机制",不断丰富消费者教育的内容和形式,以保险基础知识普及、消费维权教育、政策法规解读为主要内容,通过短片、专栏、访谈、公益广告和有奖征文等形式,引导消费者科学消费、理性消费。

不同于前两者将消费者教育作为规范中的一个环节,保监会《关于加强保险消费风险提示工作的意见》在开篇开宗明义地指出:"开展保险消费者教育、发布保险消费风险提示是保险消费者权益保护工作的重要内容,是保障保险消费者知情权、受教育权等基本权利的重要手段,是减少保险消费纠纷、提高保险消费者风险识别和自我保护能力、防范保险消费风险聚集的有效措施。"但该意见并非单独提倡进行消费者宣传教育,而是将保险消费者的知情权和受教育权紧密联结在一起,主张建立统一的风险提示平台,将风险提示工作和宣传教育工作衔接起来共同开展。发挥原保监会官方网站风险提示栏目作为消费风险提示信息发布主渠道作用。保监局、保险行业协会、保险中介行业组织、保险机构、保险专业中介机构要在本单位官方网站以专题栏目等形式各自设立消费风险提示平台。中长期,逐步建设涵盖保险监管机构、行业协会和市场主体的统一风险提示平台。

2. 内部管理层面

保险行业协会要组织会员公司通过多种渠道和方式开展保险知识、风险意识和维权能力的宣传教育活动。保险公司要将消费者及公众教育纳入客户服务体系,在官方网站、地市级及以上机构的营业场所开辟消费者教育专区,并积极开拓新媒体平台开展保险宣传和普及保险知识。尤其是在消费风险提示方面,该意见要求保监会有关部门、保监局和保险行业协会要建立健全保险消费风险监测和提示工作机制,定期向社会公众提示保险购买、理赔、投诉及争议解决等环节存在的风险及注意事项。保险公司、保险中介机构及保险销售人员在销售保险产品时要及时向消费者提示风险。

3. 监管具体措施方面

2012 年 3 月保监会保险消费者保护局正式在新浪平台开通了名为“保险消费者知识园地”的机构认证微博,发挥教育微博在普及保险知识、引导理性消费、服务广大群众等方面的作用。①

为了使保险消费者更便捷地学习保险知识、理解保险运行的基本规律、正确维护自身的合法权益,原保监会官方网站开设“保险知识大讲堂”专栏,②并分为保险基础知识、机动车辆险、其他财险、人身保险、保险中介、风险提示等不同版块,从保险基础知识和实务流程入手,认识保险;从保险产品着眼,走近保险;运用典型案例分析,体验保险;讲解保险运行原理和实例,信任保险。最终达到“学保险、懂保险、用保险”的目的。此外,大讲堂还设有在线服务,随时为消费者提供使用帮助,并随时倾听消费者的意见和建议。该专栏对保险消费者进行有关保险的基本知识的宣传与普及,体现了对保险消费者受教育权的保护。

(四)信托业

1. 法律制度层面

在法律制度层面,《办法》、银监会《关于印发银行业消费者权益保护工作指引》、银监会办公厅《关于加强银行业消费者权益保护　解决当前群众关切问题的指导意见》均同样适用于信托业,前文已经介绍,此处不再赘述。

---

① 《关于做好保险消费者教育微博推广及后援工作的通知》(保监厅发〔2012〕64 号)。

② 《保监会——“消费者保护”专栏》,载 http://bxjg.circ.gov.cn/web/site0/tab5175/,最后访问日期:2018 年 3 月 20 日。

信托业自律管理规则方面,《信托公司社会责任公约》第20条要求信托公司应"加强向公众普及信托相关知识,不断提高公众识别和防范金融风险的能力,增强客户对信托产品和服务的认知,为行业健康发展奠定良好的客户基础"。并且依据《信托公司行业评级指引(试行)》及配套文件,该项宣教工作作为信托公司的社会责任履行情况纳入了信托公司行业评级标准中,这有助于激励信托公司积极开展消费者宣传教育和知识普及工作,促进消费者受教育权的保障。

2. 内部管理层面

应前述规范要求,信托公司开展宣传教育活动,包括"金融知识进万家""金融知识普及月",以及如信托知识宣讲、非法信托活动等不同重点主题的专项宣教活动。例如,2017年渤海信托持续开展了"金融知识进万家"、防范和打击非法集资知识宣传月、反洗钱知识宣传月等系列金融知识宣传教育活动,深入大学校园、社区、写字楼等场所,发放宣传材料3000余份,接受群众咨询1000余人,受到一致好评。[①] 又如,在信托业协会的带领和组织下,18家信托投资公司在上海参加"中华信托万里行"活动并达成6项共识,最后一项即要求信托投资公司应致力于信托知识的宣传及投资者教育,在全社会普及信托知识,推广信托理念,培育信托市场,提升信用文化。

3. 监管具体措施层面

由于信托业系属银监会监管,银监会的具体措施对信托行业也同样适用,其中知识宣讲也包含信托业务知识和风险提示。

而在自律管理层面,信托业协会官方网站设有"投资者教育"专栏,分为信托ABC、百问百答、投资技巧、案例分析、信托零距离、对话信托6个板块,分别对基本的信托产品或服务知识、投资技巧和风险、信托公司简介、信托侵权以及维权案例等知识进行介绍和普及,保障信托消费者的受教育权和知情权。

(五)互联网金融业

1. 法律制度层面

2015年《互联网金融指导意见》第16条将"研究制定互联网金融消费者教育规划,及时发布维权提示"作为"消费者权益保护"这一互联网金融市场秩序及安全维护机制的重要内容。

---

① 渤海信托:《全方位保护消费者权益贯彻落实十九大精神》,载 http://www.sohu.com/a/205307748_99890476,最后访问日期:2018年3月20日。

2016年国务院办公厅《关于印发互联网金融风险专项整治工作实施方案的通知》提出加强宣传教育和舆论引导的要求,并强调“以案说法,用典型案例教育群众,提高投资者风险防范意识”。

具体业态中以网贷行业为例,部门规章层级的《网络借贷信息中介机构业务活动管理暂行办法》并未对消费者受教育权作出规定。而部门工作文件层级上,《P2P网络借贷风险专项整治工作实施方案》在风险专项整治工作的配套支持措施中注重加强舆论宣传引导,“加强网贷风险专项整治工作正面宣传与舆论引导,鼓励网贷机构在依法合规的前提下创新发展。通过以案说法,厘清合法和非法的界限,适时主动发声,及时回应投资者关切。加强舆情监测,强化媒体责任,为整治工作营造良好的舆论环境”,也只是在有关网贷行业风险排查和专项整治事项提出要进行宣传,没有正面提及保护消费者受教育权。可见,具体业态中有关消费者宣教工作的规范目前仍然有所欠缺。

2. 内部管理层面

《互联网金融行业健康发展倡议书》向全体互联网金融从业机构和人员发出的倡议,包含“加强金融知识宣传和教育,不断提高金融消费者风险识别能力和自我保护水平”。根据《中国互联网金融协会会员自律公约》第7条规定,互联网金融业机构应主动履行金融消费者权益保护义务,第1项即为加强金融知识宣传和教育,不断提高金融消费者风险识别能力和自我保护能力,审慎甄别客户身份和评估客户风险承受能力,不得主动将产品销售给与风险承受能力不相匹配的客户。

实务中,目前网贷机构主动承担消费者宣教工作的较少,仅有支付宝、宜信、京东金融、蚂蚁金服等较大平台(部分存在依托原有互联网大型企业的背景)在其官网存在消费者宣传教育内容,实践中进行宣教工作的主要是地方金融办、地方政府和各传统金融行业的监管机构。

3. 监管具体措施层面

在监管具体措施层面,由于互联网金融业划分为不同业态,目前分别由其主管监督部门分别负责各自业态的消费者宣教和知识普及工作的开展,具体措施仍沿用各传统金融行业的监管措施和手段,处于“九龙治水”的多头监管状态,只是监管内部具体安排多交由各监督机关的普惠金融部门和消保部门协作办公,监管较为混乱,易造成监管空白和监管冲突。

而在自律管理方面,中国互联网金融协会官网内设“投资者教育”专栏,分为知识百科、专栏文章、公开课视频3个板块,分类较为简单,内容较少,宣教记录各自暂仅数十条,公开课视频共14节。在2017年9月曾开展“互联网金融知识在线有奖问答”活动帮助互联网金融投资者和消费者了解互联网金融的特点和风险。宣传教育工作较之传统金融行业还处于初级和基础阶段,当然这也是由于互联网金融行业刚刚起步不久,宣传和教育工作开展也需要一个循序渐进的发展过程。在未来很长一段时间,都需要更多的探索和努力。

三、市场调查情况

市场调查方面我们以银行业为例调查发现,中国人民银行金融消费权益保护局(以下简称消保局)作为中国人民银行的内设机构,中国人民银行金融消费权益保护工作的主管部门,根据中国人民银行授权履行金融消费权益保护方面的职责,其主要职责包括了组织开展金融消费者教育和咨询服务这一项。

自2013年起,消保局每年9月集中开展中国人民银行“金融知识普及月”活动。自2014年起,每年“3·15”期间组织开展“金融消费者权益日”活动。通过集中开展金融知识普及工作,进一步扩大金融知识普及的覆盖面,中国人民银行总行及各级分支机构结合实际,加强组织协调,有效发挥金融机构和支付机构的主动性与积极性,开展了形式多样、有针对性的金融知识普及活动,取得积极成效。

并且,《金融消费者保护的良好经验》《金融知识普及读本》等金融知识普及材料出版发行。此外,消保局建立中国人民银行消费者金融素养调查制度,将从2017年开始,在全国31个省(自治区、直辖市)全面开展消费者金融素养问卷调查。开展金融教育有效性评估项目,积极探索金融消费者教育有效性评估机制,推动金融消费者教育的有效性不断提高。

在银监会方面,2015年银监会组织全国银行业开展“金融知识进万家”宣传服务月活动,重点针对银行客户资金被骗和信息泄露事件开展集中宣传,提高银行业消费者对自身资金和信息安全的保护意识。活动期间,全国银行业金融机构参与宣传网点20万余个,共开展各类宣传活动21万次,设立户外集中宣传点14万个,投入宣传人员193万人次,接受消费者咨询6476万人次,发放宣传资料8591万份,发送公益宣传短信、微信1亿余条,在媒体投放宣传片31万个,媒体报道2万余次。[①]

① 银监会2015年报,载http://zhuanti.cbrc.gov.cn/subject/subject/nianbao2015/7.pdf,最后访问日期:2017年8月。

2017年"金融知识进万家"宣传服务月活动的主题则为:正确使用金融服务,依法维护自身权益。具体内容包括:辨别正规金融产品服务,利用"双录"维护自身权益;宣传正规借贷服务,远离违法违规借贷侵害;维护个人信息安全,防范电信网络诈骗。而截至2017年,"金融知识进万家"宣传服务月活动4年来全国银行业累计出动宣传人员645万人次,发放宣传材料3.69亿份,发送公益宣传短信微信7.05亿条,基本形成了行业集中组织、银行主动宣传、公众积极参与的良好氛围,实现了提升社会公众金融素养,增强社会公众风险防范和依法维权意识能力,提高消费者对银行业消费者保护工作的认知度和满意度的目标。①

针对金融消费者受教育权保护的现状,笔者开展调查的《金融消费者权益保护调查问卷》结果表明,认为目前开展金融消费者权益保护应重点关注金融消费者教育问题的,占总人数的34.88%;然而没有接受过金融消费者教育的占据了大多数,达到67.44%。在这些接受过金融消费者教育的人中,我们调查了消费者接受过哪些机构的教育(多选),其中原银监会(19.05%)、银行业协会(16.67%)、证监会(16.67%)、证券业协会(16.67%)、证券机构(19.05%)、银行信贷机构(23.81%)、期货、期权机构(2.38%)、信托机构(2.38%)、商业保险机构(26.19%)、基金机构(7.14%)、互联网金融机构(21.43%)、互金协会(9.52%);还有接受过其他机构的教育,占33.33%(如图6所示)。

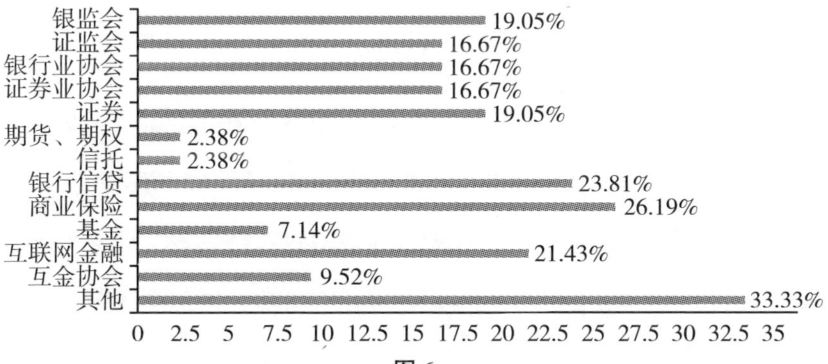

图6

① 《银行业启动金融知识进万家宣传服务月活动》,载 http://money.163.com/17/0901/14/CT8N6I6B002580S6.html,最后访问日期:2018年3月。

总结上述,可以发现现有的金融消费者教育保护工作已经取得了一定成效,但仍存在如下一些问题。

1. 缺乏长期性

金融消费者教育应该是一个完整的体系。在目前的实际工作中,金融机构往往只注重在“宣传月”“宣传周”等集中宣传活动时间进行突击性的金融宣传,常年性的工作则进行得较少。在我国公众金融素质整体水平较低的情况下,为了让社会公众能够接受、消化,金融消费者教育需要针对公众的特点,循序渐进,教育内容应具有系统性和连贯性。

2. 欠缺效果评估反馈机制

金融消费者教育的目的是通过金融知识的传播和普及,使金融消费者掌握理财技巧,形成理财习惯,进而促进经济状况的改善,更好地保护自身合法权益,而非简单地灌输知识。目前,我国的金融消费者教育对传播效果缺乏准确全面的认识,尚未建立全面有效的效果评估反馈机制。在评估效果时,往往只注重一些表面的数据统计资料或者简单的知识问答和调查问卷,对于公众对宣传教育的内容能否理解、是否认同,教育对公众的金融意识、经济行为有无影响等,还缺乏跟踪调查和全面的分析研究。

3. 教育内容和教育形式均有所不足

从教育内容来看,《金融消费者权益保护调查问卷》结果表明目前金融消费者们认为对金融消费者权益保护的教育应注重金融基础知识教育(78.29%)、法律知识教育(70.54%)、维权教育(72.09%)、金融风险教育(72.87%)、金融消费者理性消费的教育(67.44%)、其他(6.98%)(如图7所示)。

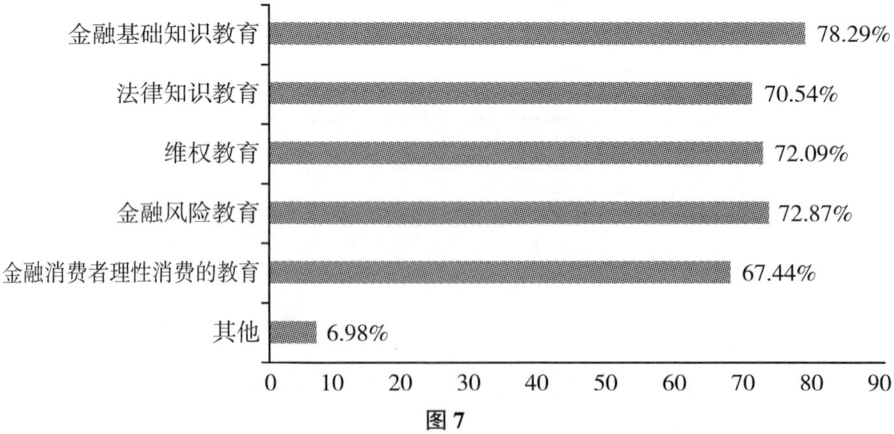

图 7

从教育形式来看,最受金融消费者青睐的从高到低依次为视频专题教育形式(62.02%)、案例警戒宣传(53.49%)、漫画方式(37.98%)、线下宣传教育(37.98%)、发放宣传礼物(35.66%)、集中培训(34.11%)、动漫宣传(25.58%)、其他(6.98%)。而目前的宣教内容多数难以满足金融消费者的需求,对于法律知识、理性消费的教育还比较少,多数集中于提示消费者风险和危害性,视频专题教育形式太少,案例警戒宣传也仍显不足,多数停留在一次性地节目表演和礼物发放,很难打动消费者的内心,教育作用甚微,却造成大量人力、物力的浪费(如图8所示)。

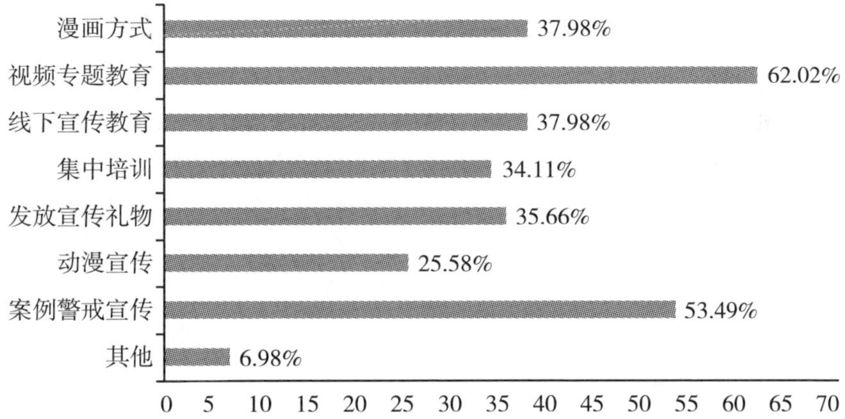

图8

第七节　金融消费者受尊重权

一、金融消费者受尊重权

(一)金融消费者受尊重权的界定

金融消费者的受尊重权就是金融消费者的人格尊严、民族风俗习惯等受到尊重的权利。就金融消费者而言,其人格尊严既有一般人格尊严的共同性,又有与金融消费行为紧密相连的个体性,大致可以概括为以下四个方面:其一,人格尊严以金融消费行为为基础,并贯穿于整个金融消费过程,但不排除侵害后果延续造成的人格侵权现象。其二,人格尊严是金融消费者实现其经济权利过程中的伴生权利,以基本金融业务平等对待权为核心。其三,人格尊严主要体现在金融机构及其从业人员对金融消费者的尊重上,也体现为金融消费者的自我尊重，还可能体现在其他金融消费者的尊重上。其四，人格尊严的基本内容随着经济社会发展和金融消费行为方式的发展变化而演变，保护机制也不断发展完善。概言之，金融消费者人格尊严是指金融消费者在金融消费过程中，不分性别、年龄、职业、民族、宗教信仰、财产状况、文化程度等，在基本业务平等权基础上受金融机构及其从业人员的基本尊重，其内容随社会经济的进步而不断发展完善。

(二)金融消费者受尊重权的内容

金融消费者的人身权利及人格尊严，是指金融消费者在金融消费活动中所享有的名誉权及尊严权不受侵犯的一种民事权利。

1. 人格尊严受尊重权

人格尊严是消费者的人身权的重要组成部分，包括姓名权、名誉权、荣誉权、肖像权等。消费者的人格尊严受到尊重，是消费者最起码的权利之一。其中，消费者的名誉权是指消费者享有的，有关自己个人的道德品质、修养能力及其他品质的一般评价不受他人侵犯的一种权利。实践中，侵犯消费者人格尊严权大量表现为侮辱消费者即侵犯消费者名誉权的行为，此外还有搜查消费者的身体及其携带的物品，甚至限制消费者的人身自由的行为。

在现实生活中，侵犯消费者人格及尊严的行为表现形式主要有：

(1)贬低消费者人格，轻视消费者能力。(2)无端猜疑对消费者缺乏信任，强行检查或搜身。(3)侮辱消费者宗教信仰及消费风俗习惯。

上述三类行为，尽管表现形式不同，但在对消费者的人格及尊严造成损害这一点上，则是相同的。

2. 民族风俗习惯受尊重权

我国是统一的多民族的国家，除汉族外，全国还有55个少数民族，各民族在长期历史发展过程中，在饮食、服饰、居住、婚葬、节庆、娱乐、礼节、禁忌等方面，都有不同的风俗习惯。尊重少数民族的风俗习惯，就是尊重民族感情、民族意识、民族尊严，这关系到坚持民族平等，加强民族团结，处理好民族关系，促进安定团结的大问题。因此，尊重少数民族的风俗习惯并不是可有可无的，它对于保护少数民族消费者的合法权益，贯彻党和国家的民族政策，都有极其重要的意义。

二、我国金融消费者受尊重权保护的现状分析

人格尊严作为人格权的核心内容，是我国法律的重要保护内容之一，如我

国《宪法》《民法总则》《消费者权益保护法》《商业银行法》等法律都规定了有关人格尊严的保护条款。

我国《消费者权益保护法》第14条对消费者的人格尊严、民族风俗习惯问题作出了如下规定："消费者在购买、使用商品和接受服务时，享有人格尊严、民族风俗习惯得到尊重的权利。"国务院办公厅《指导意见》也明确提出"保障金融消费者受尊重权。金融机构应当尊重金融消费者的人格尊严和民族风俗习惯，不得因金融消费者性别、年龄、种族、民族或国籍等不同进行歧视性差别对待"。以上规定源于我国《宪法》第33条，"中华人民共和国公民在法律面前一律平等国家尊重和保障人权"，以及第38条，"中华人民共和国公民的人格尊严不受侵犯。禁止用任何方法对公民进行侮辱、诽谤和诬告陷害"。而我国《民法总则》第109条也明确指出"自然人的人身自由、人格尊严受法律保护。"公民的人格尊严不受侵犯，这是我国法律予以确认保护的。人格尊严是消费者的人身权的重要组成部分，包括姓名权、名誉权、荣誉权、肖像权等。消费者的人格尊严受到尊重，是消费者最起码的权利之一。

保护金融消费者的受尊重权，还应当考虑贫困和欠发达地区人群的金融可得性问题，使金融真正全方位地为全社会各个阶层提供服务。国务院2015年发布的规范性文件《推进普惠金融发展规划（2016—2020年）》从国家层面确立普惠金融的实施战略，推动金融向"小而美"发展，让金融更多"惠"入平常百姓家，令普惠金融真正服务于小微企业、农民、城镇低收入人群、贫困人群和残疾人、老年人等特殊群体，使最广大人民群众公平分享金融改革发展成果。

（一）银行业

1. 法律制度层面

我国《商业银行法》虽然对金融消费者的受尊重权早有相关规定，如"商业银行与客户的业务往来，应当遵守平等、自愿、公平和诚实信用的原则""商业银行应当保障存款人的合法权益不受任何单位和个人的侵犯"①等。但这些条款虽然肯定了存款人的合法权益包括人格尊严权，但缺乏相应的人格尊严侵权责任条款，这种保护仅具宣示意义，缺乏强制性规定和责任条款，可操作性不强。

国务院办公厅《指导意见》明确规定了金融消费者的受尊重权，并将其进

① 《商业银行法》第5条、第6条。

行了界定：金融消费者被尊重的是人格尊严和民族风俗习惯，金融机构不得因金融消费者性别、年龄、种族、民族或国籍等不同进行歧视性差别对待。

中国银监会办公厅《关于加强银行业消费者权益保护　解决当前群众关切问题的指导意见》（银监办发〔2016〕25号）特别强调了加强对特殊消费者群体的关爱和保护。特殊消费者群体权益保护是银行业消费者权益保护的基本内容之一，银行业金融机构应提高认识，在不断完善金融服务过程中充分考虑农民工、残障人士、下岗失业者、老年人等特殊群体的相关权益。应通过实行相关费用优惠减免、根据其消费特点和风险偏好开发金融产品、针对其行为特点设计人性化的服务流程、加大相关服务配套设施投入、提高服务特殊消费者群体的应急处理能力等措施，提供必要便利，满足其合理金融需求，创造适宜的金融服务环境，有效维护特殊消费者群体的公平交易权和受尊重权。

《办法》要求金融机构重视金融消费者需求的多元性与差异性，积极支持欠发达地区和低收入群体等获得必要、及时的基本金融产品和服务。① 这是从普惠发展的角度出发，尊重收入较低群体和欠发达地区的人群，使其也能享受金融服务，这既是对其公平交易权的保护，也是其受尊重权得到有效保障的必然要求。该办法第21条又从反对暴力催收债务的角度，保护金融消费者的人格尊严，“金融机构向金融消费者追讨债务，不得采取违反法律法规、违背社会公德、损害社会公共利益和第三人合法权益的方式”，并且委托第三方追讨债务的，金融机构应当“在书面协议中明确禁止受托人使用前款中的追讨方式，并对受托人的催收行为进行监督”。

《工作指引》第16条原则性地规定了银行消费者的受尊重权，指出银行业金融机构应当尊重银行业消费者，照顾残疾人等特殊消费者的实际需要，尽量提供便利化服务，不得有歧视性行为。

2012年《关于进一步完善残障人士银行服务的自律要求》从国家政策、监管规定、行规行约的执行、管理制度建立、产品和服务创新、人性化服务提供、服务应急处理、执行情况自查、监督惩戒九个方面对会员银行加强对残障人士的服务工作提出要求。并针对残障人士的实际需求提出了12项具体服务约定。同时，提出商业银行应确保残障人士享受与其他客户平等的权利，充分考虑各类残障人士需求，尽可能提供便捷的人性化服务，充分保障银行业消费者的受尊重权和公平交易权。

---

① 《办法》第26条。

2. 内部管理层面

首先，中国银行业协会就全行业无障碍环境建设方面提出自律约定，以改进无障碍银行服务，其会员单位将关注残障人士需求，保障特殊群体客户合法权益，积极推动银行无障碍设施建设，具体是指银行业金融机构要把无障碍环境建设纳入公司经营管理中，规划建设无障碍服务设施，日常确保其正常使用。并且在营业网点进行无障碍服务设施使用的宣传工作，让残障人士能够享受银行便捷、高效的无障碍服务。在有条件的营业网点为肢体残疾人驾驶或者乘坐的机动车设置无障碍停车位。

其次，银行业协会会员单位加快创新，积极提升残障人士服务能力，具体包括以下三点：第一，逐步完善网上银行、电话银行、自助设备等渠道的无障碍改造，提供人性化的电子化金融服务；第二，允许视力障碍客户携带经过登记、认证、有可识别标识且处于工作状态的导盲犬出入银行营业网点办理业务。网点工作人员应妥善做好接待，保障网点的正常营业秩序；第三，在有条件或有实际需要的营业网点设置盲人版业务介绍和指南。

最后，银行业金融机构应当牢固树立公平对待金融消费者的观念，总行（总公司）应当统一建立健全为残疾人客户提供金融服务的管理制度和业务流程。在制定内部管理制度和业务流程、风险控制、提供金融产品和服务、新设营业网点等方面，应当针对残疾人客户的特殊情况和实际需求做出统筹考虑，充分尊重和保障残疾人客户公平获得银行业金融服务的合法权利，①即金融消费者拥有的合法权益，弱势群体消费者应当拥有，且考虑到其处于弱势地位，应当更加被倾斜性保护。例如，银行业金融机构应当考虑残疾人客户的具体困难，为其提供更加细致和人性化的服务。有条件的营业网点应当开设残疾人客户服务通道，为其提供服务便利。银行业金融机构应当在有效控制风险和确保残疾人客户人身财产安全和隐私安全的前提下，不断完善营业场所、自助机具设备、网站和服务热线等方面的无障碍设施建设和改造，更好地适应残疾人客户日常金融服务需求。

对于其监督权的保护，银行业金融机构应当为残疾人客户投诉提供必要的便利，认真研究残疾人客户对金融服务工作提出的意见和建议，高度重视和妥善处理残疾人客户的投诉，切实保障残疾人客户合法权益。弱势金融消费者受教育权的保护方面，银行业金融机构应当积极为残疾人客户普及金融知

① 参见2012年《关于银行业金融机构加强残疾人客户金融服务工作的通知》。

识，提升其防范金融风险的能力，安全用好相关金融产品和服务。

而银行业金融机构自身建设中，应当加强对员工的日常培训，提升员工为残疾人客户服务的意识，普及无障碍服务知识。营业网点应当配备掌握无障碍服务方法和技能的员工，满足残疾人客户办理业务的基本需要。

至于银行行业协会层面，其应当在银行业金融机构提高残疾人客户服务水平方面发挥积极作用，推动银行业金融机构不断优化服务流程和服务标准，保障残疾人客户合法权益，促进社会和谐和银行业可持续发展。

3. 监管具体措施层面

金融监管机构侧重风险管控，对金融消费者保护的重要性认识不足，缺乏系统有效的保护机制。我国主要金融机构由于进入市场化改革，追求利润最大化当然成为金融机构的首要目标。小而分散的金融业务利润率低甚至为负的情况与利润导向机制背离，降低此类业务基本服务质量或干脆拒绝办理就可以在短期迅速提高利润水平，但这也导致这种运行机制客观上会损害一般金融消费者的人格尊严权益。

在金融市场领域，普遍存在的一种现象是，金融经营者对交易限额的规定以将小投资者排斥出市场交易范围之外，这种拒绝交易行为就是对金融消费者的歧视，不仅侵害了金融消费者的公平交易权，而且是对金融消费者受尊重权的侵害。欠发达和低收入人群也应当受到合理的尊重，享受到对其具有适当性的金融服务。对此《办法》强调金融机构应当重视金融消费者需求的多元性与差异性，积极支持欠发达地区和低收入群体等获得必要、及时的基本金融产品和服务。①

再有，为应对当下最严峻和典型的侵犯金融消费者受尊重权的行为——暴力催收，《办法》从追讨债务方式的角度出发规定了金融消费者受尊重权，"金融机构向金融消费者追讨债务，不得采取违反法律法规、违背社会公德、损害社会公共利益和第三人合法权益的方式"。② 并且在该条第 2 款又强调了即便是委托第三方追讨，也应当在书面协议中明确禁止并监督其催收行为，禁止违反法律法规、违背社会公德、损害社会公共利益和第三人合法权益。③

对于部分深陷沉重债务负担的金融消费者，在依法保护债权的同时要优

① 《办法》第 26 条。

② 《办法》第 21 条第 1 款。

③ 《办法》第 21 条第 2 款。

先保护债务人的人格权、生存权、受尊重权等基本人权，维护消费者的家庭成员赖以共同生活的基本物质基础，守卫其安宁。

另外，原银监会还会对银行业金融机构进行考核评价，来科学评估银行业金融机构消费者权益保护工作的开展情况和实际效果、督促银行业金融机构坚持依法合规，加强内部自律，有效落实国务院办公厅《指导意见》和《工作指引》，切实维护银行业消费者合法权益，根据中国银监会《关于印发银行业金融机构消费者权益保护工作考核评价办法》进行评估。其中1项十分重要的评分指标就是金融消费者受尊重权的保护程度，主要出发点是特殊消费者群体保护，主要考察银行业金融机构对农民工、残障人士、下岗失业者、老年人等特殊群体的倾斜性保护措施。若银行业金融机构在营业网点或其他产品和服务提供渠道针对农民工、残障人士、下岗失业者、老年人等特殊群体行为特点，提供必要的配套服务设施，满足其合理金融服务需求，不扣减分数；若银行业金融机构针对农民工、残障人士、下岗失业者、老年人等特殊群体消费特点和风险偏好开发金融产品，针对其行为特点设计人性化的服务流程或积极支持欠发达地区和低收入群体等获得必要、及时的基本金融产品和服务，则可加分。这种评价体系对于银行业金融机构注重银行业消费者受尊重权的保护显然起到一定的激励和促进作用，有助于使其为得到一个更好的评分和等级，在此项工作上付出更多的努力。

（二）证券业

1.法律制度层面

第一，证监会制定并发布《关于发挥资本市场作用服务国家脱贫攻坚战略的意见》，对贫困地区企业首次公开发行股票、新三板挂牌、发行债券、并购重组等开辟绿色通道。以资本市场服务产业扶贫为重点，优先支持贫困地区企业利用资本市场资源，拓宽直接融资渠道，提高融资效率，降低融资成本，不断增强贫困地区自我发展能力。该意见明确“切实加强贫困地区投资者保护工作”，加大金融风险防范力度，通过多种手段加强贫困地区投资者风险防范教育，严格限制在贫困地区发行销售损害投资者利益的产品，严厉打击各类非法证券期货活动，切实保护贫困地区投资者的合法权益。对贫困地方的资本市场进行倾斜性保护，是更加促进金融公平，发展普惠金融的重要举措，这对于提升此类地方的金融可得性有极大的促进作用，使少数民族、贫困地区人群真正享受金融带来的便利，保障其受尊重权。

第二，发布《区域性股权市场监督管理试行办法》，完善与发展少数民族区域性股权市场。区域性股权市场是由地方政府管理的、非公开发行证券的场所，是资本市场服务小微企业的新的组织形式和业态，是多层次资本市场体系的组成部分①。其主要功能和作用表现在：一是小微企业培育和规范的园地；二是小微企业的融资中心；三是地方政府扶持小微企业各种政策和资金综合运用的平台；四是资本市场中介服务功能的延伸。在广西南宁召开的“民族地区股权市场规范发展座谈会”，②邀请内蒙古、广西、西藏、宁夏和新疆5个少数民族自治区的金融办、区域股权市场负责人进行座谈。这表现出了证券业在努力创新和发展多元化的资本市场，使中小投资者和金融消费者能够参与其中，极大地促进金融消费者的受尊重权。

2. 内部管理层面

证券公司会定期履行脱贫攻坚的社会责任，例如，结对帮扶国家级贫困县、服务贫困地区企业首次公开发行股票并上市、其他方式服务贫困地区企业融资等，就此证券业协会在2016年就129家证券公司的社会责任履行情况进行了专项评价，③其中从证券公司结对帮扶国家级贫困县个数（见表2）和证券公司公益性支出占比（见表3）可知，证券业机构在公益性活动支出较多，促进了贫困地区的经济发展，有助于欠发达地区的金融可得性提升，满足当地已在和潜在的金融消费者日益增长的金融需求，提升金融服务的覆盖率和消费者满意度，利于普惠金融体系的构建与完善。

表2 证券公司结对帮扶国家级贫困县个数

（单位：个）

序号	公司名称	个数
1	华林证券	6
2	国信证券	5
3	东北证券	4
4	光大证券	4

① 参见《区域性股权市场监督管理试行办法》。

② 《中国证监会召开民族地区股权市场规范发展座谈会》，载 http://www.csrc.gov.cn/pub/newsite/djffzqqhHDj/qyxgqzrsc/qyxgqzrscgzdt/201502/t20150215_268886.html，最后访问日期：2018年3月25日。

③ 参见《2016年度证券公司脱贫攻坚等社会责任履行情况专项评价结果》。

续表

序号	公司名称	个数
5	长城证券	4
6	财富证券	3.5
7	方正证券	3
8	华金证券	3
9	申万宏源	3
10	长江证券	3

注：帮扶个数相同的，按公司名称拼音排序；证券母公司、子公司合并计算；本表仅截取前十位。

表3　证券公司公益性支出占比

（单位：‰）

序号	公司名称	公益性支出占比
1	华林证券	8.63
2	国元证券	5.27
3	兴业证券	3.90
4	南京证券	3.90
5	中元证券	2.71
6	天风证券	2.29
7	华福证券	1.93
8	中泰证券	1.66
9	国信证券	1.38
10	中投证券	1.3

注：公益性支出占比 = 公益性支出/营业收入，且公益性支出金额在500万元以上的公益性支出与营业收入数。据取自证券公司经营业绩指标排名数据。本表仅截取前十位。

3. 监管具体措施方面

以新疆地区证监局为例：

第一，积极开展少数民族投资者保护工作。新疆证监局积极做好少数民

族投资者保护工作,主要包括以下三个方面:

首先,新疆证监局组织辖区证券期货经营机构开展证券期货市场少数民族姓名使用规范工作,切实做好辖区少数民族投资者保护工作。新疆证监局实地走访了少数民族客户较多的营业部,了解造成姓名使用不规范的原因,探讨解决问题的办法,了解中登公司系统最多可录入姓名字符的长度。同时,向辖区各证券期货经营机构下发通知,要求各机构加强规范性管理,针对应用系统中少数民族客户信息存储字段过短、姓名中间隔号“·”与小数点混用或省略等原因造成姓名录入不完整、不准确等问题,开展自查摸底,分析原因,研究制定规范工作具体办法,扎实推进规范整改工作。

其次,新疆证监局督促各机构积极采取有效措施,化解存量问题。一是加强对业务人员的培训管理,制定少数民族客户姓名录入操作规则。二是对于因系统原因导致无法完整录入少数民族姓名信息的,要主动向公司总部报告,完成系统设备的升级改造。三是查漏补缺、积极消化存量问题、分类处理。针对因工作人员信息录入不规范致使的账户姓名与身份证不一致的情况,要积极筛查,比对客户留存资料予以更正。四是对于使用一代身份证开户等客户留存资料不准确的历史遗留情况,建议采取电话、短信、发布通知公告等多种方式主动与客户联系,请客户前往营业场所办理信息变更手续。

最后,新疆证监局指导各机构在规范工作开展过程中做好少数民族客户的宣传解释工作,积极争取广大客户的理解、支持和配合。面向少数民族客户开通绿色通道,规范管理,提供快捷、优质的服务,避免给少数民族客户带来不必要的麻烦。下一步,新疆证监局将持续跟踪辖区各证券期货经营机构少数民族姓名使用规范工作进展情况,全力做好辖区少数民族投资者服务与权益保护工作。

第二,加强少数民族地区的区域性股权市场的监督管理。证监会积极配合民族自治区党委、政府,认真落实党中央、国务院对民族地区经济社会发展的一系列政策要求,把探索推进少数民族地区股权市场规范发展作为多层次资本市场体系建设的重要内容,强化改革创新,取得一定成效。但总体来看,民族地区的区域性股权市场仍处于起步阶段,面临不少困难和问题,需要进一步采取措施,明确定位、积极探索、改革创新、分类指导、共同建设。

证监会系统要采取切实措施,大力支持民族地区区域股权市场发展。一是建立健全沟通交流机制。证监会与5个少数民族自治区建立专门的联系渠道和工作机制。二是加大改革创新,增强中介服务功能。支持证券公司等专业机构参与区域股权市场建设,发挥人才、专业、业务优势,加大产品创新、人才培养和业务拓展力度。三是加大全国中小企业股份转让系统支持民族地区力度。减免民族地区企业挂牌费、年费等费用;建立民族地区企业即报即审的快速审核通道,提高审核效率;提高民族地区企业在新三板市场融资功能。四是推动完善小微企业股权登记托管办法,提高小微企业股权质押融资效率。五是落实好民族地区资本市场培训基金,把钱花在刀刃上。

(三)保险业

1. 法律制度层面

在普惠保险和社会责任承担方面,2015 年保监会发布的规范性文件《关于保险业履行社会责任的指导意见》,推动保险企业积极履行社会责任,促进现代保险服务业更好地适应经济社会发展需求,突出保险行业特点履行社会责任。注重促进社会资源优化配置,服务经济提质增效、转型发展。围绕人民群众健康、医疗、养老等方面的保险需求,参与构建多层次的社会保障体系。完善经济补偿机制,在灾害救助和可持续发展中发挥更大作用。发挥保险风险管理功能,提高社会治理水平。有助于保险业发挥社会责任,促进对广义的潜在的金融消费者的保护。

在日常经营活动文明服务方面,保监会 2015 年 7 月出台《关于印发〈保险公司服务评价管理办法(试行)〉的通知》,科学评价保险公司服务质量,促进保险公司改进服务,刺激其规范服务行为,优化服务态度,保障消费者真正得到最优质的服务和最高的尊重。

2. 内部管理制度

保险业围绕弱势群体,开展了一系列工作。例如,为农民开发的人身意外保险、小额贷款保险、医疗保险等,保障了外出务工农民的安全。现在保险已经发展成为维护农村社会稳定、促进剩余劳动力转移的重要手段。

从 2 家经营农村人身险的主要保险公司来看,国寿股份已为 200 余万农民承保养老保险,支付养老金 4.8 亿元,为 548 万人次农民支付医疗费用 8.5 亿元;太保寿险已支付农民养老金 92.7 万元,支付农村健康险医疗费用 1304.5 万元。此外,还为环卫工人、消防官兵、矿工等群体提供了相应的责任保险。

目前,保险公司又把推进医疗保险发展,贫困大学生、城市"五保户"等低保人群的保障作为发展的重点领域。保险行业还积极参与对抗洪救灾、希望工程、见义勇为等基金的捐赠,使行业发展的成果惠及广大群众。据不完全统计,近3年来,保险行业对社会捐赠的总额达611万元。

3. 监管具体措施方面

2015年9月18日保监会与新疆维吾尔自治区人民政府在乌鲁木齐市共同召开保险业支持新疆经济社会发展座谈会,签署战略合作备忘录。[①] 新疆保险业保费规模2014年实现5年翻一番,2015年上半年保费同比增长16.3%,累计提供风险保障近8万亿元,赔付60亿元。新疆保险业打造了具有新疆特色的保险服务体系,这次保监会与新疆维吾尔自治区人民政府签署合作备忘录,将为保险业服务新疆跨越式发展创造良好条件。

保监会持续加强政策引导和资源倾斜,在支持新疆跨越式发展和长治久安战略实施中发挥更大的作用。一是推动新疆保险市场体系健全完善。针对新疆地域广阔的特点,鼓励保险公司延伸设立分支机构。支持在新疆设立保险法人机构,扩大保险服务覆盖面,提升服务能力和水平。二是推动保险资金支持新疆经济发展。发挥保险资金长期投资的优势,参与新疆基础设施、重大工程建设项目,加大对新疆战略性新兴产业、创业企业、小微企业和民生领域的支持力度。三是推动新疆重点领域业务创新发展。结合新疆在丝绸之路经济带上的功能定位,提供针对性的风险保障。服务“三农”和民生保障领域,探索建立新疆农险巨灾风险分散机制,推动城乡居民大病保险。加快责任保险发展,助力自治区构建“立体风险防护网”。四是推动保险发展环境不断优化。维护新疆保险市场秩序,妥善应对各类突发事件,维护好保险消费者权益,确保不发生区域性系统性风险。提供人才和智力支持,推动少数民族保险业务发展。

在规范保险机构服务方面,保监会设立了“保险公司服务评价委员会”,由保监会分管消费者权益保护工作的领导担任主任,成员包括:保监会机关有关部门及部分保监局,中国消费者协会,中国保险行业协会,中国保险信息技术管理有限责任公司,中国保险报业股份有限公司,有关专家学者、新闻工作者及保险消费者代表等,组织开展服务评价工作,覆盖保险公司销售、承保、保全、理赔、咨询、回访、投诉等所有服务环节和渠道,对财产保险和人身保险两类公司,进行服务质量的科学评价,以激励其文明服务,保护消费者的合法

① 中国保监会与新疆维吾尔自治区人民政府共同召开“保险业支持新疆经济社会发展座谈会”,载 http://money.163.com/15/0920/12/B3V3ILHA00253B0H.html,最后访问日期:2018年3月27日。

权益。

(四)信托业

1. 法律制度层面

在普惠金融方面,信托业适用《办法》和国务院《推进普惠金融发展规划(2016—2020年)》、银监会办公厅《关于加强银行业金融机构社会责任的意见》等规范,在此不赘述。

2. 内部管理层面

信托行业除应大力发展普惠金融外,根据《信托公司社会责任公约》信托公司应积极参与社会公益事业,开展公益信托业务,在救济贫困、救助灾民、扶助残疾人和促进发展教育、科技、文化、艺术、体育、医疗卫生事业等方面充分发挥信托公司特有的专业职能。信托公司及其从业人员应关心社会发展,热心慈善捐赠、志愿者活动,积极参加社会慈善活动,努力促进社会和谐与进步。积极支持所在地区经济文化建设、扶危济困等社会公益活动,促进公司所在地区的公益慈善事业发展。

3. 监管具体措施层面

由于银行业监督管理机构承担信托业的监管职责,本部分同银行业监管具体措施部分。

(五)互联网金融业

1. 法律制度层面

第一,在普惠金融发展方面,互联网金融业本就与普惠金融息息相关,内容也有所交叉重合,因此目前就互联网金融业的法律规范体系的完善及所有目前现有的规范成果,基本上都有利于金融可得性的提升。促进互联网金融组织规范健康发展,加快制定行业准入标准和从业行为规范,建立信息披露制度,提高普惠金融服务水平,降低市场风险和道德风险。

第二,在互联网金融业机构文明服务方面,目前不当债务追讨行为对消费者人格权和受尊重权的侵害是最为严重和猖獗的,就此互联网金融协会发布了《互联网金融逾期债务催收自律公约(试行)》,明确规定债务催收的原则是遵纪守法、规范审慎、保护隐私、严格自律。从业机构开展债务催收业务时应自觉维护社会和谐稳定,不得违背法律法规和公序良俗。

2. 内部管理层面

在互联网金融业也曾存在较为严重的违法催收行为,侵犯消费者的一般人格权和隐私权,使其得不到应有的尊重。为了遏制此等不良现象,《互联网金融逾期债务催收自律公约(试行)》对互联网金融机构提出如下具体要求,各从业机构应当遵守。

在内控制度层面,从业机构应切实保护债权人、债务人及相关当事人隐私,不得非法泄露个人信息,不得采用非法手段或通过非法途径获取个人信息。从业机构应提前告知债务人可能采取的债务催收方式及投诉渠道,在官方网站披露催收方式,并建立有效的债务催收投诉处理机制,认真记录并处理客户投诉意见,并结合投诉意见优化债务催收的流程和行为。

在行为规范方面,债务催收对象应符合法律法规有关要求,不得骚扰无关人员,尤其是其亲属朋友等。从业机构无法与债务人取得联系时,为恢复与债务人联系,方可与债务人事先约定的联系人进行联系。催收人员在与债务人及相关当事人沟通时,应使用文明礼貌用语,不得采用恐吓、威胁、辱骂以及违反公序良俗的语言或行为胁迫债务人及相关当事人。催收人员应在恰当时间开展债务催收活动,不得频繁致电骚扰债务人及其他人员。催收人员不得向债务人外的其他人员透露债务人负债、逾期、违约等个人信息,法律法规另行规定的情形除外。从业机构应当指定收款渠道,催收人员不得使用其他渠道或方式收取债务人及相关当事人的还款,也不得以催收名义非法收取额外费用。现场催收人员着装须文明得体,不得违背公序良俗,不得穿着误导性服装。现场催收人员不得殴打、伤害债务人及其他人员,不得非法限制债务人及其他人员人身自由,不得非法侵入他人住宅或非法搜查他人身体。现场催收人员不得抢掠或破坏债务人及其他人员财物。催收人员不得诱导或逼迫债务人通过新增借贷或非法途径筹集资金偿还逾期债务。①

深圳市互联网金融协会发布《深圳市网络借贷信息中介机构催收行为规范》,有更为细致具体的规定,包括严禁非正常时间段催收、严禁向借款人的家人、朋友或申请资料上填写的联系人等进行催收或骚扰等倡导性的建议,发

① 相关条款参见《互联网金融逾期债务催收自律公约(试行)》。

挥了行业自律的作用。①

3. 监管具体措施方面

在普惠金融发展中,由原银监会、中国人民银行牵头,发改委、工业和信息化部、民政部、财政部、农业部、商务部、林业局、证监会、原保监会、中国残联等部门和单位参加,建立推进普惠金融发展工作协调机制,加强人员保障和理论研究,制订促进普惠金融发展的重大政策措施,协调解决重大问题,推进规划实施和相关政策落实,切实防范金融风险。国务院各有关部门要加强沟通,密切配合,根据职责分工完善各项配套政策措施。地方各级人民政府要加强组织领导,完善协调机制,结合本地实际抓紧制定具体落实方案,及时将实施过程中出现的新情况、新问题报送原银监会、中国人民银行等有关部门。

在日常经营中,对互联网金融机构的不文明服务、违反公序良俗的行为和

---

① (1)严禁催收机构在任何非正常时间段(催收人员与借款人沟通的正常时间段为借款人所在地时间上午8:00至下午9:00)与借款人就有关债务催收的事务以任何方式进行沟通(拨打电话、传真资料给借款人等或至借款人居住处拜访);

(2)严禁使用电话、短信或匿名电话等手段重复不断地(同一天不得超过3次)侵扰未清偿债务的借款人;

(3)不得使用邮寄明信片的方式就债项催收与借款人进行沟通。向借款人邮寄信函时,在信封上不得出现或暗示借款人欠债情况的明显字样或标记;

(4)在借款人之外的相关人员明确拒绝提供有关信息及对债项催收提供协助之后,严禁催收人员骚扰债务人的咨询人、家人、同学及朋友,以追问有关借款人的下落或联络方式;

(5)严禁使用静坐、文身、堵门、泼墨汁、刷大字等恐吓或威胁使用暴力手段,以及其他犯罪手段,对借款人造成任何人身、心理或者财产的伤害;

(6)严禁使用在借款人同学群、亲属群等QQ群、微信群中公布或威胁公布借款人欠债信息、"裸照"等损害借款人名誉的方式进行催收;

(7)严禁向未清偿债务的借款人及担保人之外的第三方包括但不限于借款人家人、朋友或申请资料上填写的联系人等进行催收或骚扰;

(8)严禁在未清偿债务的借款人的住所、学习或工作场所张贴或悬挂向借款人催债的大字报或条幅,或其他旨在公开侮辱借款人的行动;

(9)严禁向公众公布未清偿债务的借款人名单,但依照与借款人签署的合同约定报告给深圳市互联网金融协会(仅限于行业会员内部资信审核交流使用),或由征信机构、政府监管部门依法公布有关失信人名录等行为不在此限;

(10)借款人为学生的,除禁止上述催收行为外,还严禁以下催收行为(包括但不限于):进入校园进行催收;在上课时间(上午8:30~12:00,下午14:00~17:30)进行催收;向借款学生所在QQ群、微信群等社交平台发布催收信息;向非第二还款来源方的借款学生的家长、亲属、同学、朋友等发布相关信息或催收;向第二还款来源方无还款法律责任的亲属、朋友等采取的任何催收行为;公开张贴欠款大字报;胁迫拍摄并公布"裸照";非法暴力催收以及其他干扰借款学生正常学习生活的催收行为。

侵权行为，金融消费者有权投诉至相应监管部门，由监管机构负责处置惩罚、调解纠纷。尤其是在债务追讨方面，从业机构侵犯消费者人格权益的，中国互联网金融协会将责令其整改，并采取警示约谈、发警示函、公开通报批评、强制培训教育、公开谴责等自律管理措施。因不当债务催收导致债务人或相关当事人合法权益受到侵害时，受害人还可采取司法诉讼手段维护自身权益。如发现从业机构催收行为涉嫌违法犯罪，应及时向公安机关报案。①

综合上述分析可以发现，目前我国金融消费者受尊重权的保护基本处于宣示性保护阶段，缺乏有效的责任机制，有待于从体制机制、手段措施各方面加强和完善。

三、市场调查情况

有关金融消费者受尊重权的保护情况，重点举例以下活动：在普惠金融发展方面，根据银监会印发《关于做好 2018 年“三农”和扶贫金融服务工作的通知》要求，银行业金融机构坚持稳中求进总基调，回归服务实体经济的本源，把普惠金融重点放在乡村，以实施乡村振兴战略为“三农”金融服务工作总抓手，切实提升服务乡村振兴能力，更好满足乡村振兴多样化金融需求。

该通知进一步明确了 2018 年的服务目标，加大了考核力度，提出在涉农贷款余额持续增长的基础上，力争普惠型农户经营性贷款和普惠型涉农小微企业贷款增速总体不低于各项贷款平均增速，扶贫小额信贷和精准产业扶贫贷款增速总体高于各项贷款平均增速，力争 2018 年年末银行业金融机构空白乡镇和基础金融服务空白行政村减少 1/3 以上，对符合贷款条件建档立卡贫困户的小额贷款需求能贷尽贷等目标。

截至 2017 年 12 月末，全国涉农贷款余额 30.95 万亿元，同比增长 9.64%，占各项贷款的 24.84%，实现持续增长；发放扶贫小额信贷余额 2496.96亿元，支持建档立卡户 607.44 万户，同比分别增长 50.57% 和 51.08%；银行业金融机构乡镇覆盖率为 95.99%，行政村基础金融服务覆盖率为 96.44%。

在社会责任承担方面，2014 年中央金融团工委联合中国银行业协会、中国证券业协会、中国保险业协会、中国残疾人联合会联合举办了“青春金融普惠服务　助残圆梦——金融青年阳光助残‘五个一’行动启动仪式”。该活

① 《互联网金融逾期债务催收自律公约（试行）》第 28 条、第 29 条。

动促进了普惠金融的发展,对广大残疾人朋友来说,具有很强的针对性;对金融机构来说,具有很强的可操作性,体现出金融青年奉献社会、服务社会、服务残疾人的良好精神风貌。

团中央与中国残疾人联合会下发了《关于实施中国青年志愿者助残"阳光行动"的通知》,并收集、梳理、总结、归纳和提炼了金融业助残工作的良好经验,形成了"五个一"的服务标准:第一,一套温馨服务标准。在营业网点建设无障碍设施,允许导盲犬进入,设置供老幼病残孕使用的爱心专座,残疾人到网点办理业务时主动迎接引导,提供微笑服务,在需要的情况下陪同办理等。第二,一本无障碍交流手册。录制发放针对盲人、聋哑人群体的纸质或多媒体交流手册。提供盲文阅读服务。协助盲人客户办理业务、填写表格。在助盲卡指定的签字栏内签字等。第三,一个爱心服务窗口。使用矮柜为老年客户和残疾人办理业务,在显著位置悬挂"爱心窗口"标识,优先满足残疾人办理金融业务的需求,减少排队等候时间。第四,一支青年志愿服务队。走访周边社区和残疾人组织,了解残疾人的情况和需求,建立金融机构残疾人工作档案。针对重度残疾、不方便出行的人士,根据情况开展上门服务。向聋哑人提供专门的手语服务。向盲人提供推车服务。加强志愿者管理,开展专业技能培训等。第五,一小时阳光服务。每周确定一小时为爱心特惠服务时间,集中为残疾人介绍金融知识、讲解金融产品、提供有针对性的特惠金融服务,扩大阳光助残行动的影响力等。

2016 年 3 月 15 日由中国银行业协会主办的"《2016 年度中国银行业服务改进情况报告》暨文明规范服务千佳示范单位发布会"在京举行。[①]《中国银行业无障碍服务情况调研报告》是国家公共服务行业部门首份全面反映本行业无障碍情况的报告。多年来,在中国银行业协会的大力推动、引领下,银行业 20 多万个营业网点践行人文关爱理念,不断完善无障碍设施,创新无障碍产品,提升无障碍服务水平,为残疾人融入社会提供了支持和帮助,展示了银行业承担社会责任、诠释人道情怀的良好形象。银行业将进一步推进无障碍服务工作向制度化、规范化、标准化发展,推动银行业无障碍服务水平成为公共服务行业的标杆榜样。

---

① 《〈中国银行业无障碍服务情况调研报告〉在京发布》,载 http://www.henancjr.org.cn/articles.aspx?id=13374&mid=330,最后访问日期:2018 年 3 月 31 日。

第八节　金融消费者信息安全权

一、金融消费者信息安全权的基础理论

（一）金融消费者信息安全权的界定

随着金融业的高速发展，个人的金融信息往往也通过计算机、互联网等进行传输，金融活动越来越多地依靠网络平台进行，如何保护个人的金融隐私不被泄露或避免不当使用，成为保障金融安全的重要内容。我国 2013 年《消费者权益保护法》在消费者权利一章中已经规定了消费者的个人信息受法律保护，这意味着法律已经将消费者的信息安全权确认为一项权利。

进入大数据时代，信息的经济价值愈加凸显，掌握更多信息的主体更能够占领市场先机，拥有更多的决策和话语权。信息、数据的掌握和运用成为金融机构重要的核心竞争力。金融机构在充分掌握个人金融信息的基础上通过大数据、云计算和区块链等技术，分析出金融消费者的消费心理、行为习惯、风险偏好和信用能力，有利于节约金融服务成本、提高金融服务效率、提升金融消费者的用户体验。同时，随着大数据时代的来临，每个人都成了信息提供者及需求者，相较于传统隐私权下对个人隐私信息的法律保护，个人金融信息保护及利用诉求显得更为迫切和强烈。个人金融信息权实际上综合了以隐私保护为主要内容的人格权属性，并集占有、使用、收益、处分权能于一体的财产权属性。金融消费者的个人金融信息一旦被滥用，将会损害金融消费者的人格权益和财产权益，甚至危及社会稳定。进而，2015 年国务院《指导意见》明确提出了保障金融消费者的信息安全权。① 但何为金融消费者的信息安全权，现行法律法规并没有对这一概念做出具体界定。从文义上来解析，厘定金融消费者信息安全权的概念需要从法律所保护的金融信息范围、信息安全中“安全”两字的理解和“普通消费者信息安全权与金融消费者信息安全权关系”三个层面来探究。

第一个层面，金融信息包含哪些内容？有学者采用分类列举的方法，指出金融信息应该包括金融消费者的私人信息、金融消费者的账户信息、金融消费

---

① 国务院办公厅《指导意见》（十）保障金融消费者信息安全权。金融机构应当采取有效措施加强对第三方合作机构的管理，明确双方权利义务关系，严格防控金融消费者信息泄露风险，保障金融消费者信息安全。

者的交易信息以及金融消费者的衍生信息这四类。[①] 其一,金融消费者的私人信息,即金融消费者在金融机构保存的私人信息(如姓名、身份证号、职业、住所等)。尽管此类信息涵盖很多方面,且容易通过多种渠道获得,似不应纳入保护范围中。但若这些信息与金融交易等动态信息串联在一起,会产生识别金融消费者个体的后果,并且金融机构进行推介和宣传自己的商品与服务,以及对消费者的信用状况进行评估与考量时,往往会依据金融消费者的个人信息,因此应属于信息安全权保护的范围。其二,金融消费者的账户信息,是其在金融机构开立的账户信息(如账号、开户时间和机构、还贷状况)。其三,金融消费者的交易信息,则是指金融消费者与金融机构之间业务往来的记录。其四,金融消费者的衍生信息,则是金融机构对上述信息进行处理分析后的信息,如记录、分析个人持卡购物信息,就可以了解其消费的时间、地点、数额、交易对象,甚至所购买的商品种类和品牌,从而判断出其交易习惯、消费偏好,有时甚至可能整合出个人的职业背景、性格特点、不良嗜好和交际圈子。

而中国人民银行印发的《办法》指出,"个人金融信息,是指金融机构通过开展业务或者其他渠道获取、加工和保存的个人信息,包括个人身份信息、财产信息、账户信息、信用信息、金融交易信息及其他反映特定个人某些情况的信息"。相较于上述学者观点,该办法采用了概括式定义法,首先,强调该信息的金融特性,是"金融机构通过开展业务或者其他渠道获取、加工和保存"的;其次,强调因为该信息能"反映身份、财产、账户、信用、金融交易以及特定个人情况",获知即可能对应特定个体;最后,这条定义在内容上完全足以涵盖前述学者所列出的四类信息,囊括较广,配合较为严格的保密机制,有助于平衡了个人金融信息利用与金融消费者保护的理念。因此,在这里我们采纳该办法对个人金融信息的界定。

另外,这里需要提起注意的是,非公开性是金融信息受保护的前提。如果金融消费者的信息能够从合法公开的渠道获得,金融机构自然没有义务为此类信息提供保密义务,最典型的如征信记录和诉讼记录。此外,非公开性也就意味着法律要求金融机构提供金融消费者某些类型的信息时,金融机构也没有为金融消费者保密的义务,最典型如反洗钱领域,金融机构就具有向政府相关部门披露金融消费者某些信息的义务。由此可见,金融消费者信息安全权所保护的信息是指不具有公开性的个人金融信息。

---

① 罗传钰:《金融消费者保护——监管优化和国际合作》,法律出版社2014年版,第201页。

第二个层面，对信息安全中“安全”两字的理解离不开技术层面的考量。信息安全包括信息的真实性、完整性、保密性和可利用性。① 具体来看，对信息的收集，应当特别注意保证信息的真实和完整，不得随意收集信息，也不得故意遗漏重要信息；对信息的存储和传输，信息存储主体应当具备信息存储所需的设备、技术、安全等级等条件，应当特别注意对信息进行保密，不得随意泄露信息，也不得随意向第三方共享信息；信息的使用，应当特别注意未经信息主体的授权，其他主体不得使用信息进行任何活动。保护金融消费者信息安全权应当禁止以下几种行为：一是禁止金融机构及其员工非法收集、非法篡改金融消费者的金融信息；二是禁止金融机构及其员工非法泄露、非法出售、非法提供金融消费者的金融信息；三是禁止金融机构及其员工未经金融消费者授权而对金融信息进行使用。

第三个层面，就逻辑上而言，普通消费者信息安全权与金融消费者信息安全权是一般与特殊的关系，金融消费者信息安全权是普通消费者信息安全权在金融领域的体现。我们反复强调，金融消费活动具有更高的专业性和复杂性，同时金融消费者金融信息具有的财产价值比普通消费者个人信息所蕴含的财产价值大很多，这就意味着金融消费者的信息安全权保护规则将更为特殊，这也是单独强调金融消费者信息安全权的重要原因。

综上所述，金融消费者信息安全权中的“信息”是指非公开的金融信息，“安全”是指信息具有真实性、完整性、保密性和可利用性。金融消费者信息安全权是指金融消费者对自身的金融信息享有的自由支配的权利，并且不受非法收集、非法篡改、非法泄露、非法出售、非法提供和未经授权利用的权利。

（二）金融消费者信息安全权的内容

从上述定义来看，金融消费者信息安全权内在地包含两项重要权能，即权利人自主控制其信息的积极权能和禁止他人任意公开和使用金融信息的消极权能。

金融消费者信息安全权的积极权能：权利人可直接控制、支配个人的金融信息，有权自主决定是否公开、在什么范围、以何种方法公开自己的个人金融信息。

金融消费者信息安全权的消极权能：非因国家利益、公共利益、个人授权

① 崔聪聪、巩珊珊等：《个人信息保护法研究》，北京邮电大学出版社 2015 年版，第 11 ~ 12 页。

或信息已经公开,金融机构不得向其他第三方主体披露其金融信息;当权利人的金融隐私权受到侵犯时,有权向司法机关寻求救济、获得损失补偿的权利。

(三)保护金融消费者信息安全权的必要性

金融消费者信息安全权易被侵害的原因,即其需得到保护的必要性所在。

1.金融信息的财产权属性是金融隐私权被侵犯的本质所在

金融消费者信息安全权是传统的隐私权在金融领域内的延伸与发展。在社会生活中,由于金融机构处于优势地位,金融消费者个体和金融机构之间力量悬殊,个人金融信息存在被任意泄露、窃取或不当使用的风险,此类案例层出不穷,而金融机构在其中承担程度不一的责任。加强金融信息安全权的保护符合金融监管的目标要求,是金融监管的应有之义。在现代金融监管领域,除了按照审慎监管原则,维护金融机构的稳健经营和金融体系的稳定之外,还有一项重要的监管目标就是保护金融消费者权利,通过对金融机构的经营行为的监管,防止和减少金融消费者受到欺诈和其他不公平待遇。从这个层面说,保护金融隐私权是金融监管的必然要求。

传统隐私权作为一种典型的人格权,一般不具有直接的财产性内容,认定侵害传统隐私权的主要标准是该行为是否破坏了权利人个人信息和生活的私密性。但是在现代信息社会里,网络普及、科技发达,随着隐私权从私密性模式到控制权模式的转变,个人信息被赋予了不可或缺的财产性特征,成为具有巨大商业价值或社会利用价值的资源。比如,将收集来的各种个人信息整合建立相应的数据库,商家依靠这种数据库可以有选择性地开展促销活动,从而能够以更低的成本占据更大的份额。而金融信息,如金融资料档案、与金融机构的交易记录或信用记录等,由于全方面地充分反映了个人的金融状况,其商业价值更高。

因此,个人有正当权利排除他人对其个人信息的使用并有权设定获得该信息的条件,它一方面确立了金融隐私权人对信息利用进行决策的地位,另一方面也使金融隐私权被侵犯的可能性始终存在。

2.信息处理技术和传播手段的不断发展是金融信息安全权被侵犯的前提条件

现代科技日新月异,信息处理技术、传播手段不断发展,批量处理和传递个人信息轻而易举。在金融电子化、信息化的过程中,金融机构可以利用这些信息技术,将所储存的大量资料,以前所未有的方式加以组合与利用,除了更充分了解客户需求及产品使用情形之外,无形之中也提高了这些信息的附加价值。随着个人金融隐私信息被收集利用范围不断扩大、速度不断加快,金融隐私权被侵犯的危险也日益增加。在《金融消费者权益保护调查问卷》中,70.54%参与调查的人认为自身权利从未被侵害过的金融消费者,从未考虑过自己的信息安全权可能早已被侵害,大家多数关注的都是财产安全被侵害等较为直观可感的问题,这也在一定程度上表明了由于侵害信息安全的手段多数都技术含量高,且具有隐蔽性,不易被金融消费者察觉,从而更加泛滥。

3.金融机构垄断地位导致与客户之间的信息不对称是金融信息安全权被侵犯的客观基础

无论从传统还是从实践角度来看,金融机构具有不容争辩的垄断地位,被视为可信赖的、安全的机构。正是基于这种公信力,当客户在银行存贷、交易,在证券公司开立账户或在保险公司投保时,完全是依照对方设定好的程序按部就班填写格式表格、办理各种手续、进行多种交易。我们熟视无睹,却在毫无防备的情况下将个人的相关信息,甚至是对个人而言利益攸关的机密信息提交给了金融机构,在不知不觉中将自己置于易受危险的劣势处境。金融机构与客户之间信息不对称、客户处于弱势地位的事实给金融隐私权埋下了侵犯的隐患。

二、我国金融消费者信息安全权保护的现状分析

互联网金融消费者隐私权属于公民人格权的范畴,我国《宪法》作为保护公民基本权利的根本大法,当然会对公民隐私权这一基本权利进行保护。但《宪法》这一根本大法的规范内容都是原则性规定,不会对公民某一权利保护有明确具体的规范。而其他部门法则主要依据我国《宪法》的规定,通过具体的法律规则设定,来规范具体的金融消费者隐私保护问题,从而将我国《宪法》对民众利益的保护落到实处。这些都是金融消费者信息安全权保护在我国《宪法》中的体现。

我国《消费者权益保护法》不仅明确规定了消费者享有个人隐私信息应当依法受到保护的权利,还规定了他人不得非法侵害消费者隐私权的义务。根据2014年我国新《消费者权益保护法》第29条规定,互联网金融经营者如果要收集、使用消费者的个人隐私信息,必须要经过消费者本人的同意,并且还有告知消费者本人收集、使用其个人隐私信息的目的、方式和范围。收集、使用消费者的个人隐私信息必须要根据法律规定进行,或者根据与消费者的约定收集、使用其个人隐私信息。互联网金融经营者对收集到的消费者个人

隐私信息要尽到严格的安保责任并且不得随意泄露，在消费者个人隐私信息有存在泄露、遗失等危险时，必须要立即采取有效措施进行保护。根据第53条还规定，对非法侵害消费者隐私权的人，都应当承担立即停止侵害行为。如果造成消费者名誉受损的，应当采取措施恢复名誉，消除影响，赔礼道歉。如果造成消费者财产或者精神损失的，应当赔偿其损失。此外，我国金融机构的相关监管法规也明确了各类金融机构的信息保密义务，同时也对相应的监管机构的监管责任进行了规范。

我国2006年10月制定的《反洗钱法》要求金融机构应当按照规定建立客户身份资料和交易记录保存制度，并对未按照规定保存客户身份资料和交易记录的或泄露有关信息的违法行为，规定了严格的惩处措施。我国《刑法修正案七》规定，国家机关或者金融、电信、交通、教育、医疗等单位的工作人员，违反国家规定，将本单位在履行职责或者提供服务过程中获得的公民个人信息，出售或者非法提供给他人，情节严重的，处3年以下有期徒刑或者拘役，并处或者单处罚金。

《征信业管理条例》第13条规定，采集个人信息应当经信息主体本人同意，未经本人同意不得采集。但是，依照法律、行政法规规定公开的信息除外。第14条规定，征信机构不得采集个人的收入、存款、有价证券、商业保险、不动产的信息和纳税数额信息，但征信机构明确告知信息主体提供该信息可能产生的不利后果，并取得其书面同意采集的除外。该条例第26条规定，信息主体认为征信机构或者信息提供者、信息使用者侵害其合法权益的，可以向所在地的国务院征信业监督管理部门派出机构投诉，信息主体认为征信机构或者信息提供者、信息使用者侵害其合法权益的，可以直接向人民法院起诉。

国务院办公厅《指导意见》明确提出了保障金融消费者信息安全权。金融机构应当采取有效措施加强对第三方合作机构的管理，明确双方权利义务关系，严格防控金融消费者信息泄露风险，保障金融消费者信息安全。

另外，目前我国《银行法》《证券法》《保险法》所组成的法律体系都十分原则地规定金融消费者信息安全权保护问题，但是所有的这些规定都非常笼

统,缺乏具体的可操作性。① 具体分析如下:

(一)银行业

1. 法律制度层面

以银行业为例,我国《商业银行法》第 6 条原则性地规定,商业银行应当保障存款人的合法权益不受任何单位和个人的侵犯。其第 29 条规定,商业银行办理个人储蓄存款业务,应当遵循为存款人保密的原则。该条确立了为存款人保密原则,从立法上肯定了保护存款人信息的重要性。然而,我国《商业银行法》第 73 条在违反保密义务责任的规定上,仅仅违反为存款人保密原则并不需要承担民事赔偿责任,只有当商业银行违反保密原则并且因此而造成损失时,银行才承担民事赔偿责任。也就是说,《商业银行法》并没有充分保护金融消费者的信息安全权,其对金融消费者的救济仅仅局限于因此而遭受的损失。国务院的《储蓄管理条例》第 34 条规定了单位和个人泄露储户储蓄情况的法律责任,即监管部门可以责任纠正、罚款、停业整顿和吊销业务许可证,但是值得注意的是,该条文并没有各类处罚具体的适用情形以及处罚规则、程度等内容,缺乏操作的可行性。而国务院 2000 年发布的《个人存款账户实名制规定》第 8 条也仅仅重申了金融机构和工作人员有为个人存款账户的保密义务,并没有任何实质性的有关违反责任的规定。因而,从法律法规的层面来看,国家并没有有效形成保护银行业金融消费者信息安全权的法律体系。

中国人民银行 2005 年发布的《个人信用信息基础数据库管理暂行办法》第 5 条也只是原则性地阐述了保密义务,"一行三会"2007 年发布《金融机构客户身份识别和客户身份资料及交易记录保存管理办法》从管理和技术上原则性地要求金融机构保护客户的身份信息和交易信息,值得注意的是,2011 年中国人民银行发布的《关于银行业金融机构做好个人金融信息保护工作的通知》,其规定了银行违反保密义务时,监管机构采取约见谈话、限制整改、对直接负责人员处分的权力。可见,目前我国金融法体系对金融消费者信息安全权的保护处于一个起步状态。

2011 年 10 月经合组织发布了《G20 金融消费者保护高水平原则》,主要

---

① 我国《商业银行法》第 29 条规定:商业银行办理个人储蓄存款业务,应当遵循存款自愿、取款自由、存款有息、为存款人保密的原则。《商业银行法》第 35 条规定:商业银行的工作人员不得泄露其在职期间知悉的国家秘密、商业秘密。《保险法》第 32 条规定:保险人或者再保险接受人对在办理保险业务中知道的投保人、被保险人、受益人或者再保险分出人的业务和财产情况及个人隐私,负有保密的义务。

内容包括10个方面,其中第8项为保护消费者数据和隐私。国际消费者联盟《寻找金融消费者保护的良好经验》①一共包括11个方面,其中第9项“消费者数据和隐私保护”。消费者有权知晓数据被共享和访问,要求删除或纠正不准确或非法收集或处理的数据。另外,国际消费者联盟曾在2011年8月发布《国际消费者联盟关于经合组织金融消费者保护高水平原则草案的建议》,呼吁建立一个永久性的金融消费者保护国际组织,拥有独立的消费者专家组加以监督、建议和应对挑战。具体的建议第8项消费者数据和隐私保护。

2012年6月世界银行出台《金融消费者保护的良好经验建议》,在隐私和数据保护一章,明确提出了法律在保护金融消费者个人信息方面不可取代的作用。大数据时代引发的新问题使传统信息权保护模式失灵,很多个人金融信息脱离了金融消费者的掌控,暴露给金融机构及其他关联方。虽然大数据的应用使金融消费者得到更加优化和个性化的服务,但与其所创造出的巨大价值形成反差,大部分的信息优势始终掌握在金融机构手中,存在金融信息被超目的使用甚至滥用的现象。金融消费者虽然是信息权利的主体,但对个人信息的控制却较弱,因此有必要进一步优化和完善保护金融消费者信息权的相关法律。目前,我国个人金融信息保护在立法方面比较欠缺。因立法周期较长,个人信息保护法在短时间内难以出台,个人金融信息保护面临立法缺漏。同时,随着我国金融的创新发展和互联网技术的进步,金融混业经营、金融信息共享的趋势日益明显。个人金融信息泄露和滥用成为践行普惠金融过程中不可忽视的问题。在这种大背景下,加快推进个人金融信息保护的立法进程显得尤为必要。

2013年《工作指引》原则性地规定,银行业金融机构应当尊重银行业消费者的个人金融信息安全权,采取有效措施加强对个人金融信息的保护,不得篡改、违法使用银行业消费者个人金融信息,不得在未经银行业消费者授权或同意的情况下向第三方提供个人金融信息。

2016年年底《办法》顺应这种趋势而出台。其第8条明确要求金融机构建立健全并且设置了个人金融信息保护专章,完善了个人金融信息保护的制度设计,明确了个人金融信息保护措施,弥补了个人金融信息保护的立法缺漏。为规范金融机构收集、使用、分析个人金融信息的行为提供了法律依据,

---

① In Search of Good Practices in Financial Consumer Protection, Consumers International(CI), February 2013, paras. 5 – 15.

为促进个人金融信息保护提供了制度支撑。《办法》体现了个人金融信息保护从事后打击向事前规范转变的趋势。由于在信息收集、存储、利用的合规化方面,金融机构拥有更加专业化的技术,也具有建设规则体系的动力,《办法》规定了科学、严格的事前个人金融信息保护义务。首先,在收集个人金融信息时,金融机构应当遵循合法、合理、必要原则,经金融消费者授权或同意,按照法律法规要求和业务需要收集个人金融信息,不得以概括授权的方式获得不相关的个人金融信息,不得将金融消费者授权或同意其将个人金融信息用于营销、对外提供等作为与金融消费者建立业务关系的先决条件。① 其次,规定个人金融信息数据库的分级授权管理机制,即金融机构应当根据个人金融信息的重要性、敏感度及业务开展需要,在不影响其履行反洗钱等法定义务的前提下,合理确定本机构员工调取信息的范围、权限及程序。② 此外,《办法》规定,金融机构要建立规范的个人金融信息使用管理制度③,通过严格的内部授权审批程序和有效的技术措施防控信息泄露风险,确保信息在内部使用及对外提供等流转环节的安全。同时,还明确了跨境提供个人金融信息和金融服务外包时,金融机构、境外机构、外包服务供应商等相关主体所应当承担的个

---

① 《办法》第28条规定:金融机构应当严格落实国家网络安全和信息技术安全有关规定,采取有效措施确保个人金融信息安全,至少每半年排查一次个人金融信息安全隐患。

收集个人金融信息时,应当遵循合法、合理、必要原则,按照法律法规要求和业务需要收集个人金融信息,不得收集与业务无关的信息或者采取不正当方式收集信息,不得非法存储个人金融信息;应当采取符合国家档案管理和电子数据管理规定的措施,妥善保管所收集的个人金融信息,防止信息遗失、毁损、泄露或者篡改。在发生或者可能发生个人金融信息遗失、毁损、泄露或者篡改等情况时,应当立即采取补救措施,及时告知用户并向有关主管部门报告。

金融机构及其相关工作人员应当对业务过程中知悉的个人金融信息予以保密,不得非法复制、非法存储、非法使用、向他人出售或者以其他非法形式泄露个人金融信息。

第31条规定:金融机构不得将金融消费者授权或者同意其将个人金融信息用于营销、对外提供等作为与金融消费者建立业务关系的先决条件,但该业务关系的性质决定需要预先做出相关授权或者同意的除外。

② 《办法》第29条规定:金融机构应当建立个人金融信息数据库分级授权管理机制,根据个人金融信息的重要性、敏感度及业务开展需要,在不影响其履行反洗钱等法定义务的前提下,合理确定本机构员工调取信息的范围、权限及程序。

③ 《办法》第32条规定:金融机构应当建立个人金融信息使用管理制度。因监管、审计、数据分析等原因需要使用个人金融信息数据的,应当严格内部授权审批程序,采取有效技术措施,确保信息在内部使用及对外提供等流转环节的安全,防范信息泄露风险。

人金融信息安全保障义务。①

2016 年中国银监会办公厅《关于加强银行业消费者权益保护　解决当前群众关切问题的指导意见》确立实施专区产品销售“双录”机制(实现自有理财产品与代销产品销售过程全程同步录音录像)之时,指出银行业金融机构应加强对录音录像录制和保存的管控,确保录音录像的录制和保存不受人为干预或操纵。录制过程中应保护消费者隐私,注重消费者体验,严格防控录音录像信息泄露风险。且该意见特别指明了强化消费者个人信息保护,“银行业金融机构应在各个环节加强消费者信息保护,未经消费者授权,不得向第三方机构或个人提供消费者的姓名、证件类型及证件号码、电话号码、通信地址及其他敏感信息;未经消费者同意,不得以各种形式向其推送各类服务和产品信息,保障消费者信息安全权”。

中国人民银行《关于银行业金融机构做好个人金融信息保护工作的通知》规定,银行业金融机构在收集、保存、使用、对外提供个人金融信息时,应当严格遵守法律规定,采取有效措施加强对个人金融信息保护,确保信息安全,防止信息泄露和滥用。特别在收集个人金融信息时,应当遵循合法、合理原则,不得收集与业务无关的信息和采取不正当的方式收集信息。银行业金融机构不得篡改、违法使用个人金融信息。在使用个人金融信息时,应当符合收集该信息的目的,不得出售个人金融信息,不得向本金融机构以外的其他金融机构和个人提供个人金融信息,但个人书面授权同意,以及法律法规另有规定的除外,不得在个人提出反对的情况下,将个人金融信息用于产生该信息以外的本金融机构其他营销活动。

---

① 《办法》第 33 条规定:在中国境内收集的个人金融信息的存储、处理和分析应当在中国境内进行。除法律法规及中国人民银行另有规定外,金融机构不得向境外提供境内个人金融信息。

境内金融机构为处理跨境业务且经当事人授权,向境外机构(含总公司、母公司或者分公司、子公司及其他为完成该业务所必需的关联机构)传输境内收集的相关个人金融信息的,应当符合法律、行政法规和相关监管部门的规定,并通过签订协议、现场核查等有效措施,要求境外机构为所获得的个人金融信息保密。

《办法》第 34 条规定:金融机构保护消费者个人金融信息安全的义务不因其与外包服务供应商合作而转移、减免。金融机构应当充分审查、评估外包服务供应商保护个人金融信息的能力,在相关协议中明确外包服务供应商保护个人金融信息的职责和保密义务,并采取必要措施保证外包服务供应商履行上述职责和义务。

2. 内部管理层面

第一,银行业金融机构应当采取物理隔离、防火墙等措施加强技术防范,杜绝外部非法入侵系统窃取个人金融信息。第二,建立内控制度,对可能出现的个人金融信息泄露的环节进行排查。第三,形成相互监督和制约的管理机制,切实防范信息泄漏事件的发生。第四,银行业金融机构应当履行客户身份识别义务,依法使用、保存和销毁客户原始凭证资料。第五,规范查询本人、代理查询他人金融信息的程序,审核客户有效身份证件或有关法律文书。第六,建立有关金融信息安全保护的相关员工行为准则,加强员工培训教育,与涉密岗位人员签订书面保密承诺书。

3. 监管具体措施层面

总的来说,原银监会及其派出机构承担对银行业消费者权益保护工作的监管职责。原银监会及其派出机构督促银行业金融机构对侵害银行业消费者信息安全权的行为予以整改和问责。原银监会及其派出机构对经查实的侵害银行业消费者信息安全权的银行业金融机构采取必要的监管措施,督促其纠正;根据需要对银行业金融机构侵害银行业消费者合法权益的违规行为以及纠正、处理情况予以通报。

根据我国《消费者权益保护法》第 56 条的规定,经营者侵害消费者个人信息依法得到保护的权利的,除承担相应的民事责任外,其他有关法律、法规对处罚机关和处罚方式有规定的,依照法律、法规的规定执行;法律、法规未作规定的,由工商行政管理部门或者其他有关行政部门责令改正,可以根据情节单处或者并处警告、没收违法所得、罚款、责令停业整顿、吊销营业执照。银行在经营中侵害消费者个人信息依法应得到保护的权利的,银行业监督管理机构、中国人民银行可依据有关法律法规的规定,责令改正,对其作出警告、罚款、没收违法所得、责令停业整顿和吊销金融许可证的行政处罚,或采取行政强制措施。如根据《办法》第 47 条的规定,金融机构有侵害金融消费者合法权益的违规行为的,中国人民银行及其分支机构可以采取以下措施:约谈其董(理)事会或者高级管理层;责令其限期整改;向其上级机构、行业监管部门、行业内部、社会通报相关信息;依照我国《消费者权益保护法》以及相关法律、行政法规、规章进行处罚;中国人民银行职责范围内依法可以采取的其他措施。

（二）证券业

1. 法律制度层面

我国《证券法》第 44 条规定，证券交易所、证券公司、证券登记结算机构必须依法为客户开立的账户保密；第 136 条和第 147 条对于证券公司的保密和内部控制进行了较为明确的规定，并规定了保密年限；该法第 182 条规定了国务院证券监督管理机构工作人员不得泄露所知悉的有关单位和个人的商业秘密。

2012 年 9 月 24 日证监会令第 82 号公布《证券期货业信息安全保障管理办法》，该办法分总则、基本要求、持续保障要求、产品及服务采购要求、行业自律、监督管理、附则 7 章 51 条，自 2012 年 11 月 1 日起施行。

2012 年 12 月 24 日证监会公告〔2012〕46 号公布《证券期货业信息安全事件报告与调查处理办法》，该办法分总则、事件分级、事件报告、调查处理、附则五章 32 条，自 2013 年 2 月 1 日起施行。

2. 证券业内部管理层面

《证券期货业信息安全保障管理办法》[①]第 2 条已经规定，证券期货业信息安全保障工作实行"谁运行、谁负责，谁使用、谁负责"、安全优先、保障发展的原则，并在第 3 条中指明信息安全保障的责任主体，主要包括两大类主体：一类为核心机构，即承担证券期货市场公共职能的机构、承担证券期货行业信息技术公共基础设施运营的机构等证券期货市场核心机构及其下属机构；另一类为经营机构，即证券公司、期货公司、基金管理公司、证券期货服务机构等证券期货经营机构。《证券期货业信息安全保障管理办法》第 11 ~ 19 条对证券业机构的信息安全保障提出了基本要求：第一，上述核心机构和经营机构应当具有合格的基础设施。机房、电力、空调、消防、通信等基础设施的建设符合行业信息安全管理的有关规定。第二，设置合理的网络结构，划分安全区域，各安全区域之间应当进行有效隔离，并具有防范、监控和阻断来自内外部网络攻击破坏的能力。第三，应当建立符合业务要求的信息系统。信息系统应当具有合理的架构，足够的性能、容量、可靠性、扩展性和安全性，能够支持业务的运行和发展。第四，应当具有防范木马、病毒等恶意代码的能力，防止恶意代码对信息系统造成破坏，防止信息泄露或者被篡改。应当建立完善的信息技术治理架构，明确信息技术决策、管理、执行和内部监督的权责机制。第五，

---

① 《证券期货业信息安全保障管理办法》第 3 条。

应当建立完善的信息技术管理制度和操作规程，并严格执行。

除上述要求外，该办法还对核心机构提出了特别要求，令其负责制定本机构与市场相关主体信息系统安全互联的技术规则，并报证监会备案；负责依法督促市场相关主体执行技术规则；对交易、行情、开户、结算、风控、通信等重要信息系统具有自主开发能力，拥有执行程序和源代码并安全可靠存放，在重要信息系统上线前对执行程序和源代码进行严格的审查和测试；提供多种互为备份的远程接入方式，保证市场相关主体安全接入，并对市场相关主体的远程接入进行监控与管理。

《办法》在第三章“持续保障要求”中，还对核心机构和经营机构信息技术经费投入、人员配置、信息化与信息安全发展规划的制定、信息系统、信息技术基础设施、建立数据备份设施、信息安全内部审计制度、网络与信息安全风险检测与监测、评估和预警机制、信息安全应急处置机制等提出了一系列的要求，并做出了相应的机制安排。《办法》第 30 条特别强调了核心机构和经营机构应当加强信息安全保密管理，保障投资者信息安全。

3. 监管具体措施层面

证监会支持、协助国家信息安全管理部门组织实施信息安全相关法律、行政法规，依法对证券期货业信息安全保障工作实施监督管理。证监会派出机构按照授权履行监督管理职责。

（三）保险业

1. 法律制度层面

2002 年我国《保险法》第 32 条规定，保险人或者再保险接受人对在办理保险业务中知道的投保人、被保险人、受益人或者再保险分出人的业务和财产情况及个人隐私，负有保密的义务。中国原保监会《关于加强保险消费者权益保护工作的意见》规定的则较为原则，要求保险公司建立消费者信息保护制度，确保信息的采集、使用和保存符合法律规定或者征得消费者同意，确保业务系统记录的消费者信息资料真实完整有效。完善信息技术保障手段，防止消费者信息泄露，不得利用非法获取的消费者信息开展经营活动和获取不当利益，不得篡改消费者信息资料。加强对互联网消费者信息使用的管理。建立电话号码屏蔽制度。

2. 内部管理层面

2013 年《人身保险电话销售业务管理办法》在规范保险公司销售行为时，要求保险公司开展电话销售业务，应建立严格的客户信息管理制度，遵守个人信息保护相关法律法规,通过合法途径获取客户信息,有序开发、规范使用现有客户资源,确保客户资料和信息采集、处理、使用的安全性和合法性。该办法第 25 条规定了保险公司及保险代理机构的电话销售禁拨管理制度,并要求其“(一)应通过电话销售系统对销售时间进行管理,根据不同地区、不同人群的生活习惯设置禁止拨打时间。除客户主动要求外,每日 21 时至次日 9 时不得呼出销售。(二)应通过电话销售系统建立禁止拨打名单。对于明确拒绝再次接受电话销售的客户,应录入禁止拨打名单,并设定不少于 6 个月的禁止拨打时限。(三)应建立因禁拨管理不当对客户造成骚扰的责任追究机制”。保险公司对客户信息和电话录音内容负有保密义务,不得用于其他商业用途。

2017 年《保险销售行为可回溯管理暂行办法》第 14 条规定了:“保险公司、保险中介机构应严格依照有关法律法规,加强对投保人、被保险人的个人信息保护工作,对录音录像等视听资料内容、电子数据严格保密,不得外泄和擅自复制,严禁将资料用作其他商业用途。”

3. 监管具体措施层面

原保监会有关部门要建立健全沟通协调、信息共享和协同处理机制,形成保护消费者合法权益的监管合力。保监局要建立消费者权益保护工作“一把手”负责制,健全工作机构,充实人员力量。保险行业协会要设立消费者事务工作机构,推进保险服务标准化,推动成员公司提升服务质量和水平,督促成员公司妥善处理与消费者的争议纠纷。保险公司各级机构要建立以总经理为第一责任人的维护消费者合法权益责任制,并设立由高级管理人员牵头、相关部门组成的消费者事务委员会,负责落实维护消费者合法权益的监管要求,研究制定维护消费者合法权益的制度措施,指导、协调和处理本单位及所属机构与消费者相关的各项事务。

强化考核监督。原保监会有关部门要加强对保监局、保险公司消费者权益保护工作的考核监督,并定期通报。保监局要建立健全对辖区保险机构和保险中介机构消费者权益保护工作的考核指标体系,督促辖区保险业切实维护消费者合法权益并定期组织考核。保险公司要将维护消费者合法权益情况、服务质量情况、投诉处理工作情况等纳入各级机构经营考核指标体系,并与相关人员的薪酬分配、职务晋升挂钩。

(四)信托业

1. 法律制度层面

我国《信托法》第 33 条规定了受托人对委托人、受益人以及处理信托事务的情况和资料负有依法保密的义务。《信托公司管理办法》明确信托公司对委托人、受益人以及所处理信托事务的情况和资料负有依法保密的义务，但法律法规另有规定或者信托文件另有约定的除外。[①] 一般认为，以上保密的范围涉及委托人的情况、受益人的情况、处理信托事务的情况和有关的信托资料。保密的内容包括委托人和受益人的个人隐私、处理信托事务所涉及的商业秘密等，有些保密的内容可依据有关法律进行认定，有些可以通过业务习惯认定，其他可以在信托合同等文件中事先约定。

2. 内部管理层面

信托机构作为受托人，应当履行其保密义务，对委托人的个人隐私和商业秘密进行保密，不得泄露或不当利用，保护金融消费者的信息安全。

3. 监管具体措施层面

信托业的保密义务之违反，在《信托法》中并没有具体监管措施对其处置，但可从银行业金融机构的具体监管措施。

（五）互联网金融业

1. 法律制度层面

《办法》就对信息保护作出规定，金融机构应采取有效措施确保个人金融信息安全，至少每半年排查一次个人金融信息安全隐患等。我国《网络安全法》也明确了网络运营者的数据保护义务以及信息泄露后的法律责任。《互联网信息服务管理办法》就从事互联网信息服务活动的主体进行规制，包括从事经营性互联网信息服务和非经营性网络信息服务这两类主体，其中互联网金融企业显属从事经营性互联网信息服务的主体。该办法第6条对此类主体设置的准入条件，除应当符合我国《电信条例》规定的要求外，第6条第2项还规定应当具备“健全的网络与信息安全保障措施，包括网站安全保障措施、信息安全保密管理制度、用户信息安全管理制度”，这从上位角度对于互联网金融业经营者提出比较原则性的要求，有利于从准入阶段开始即督促互联网金融经营者注重金融消费者信息安全权的保护。但显然，仅停留在上位层面和准入阶段是远远不够的，毕竟不同于其他业态，互联网金融业是互联网行业与金融行业的深度结合而成的，且更具有金融业的典型特征。互联网金融经营者掌握的金融消费者的信息，此类信息多数与金融消费者的财产安全和信用情况紧密相关，比较一般行业掌握的普通消费者的信息，更加强调其私密性

① 《信托公司管理办法》第27条。

和安全性，因而需要更加严密的保护措施。

《征信业管理条例》以行政法规的形式，对企业、事业单位等组织的信用信息和个人的信用信息进行采集、整理、保存、加工，并向信息使用者提供的活动进行了全面规范，对违法收集、查询、使用信用信息的行为规定了比较严厉的行政处罚。

在部门规章层面上也确立了一些有关信息保护的具体准则。2005 年 8 月施行的《个人信用信息基础数据库管理暂行办法》，2006 年 11 月制定的《金融机构反洗钱规定》，2007 年 6 月制定的《金融机构客户身份识别和客户身份资料及交易记录保存管理办法》和 2010 年 6 月制定的《非金融机构支付服务管理办法》均以部门规章的形式，规定了个人信用信息的报送整理、查询、异议处理、安全管理和行政处罚，具体规定了客户身份资料和交易记录保存的防护管理措施、技术措施和保存期限等具体问题，并首次将金融信息保护的范围扩展到第三方支付机构。

在规范性文件层面对执行中出现的问题因情势变更作出了适当的安排和要求。2011 年 1 月中国人民银行制定的《关于银行业金融机构做好个人金融信息保护工作的通知》，2012 年 3 月中国人民银行制定的《关于金融机构进一步做好客户个人金融信息保护工作的通知》以及 2012 年 12 月中国人民银行制定的《非金融机构支付服务管理办法实施细则》均以规范性文件的形式对金融机构做好个人金融信息保护工作作出了更加明确的部署与安排。

2. 内部管理层面

以网贷平台为例，网络借贷信息中介机构应当按照国家网络安全相关规定和国家信息安全等级保护制度的要求，开展信息系统定级备案和等级测试，具有完善的防火墙、入侵检测、数据加密以及灾难恢复等网络安全设施和管理制度，建立信息科技管理、科技风险管理和科技审计有关制度，配置充足的资源，采取完善的管理控制措施和技术手段保障信息系统安全稳健运行，保护出借人与借款人的信息安全。①

网络借贷信息中介机构成立 2 年以内，应当建立或使用与其业务规模相匹配的应用级灾备系统设施。

网络借贷信息中介机构应当加强出借人与借款人信息管理，确保出借人与借款人信息采集、处理及使用的合法性和安全性。

---

① 《网络借贷信息中介机构业务活动管理暂行办法》第 18 条。

网络借贷信息中介机构及其资金存管机构、其他各类外包服务机构等应当为业务开展过程中收集的出借人与借款人信息保密，未经出借人与借款人同意，不得将出借人与借款人提供的信息用于所提供服务之外的目的。

在中国境内收集的出借人与借款人信息的储存、处理和分析应当在中国境内进行。除法律法规另有规定外，网络借贷信息中介机构不得向境外提供境内出借人和借款人信息。

3. 监管具体措施层面

我国《网络安全法》规定，数据外泄，网络运营者应当对其收集的用户信息严格保密，并建立健全用户信息保护制度。而未尽保护义务的，将根据相关规定罚款警告，情节严重的则被责令暂停相关业务，停业整顿、关闭网站、吊销相关业务许可证或者吊销营销执照。

互联网管理部门、工商部门、消协、相关金融行业管理部门和相关机构均有权责令其停止侵权行为，赔偿损失；进行相关行政处罚，严重者还可以对其采取禁业措施。

第九节　金融消费者监督权

一、金融消费者监督权的基础理论

（一）金融消费者监督权的界定

消费者监督权的直接法律渊源是我国的《消费者权益保护法》第 15 条的规定，“消费者享有对商品和服务以及保护消费者权益工作进行监督的权利。消费者有权检举、控告侵害消费者权益的行为和国家机关及其工作人员在保护消费者权益工作中的违法失职行为，有权对保护消费者权益工作提出批评、建议”。另外，还有我国《宪法》第 41 条对于公民的民主权利的规定，“中华人民共和国公民对于任何国家机关和国家工作人员，有提出批评和建议的权利；对于任何国家机关和国家工作人员的违法失职行为，有向有关国家机关提出申诉、控告或者检举的权利，但是不得捏造或者歪曲事实进行诬告陷害”。

而金融消费者作为一种特殊的消费者，也同样享有对金融商品和服务以及保护金融消费者权益工作进行监管的权利。金融消费者的监督权实际就是要求金融消费者既能够监督金融机构的产品和服务的监督权，也能够监督相关政府金融工作部门的监督权。

(二)金融消费者监督权的内容

金融消费者监督权的内容主要包括以下四个方面:

一是对金融商品和服务进行监督。金融商品与金融服务是直接关系金融消费者权益的,对此进行监督是金融消费者监督权的题中应有之义。

二是对金融消费者保护工作的监督。金融消费者保护工作实质上关乎每一个消费者的切身利益。因此,保证《消费者权益保护法》能够得以遵守和执行,不仅是国家机关的重要职责,而且是消费者自己的重要任务。金融消费者群体有广泛的社会力量,每一人都可能是金融消费者,并且,金融消费者权益保护工作进行得好坏与其都有一定的利害关系,他们对自己的利益最关心,因而,必然会发挥最有效的监督作用。

三是对金融消费者工作中存在的种种问题,有权提出批评建议,检举、控告侵害金融消费者权益的行为和国家机关及其工作人员在保护金融消费者权益工作中的违法失职行为,以促进金融消费者保护工作的改善。

四是成立合法自主的金融消费者团体的权利。在金融消费领域,消费者的弱势地位贯穿整个交易过程始终,在维护自身权益的时候,金融消费者势力分散、维权困难,只有成立合法自主的消费者团体,才能对金融机构的不良行为进行有效监督和对金融机构的强大势力有效的抗衡。

二、我国金融消费者监督权的保护现状

我国目前有关金融消费者监督权的法律法规,基本为宣示性,欠缺可操作性,不能实际鼓励金融消费者进行监督。而金融消费者监督权的有效行使,往往要达成以下两个条件:第一,高素质的金融消费者群体;第二,完善的监督体制机制。满足第一个条件,需要高质量、长效的金融消费者教育对金融消费者进行定期培养,提升其维权意识、监督意识和相应的维权监督能力,必要的时候还可以结成金融消费者组织,壮大力量,行使监督权。关于金融消费者教育的部分,此处不再赘述。第二个条件,除了诉讼、举报等传统的监督方式,还包括长效的金融消费领域投诉处理机制。

(一)银行业

1. 法律制度层面

《工作指引》第 8 条明确规定了银行业消费者的监督权,指出其有权依法主张自身合法权益不受侵害,并对银行业金融机构消费者权益保护工作进行监督,提出批评和建议,对侵害自身合法权益的行为和相关人员进行检举和

控告。

中国银监会办公厅《关于进一步规范商业银行个人理财业务有关问题的通知》第5条要求商业银行制定客户投诉受理机制，接受并及时处理客户有关个人理财产品的投诉；我国《银行卡业务管理办法》第52条规定发卡行应设立投诉受理机制，公开投诉电话。2012年银监会《通知》更是较为详细地规定了有关金融消费者投诉处理解决机制的具体框架和内容，全文共计19条，要求银行业金融机构设立或指定投诉处理部门，完善客户投诉处理机制，制定投诉处理工作流程，落实岗位责任，及时妥善解决客户投诉事项，积极预防合规风险和声誉风险。

《通知》第18条规定了客户投诉处理工作过程中涉及的金融消费者权益保护的热点、难点问题，银监会及其派出机构可以向有关金融机构发出监管建议，并要求其在一定期限内采取预防或纠正措施，且该条指出"发现违法违规行为的，应当依法予以查处"，申明了银行业金融机构在保护金融消费者的依法求偿权不力时，将会承担相应的行政责任

中国银监会办公厅《关于农村中小金融机构实施阳光信贷工程的指导意见》（银监办发〔2012〕191号）在阳光信贷工作专题中强化了社会监督。要求充分发挥社会监督作用，有效监督违规放贷、不作为行为，杜绝吃、拿、卡、要等不良行为。具体监督要求包括四项："一是结合当地实际，建立健全投诉受理和争议协调机制，在营业网点、村和乡镇集市等人群聚集地设立信贷监督箱，公布举报电话或网络投诉渠道，对客户投诉做到件件有回音、事事有答复。二是选聘符合条件的群众代表担任阳光信贷监督员，帮助开展舆情监督和宣传等工作。定期召开阳光信贷监督员座谈会，利用其密切联系群众的有利条件，广泛听取他们的意见和建议。三是充分发挥群众的知情作用，将信用观念差、有不良行为的人员剔除出授信名单，在筛选优秀信用客户时，也要广泛听取群众意见，接受群众监督。四是对于经群众举报查实不文明办贷、不廉洁办贷的，或未按贷款限时服务承诺办理业务的，按照规定严肃处理、追究责任。"

2. 内部管理层面①

银行业金融机构应当为银行业消费者投诉提供必要的便利，实现各类投诉管理的统一化、规范化和系统化，确保投诉渠道畅通。第一，银行业金融机

① 本部分涉及条款参考《中国银行业公平对待消费者自律公约》《银行业消费者投诉处理规程》。

构应当在营业网点和门户网站醒目位置公布投诉方式和投诉流程；第二，银行业金融机构应当做好投诉登记工作，并通过有效方式告知投诉者受理情况、处理时限和联系方式。

银行业金融机构应当完善银行业消费者投诉处置工作机制，在规定时限内调查核实并及时处理银行业消费者投诉。对于确实存在问题的银行业产品和服务，应当采取措施进行补救或纠正；造成损失的，可以通过和解、调解、仲裁、诉讼等方式，根据有关法律法规或合同约定向银行业消费者进行赔偿或补偿。

银行业金融机构应当确保公平处理对同一产品和服务的投诉。银行业金融机构应当加强对投诉处理结果的跟踪管理，定期汇总分析客户建议、集中投诉问题等信息，认真查找产品和服务的薄弱环节和风险隐患，督促有关部门从管理制度、运营机制、操作流程、协议文本等层面予以改进，切实维护银行业消费者合法权益。

3. 监管具体措施层面

银行业对于处理金融消费者投诉有详细的规定，中国银监会《通知》中，银行业金融机构应当完善客户投诉处理机制，制订投诉处理工作流程，工作人员具备相应能力。主要规定了银行机构和金融消费者协商解决的途径，并没有强调告知金融消费者的其他争端解决机制，包括向有关监管部门投诉；请求消费者协会调解；根据与金融机构达成的仲裁协议向仲裁机构提请仲裁；向人民法院提起诉讼等。从维权成本来看，无疑通过内部投诉机制是成本最低也是最便捷的，在基本法律和行政法规中应当明确规定具体化内部投诉。对于集体和重大案件，银行规定了报告制度，也当对单独、小额、特殊与集体、重大的典型案件诉讼和仲裁分包有规范的应对流程。

（二）证券业

1. 法律制度层面

2013 年《中国证券监督管理委员会开通并试运行“12386”中国证监会热线》（证监会公告〔2013〕35 号）的发布，有利于提升证券期货市场投资者服务工作水平，畅通投资者诉求处理渠道，更好地保护投资者合法权益，尤其是其监督权。该公告规定的投诉、咨询、建议事项包括：“（一）投资者在购买有关产品、接受服务或投资活动中，与证券期货市场经营主体及其从业人员发生争议的，可以进行投诉；（二）对证券期货市场监管政策或者工作提出建议、意见;(三)对证券期货相关法律制度或者监管工作等提出咨询”,[①]但该热线不就信访和举报事项进行接待。

举报事项应当依据2014年6月27日证监会网站公布的《证券期货违法违规行为举报工作暂行规定》,该规定分总则、举报受理、举报答复、举报信息的保密与管理、举报奖励、附则6章25条。该规定的发布有助于证监会实现监管转型,加强稽查执法,从事前把关向事中、事后监管转型,提高证券期货违法违规行为的查处力度和效果。尤其是在鼓励社会公众参与市场监管工作,威慑违法违规行为,强化社会监督,保护消费者监督权等方面发挥着积极的作用。

信访事项的规范依据则是2014年《中国证券监督管理委员会信访工作规则》,该规则分总则、信访工作机构及职责范围、信访事项的提出、信访事项的受理、信访事项的办理和督办、附则六章46条。它规定了证券期货信访的具体内容,使公民、法人或者其他组织采用书信、传真、电话、走访、互联网等形式,向证监会及其派出机构反映情况,提出建议、意见或者投诉请求,依法由证监会及其派出机构处理的活动有据可依。

在其他业务类规范中,如《证券公司监督管理条例》第32条规定信息查询制度时,当消费者认为有关信息记录与实际情况不符的,可以向证券公司或者国务院证券监督管理机构投诉。证券公司应当指定专门部门负责处理客户投诉。国务院证券监督管理机构应当根据客户的投诉,采取相应措施。《证券、期货投资咨询管理暂行办法》在进行投资咨询管理业务方面的规制时,指出任何单位和个人发现证券、期货投资咨询机构、投资咨询人员或其他机构和个人有违反本办法规定的行为时,可以向地方证管办(证监会)投诉和举报。[②]接到投诉或举报后,地方证管办(证监会)根据投资人或者社会公众的投诉或者举报,有权要求证券、期货投资咨询机构及其投资咨询人员说明情况并提供相关资料。[③]

2. 内部管理层面

证券期货市场各类经营主体,是履行投诉处理的首要责任主体。其应当建立健全投资者投诉处理机制,做好“12386”证监会热线转办投诉的处理工作。

---

① 《中国证券监督管理委员会开通并试运行“12386”中国证监会热线》第1条。

② 《证券、期货投资咨询管理暂行办法》第30条。

③ 《证券、期货投资咨询管理暂行办法》第29条。

3. 监管具体措施方面

在举报方面，证监会设立证券期货违法违规行为举报中心，负责举报的受理、审查、提请调查、举报奖励等工作。举报人向证监会各证监局举报的，该证监局负责举报的受理、审查、调查等工作。① 通过证监会互联网站举报专栏、举报电话、信函、来访等方式，举报人向证监会及各证监局实名或匿名举报有关个人或单位涉嫌违反证券期货法律和行政法规的行为，②并可就自己的实名举报获得答复，若实名举报内幕交易或利用未公开信息交易、操纵证券、期货市场、信息披露违法违规、欺诈发行证券等，还可获得举报奖励。

证监会官网互动区设置了"公众留言"专栏，面向全国证券期货市场投资者和社会公众，接受投资者咨询、投诉和建议；反映目前所关心的热点问题；证监会定期对这些问题进行整理分类，然后选择一些常见性、普遍性问题进行解答。

证监会就投资者认为被投诉对象存在蓄意欺瞒、拖沓敷衍等情形的投诉，核查情况属实的，依法采取监管措施；并定期通过热线电话、电子邮件或者座谈会等方式，对投资者进行回访，了解诉求办理情况，③改进热线服务工作，以求进一步促进消费者的监督权落到实处。

（三）保险业

1. 法律制度层面

2012 年《关于建立保险消费者权益保护工作社会监督员制度的通知》建立了保险消费者权益保护工作社会监督员（以下简称社会监督员）制度，主要对保护保险消费者权益的下列工作开展监督：保险合同条款是否依法合规、公平公正；保险公司经营过程中是否存在侵害保险消费者合法权益的情形；保险公司是否按照规定披露与保险消费者合法权益相关的信息；保险公司履行服务承诺情况及保险从业人员服务质量和态度、工作作风情况；保险消费投诉处理工作情况，包括投诉渠道是否畅通；投诉处理是否按照规定程序、时限和要求办理等；保险纠纷调处工作是否规范、公正；涉及保险消费者权益保护工作的其他情况。

2016 年《关于全面推进保险纠纷诉讼与调解对接机制建设的意见》要求

---

① 《证券期货违法违规行为举报工作暂行规定》第 2 条。

② 《证券期货违法违规行为举报工作暂行规定》第 3 条。

③ 《中国证券监督管理委员会开通并试运行"12386"中国证监会热线》第 5 条、第 6 条。

建立完善的保险纠纷多元化解决机制,为保险纠纷当事人提供更多可选择的纠纷解决渠道,实现诉调对接工作制度健全,机制运转顺畅,调解组织管理规范,调解程序合法公正,调解队伍专业稳定,依法、公正、高效化解矛盾纠纷,切实保护消费者的依法求偿权和监督权。

2. 内部管理层面

第一,保险公司各级机构一把手负责制。保险公司各级机构落实以总经理为第一责任人的维护消费者合法权益责任制;保险公司将维护消费者合法权益工作纳入各级机构管理层的重要议事日程,定期研究和及时解决问题;保险公司做实总经理定期接待日制度。

第二,保险公司消费者事务委员会职责。发布保险公司消费者事务委员会工作指引,指导保险公司各级机构健全消费者事务委员会组织机构、职责权限和工作规则;督促保险公司消费者事务委员会切实发挥职能,推动保险公司构建内部“大消保”工作机制。

第三,落实保险公司消费者权益保护约束考核要求。督促保险公司将维护消费者合法权益情况、服务质量情况、投诉处理工作情况、涉及消费者权益有关信息的披露情况等纳入各级机构经营考核指标体系,并与各级机构主要负责人、引发问题责任人的薪酬分配、职务晋升挂钩。建立健全监管机构对保险公司消费者权益保护工作的考核指标体系,定期组织考核,督促保险公司切实维护消费者合法权益。

3. 监管具体措施方面

第一,社会监督员制度的落实。为保证该制度的良好运行,原保监会保险消费者权益保护局作为社会监督员制度的工作机构,负责社会监督员工作的组织实施,并对各保监局社会监督员工作进行指导、检查和考核;并安排各保监局保险消费者权益保护工作部门是辖区社会监督员制度的工作机构,负责辖区社会监督员工作的组织实施,并对所辖保监分局社会监督员工作进行指导、检查和考核。另外,各保监分局确定社会监督员制度的工作机构,负责辖区社会监督员工作的组织实施。

保监会机关、各保监局、各保监分局社会监督员制度工作机构负责指定专人负责社会监督员的联络、选任、解聘、增补等工作,收集整理社会监督员的意见建议,协调处理有关事项,并进行相关档案管理工作。

每年 1 月 10 日前,各保监局会向保监会报送辖区上一年度社会监督员工作的情况报告,各保监分局则按照上级保监局的要求报送辖区上一年度社会监督员工作的情况报告。

第二，规范保险消费投诉处理工作。保监会主要通过“来信、来访、电话、网络”四种途径受理保险消费者的投诉和咨询。保监会于 2012 年 4 月开通“12378 保险消费者投诉维权热线”，在北京设立了热线呼叫总中心，受理消费者对保险公司法人机构的投诉和对保险公司、保险资产管理公司法人机构及其从业人员保险违法违规行为的举报。各地保监局设立“12378 热线”的呼叫分中心，受理对辖区保险公司分支机构、保险中介机构的投诉和对辖区保险公司分支机构、保险中介机构及其从业人员保险违法违规行为的举报。原保监会还整合了信访、内部举报和纪检等部分职能，由“12378 热线”承担。

在保险业，保监会自 2005 年开始在上海、安徽和山东等省市探索建立纠纷投诉的非诉讼快速处理机制。2007 年，保监会出台了《关于推进保险合同纠纷快速处理机制试点工作的指导意见》，明确了保险纠纷调解工作原则、机构建设、受案条件和工作程序，要求各保监局在辖区内有条件的地区依托保险业协会试点建立调处机制。2012 年保监会要求各保监局所在城市建立调处机制，并与最高人民法院联合下发了《关于在全国部分地区开展建立保险纠纷诉讼与调解对接机制试点工作的通知》，在 31 个保监局辖区试点建立保险纠纷诉调对接机制。

第三，保监局局长接待日制度。2012 年保监会发布《保监局局长接待日工作办法》，实现监管机构领导与普通消费者的“面对面”，进一步畅通了与保险消费者沟通渠道。消费者可以提前通过网站知悉接待活动时间、接待人员、接待范围等事项。各保监局严格落实“谁接待、谁负责、谁落实”的原则，引导消费者依法合理诉求，并把接待日工作置于人民群众的监督之下。此外，保监会还推动各级保险机构建立总经理接待日制度，规范时间、提出要求，初步形成全行业上下联动的接访大格局。截至 2013 年 6 月 30 日，各保监局开展局长接待日活动共 368 次，其中“一把手”主持接待日 116 次，处理投诉事项 420 余件。

第四，为规范原保险消费者投诉维权热线（以下简称热线）的管理工作，畅通保险消费者投诉维权渠道，2013 年保监会制定并发布了《12378 保险消费者投诉维权热线管理办法（试行）》，并建立了保监会保险消费者投诉维权热线制度，该热线接受保险消费者维权投诉和对保险机构及其从业人员、其他单位和个人的保险违法违规行为的举报等事项。热线采取“统一呼入、分工处理、上下互通”的业务处理模式，保监会设立呼叫总中心，保监局设立呼叫分中心，履行热线接听和管理职责。

对于热线制度，监管方要做好以下几个方面：一要完善制度流程。总结梳理投诉处理实务中存在的问题，完善保险消费投诉处理制度流程。加大对保险公司督导检查力度，选择若干保险公司及分支机构进行督导检查。推动保险公司各级机构高度重视并积极参与行业调解和诉调对接工作，完善调解程序，强化调解协议约束力，并将保险公司各级机构参与调处工作情况纳入投诉考评、服务评价指标体系。二要升级管理系统。理顺“12378 热线”管理体制，升级改造保险投诉管理系统，提升投诉管理系统的智能化和精细化水平。对保险消费投诉数据资源深度挖掘、综合分析，为改进保险监管、完善政策提供参考。三要加强投诉通报。定期发布保险消费投诉通报，督促保险公司各级机构依规处理投诉事项，及时妥善解决消费者诉求，将矛盾化解在公司内部，避免矛盾激化升级。对投诉案件较多、处理不到位的保险公司采取有力监管措施，倒逼保险公司改进保险消费投诉处理。四要强化投诉考评。加大对保险公司投诉事项办理回复报告的审查力度，督促保险公司深入分析引发投诉的深层次原因，溯源整改。以投诉考评为抓手，落实保险公司投诉处理主体责任，提高保险公司解决矛盾纠纷的积极性、主动性。

（四）信托业

1. 法律制度层面

信托业适用中国人民银行、银行业监督管理机构制定并发布的规范，在此不再赘述。

2. 内部管理层面

信托公司要公布服务监督电话号码，设立意见簿。对客户的服务需求和疑问咨询要及时办理、解释。对客户的批评要认真对待，虚心接受合理的意见和建议，并及时答复处理，妥善化解各种矛盾。

中国信托业协会接受社会各界的投诉、意见，督促各会员单位推进文明服务工作，维护信托业整体形象，对严重违反文明服务宣言，损害信托业整体形象的单位和个人进行通报批评。①

3. 监管具体措施方面

由于信托业受银行业监督管理机构具体监管，因此本部分同银行业监管的具体措施。

---

① 《中国信托业行业宣言》第10条。

(五)互联网金融业

1. 法律制度层面

《互联网金融风险专项整治工作实施方案》规定了举报和“重奖重罚”制度,要求“针对互联网金融违法违规活动隐蔽性强的特点,发挥社会监督作用,建立举报制度,出台举报规则”。中国互联网金融协会设立举报平台,鼓励通过“信用中国”网站等多渠道举报,为整治工作提供线索。推行“重奖重罚”制度,按违法违规经营数额的一定比例进行处罚,提高违法成本,对提供线索的举报人给予奖励,奖励资金列入各级财政预算,强化正面激励。加强失信、投诉和举报信息共享。

《互联网金融指导意见》提出健全消费者保护制度,规范互联网金融市场秩序构建,强调构建在线争议解决、现场接待受理、监管部门受理投诉、第三方调解以及仲裁、诉讼等多元化纠纷解决机制。

2. 内部管理层面

中国互联网金融协会建设了中国互联网金融举报信息平台(https://jubao. nifa. org. cn)、相关监管机构投诉电话或邮件系统进行举报。中国互联网金融协会将视情节轻重将违法违规线索分别移交至司法机关、金融监管部门、通信管理部门、市场管理部门进行查处。

3. 监管具体措施方面

涉及不同业态各传统金融领域监管机关的投诉、建议、监督事项,分别由各个监管部门按照前文所述的具体措施进行监督和处理。

三、市场调查情况

投诉举报建议工作,既是保护消费者监督的体现,也是监管部门实现监管转型,发现并打击违法违规行为的内在要求。以证券业为例,近年来,证监会派出机构创新方式方法,完善投诉举报处理工作机制,投诉举报处置效率大幅提高。

从各个地方来看,福建证监局建立起“对外一站式,对内有分工”的投资者诉求接收渠道,以信访办作为接收投资者诉求的唯一窗口,确保投诉电话、传真及网络投诉平台24小时随时接听、接收。同时,在办公场所一层专设信访接待室,确保投资者来访时都有专人、专时、专地予以接待。在办理流程上,福建证监局制定了《信访工作规程》《证券期货违法违规行为举报工作规程》《“12386”热线诉求处理工作规程》等8项规程,从制度上确立内部信访、举报和投诉3个渠道分工配合的工作新机制,将中小投资者诉求的平均办理时间缩短至10日,大幅提高办理效率。① 与福建证监局相仿,江苏证监局也建立了投诉举报事项分类处理机制,对来信来访按照投诉、举报、咨询、信访等事由进行分类,不同事由按照不同的程序、时限和要求进行处理,大大提高了投诉举报处置效率,提升了发现问题和处置问题能力。对于投诉举报的落实情况,江苏证监局强化投诉举报办理责任,建立质量控制体系,要求各处室对投诉举报事项加强管理,做到调查取证准确无误、调查过程依法合规、调查结论正确无误。明确处室负责人、牵头办理人、具体调查人的职责,做好办理全过程的留痕。

投诉数量较多,解决情况也较好。深圳证监局关于2017年第二季度证券期货纠纷投诉情况的通报,显示2017年第二季度,深圳证监局共接收各类咨询、投诉、举报1294件,比2017年第一季度增加167件。其中来电806件,占比62.3%;证监会"12386热线"转办事项200件,占比15.5%;电子邮件125件,占比9.7%;转办件82件,占比6.3%;来信49件,占比3.8%;来访32件,占比2.4%。2017年4~6月,深圳证监局收到针对证券投资咨询机构的投诉件共35件,涉及8家证券投资咨询公司。反映的问题主要包括:服务费问题24件,规范经营问题6件,其他类问题5件。②

在投诉处理工作中,地方行业协会也起到了积极主动的作用。湖北省证券期货业协会和湖北省上市公司协会联合成立湖北证券期货纠纷调解中心,实现证券期货纠纷调解组织范围全覆盖。调解中心自2014年成立以来,已完成180起纠纷调解工作,成功调解纠纷142起,调解成功率78.9%,对维护辖区证券期货市场的和谐稳定起到了积极作用。在制度建设方面,指导调解中心通过规范纠纷调解程序、颁布纠纷调解规则、纠纷调解工作管理办法、纠纷调解中心文书格式和使用说明、调解档案管理办法等方式进一步深化调解运行机制,切实保护中小投资者合法权益。在人员供给方面,指导调解中心建立专职和专家调解员制度。调解员在调解过程中处于主导地位,其公正性和独立性对纠纷是否能成功化解起到至关重要作用。

---

① 《证监会完善投诉举报处理工作机制》,载 http://money.163.com/15/0521/02/AQ3UOS2000253B0H.html,最后访问日期:2018年3月29日。

② 深圳证监局:《国诚投资居二季投资咨询机构投诉榜首》,载 http://finance.sina.com.cn/stock/quanshang/qsyj/2017-08-07/doc-ifyitapp2313433.shtml,最后访问日期:2017年11月20日。

总的来看,我国金融业对消费者监督权的保护整体情况较好,但在互联网金融业等新兴行业也存在九龙治水,令金融消费者监督权难以发挥作用的情况。总之,监督的目的是更好地维护金融消费者自身权益,如依法求偿权、受教育权、受尊重权等;但若前几项基本权利没有得到很好的保护,金融消费者的社会监督工作也很难发挥其实际价值。因此,在金融消费者权益保护之路上,我们需要配套进行,体系化发展。路很长,但要坚定迈向前方。

第三章　金融消费纠纷解决机制

金融产品和工具设计日益复杂,而金融机构与金融消费者之间信息、资金、专业等方面的差距导致双方地位实质不对等情况加剧,金融纠纷频发。纠纷发生后若能及时恰当并以较低成本处理金融消费纠纷,有利于维护金融消费者合法权益,缓和金融机构与金融消费者间的摩擦,增强金融消费者信心。

为加强金融消费者权益保护,国务院办公厅《指导意见》提出建立金融消费纠纷多元化解决机制。指出金融管理部门、金融机构要建立和完善金融消费投诉处理机制,畅通投诉受理和处理渠道,建立金融消费纠纷第三方调解、仲裁机制,形成包括自行和解、外部调解、仲裁和诉讼在内的金融消费纠纷多元化解决机制,及时有效解决金融消费争议。

纠纷多元化解决机制,是指由各种性质、功能、程序和形式不同的纠纷解决机制共同构成的整体系统。在这种多元化的系统中,各种制度或程序既有独立的运行空间,又能形成一种功能互补,以满足社会和当事人的多元化需求与选择自由。[①] 金融消费纠纷的高频化和分散化等特点正需要一套专业高效的多元化纠纷解决机制。目前,我国金融消费纠纷解决领域已初步形成层次清晰的多元化解决机制,某些纠纷解决

---

① 朱景文:《解决争端方式的选择——一个比较法社会学的分析》,载《吉林大学学报》(社会科学版)2003 年第 5 期。

方式之间的衔接也有明确规定。按照解决纠纷的主体不同,金融消费纠纷解决机制可分为六个层次。第一,金融消费者可向金融机构内设的投诉处理部门投诉,机构和消费者协商解决;第二,向行业协会或消费者权益保护协会提请调解;第三,向独立于金融机构、协会和监管机构的专业金融消费纠纷解决机构(独立第三方)请求调解;第四,向金融监管机构的金融消费者保护部门投诉;第五,依法申请仲裁或提起诉讼;第六,不属于通过诉讼、仲裁、行政复议等法定途径解决的事项或纠纷,可向相应监管机构信访寻求解决。

金融消费纠纷产生之后,许多金融消费者一般会首先选择向提供产品或服务的金融机构投诉,在充分的沟通之后若无法得到满意的答复和处理,才会转向其他机构进一步解决。因此,金融机构内部处理机制在解决金融纠纷和化解主体双方的矛盾方面起到了极其重要的作用,是化解纠纷的重要方式。我国金融监管机构先后出台了系列规章和规范性文件,要求金融机构设立有效的信息沟通平台,建立并保持投诉渠道和内部的纠纷解决机制的顺畅运行,及时化解纠纷。

行业协会和消费者权益保护协会的调解在金融消费纠纷解决中也发挥着一定作用。行业协会调解的专业性强,但行业协会可能为维护本行业会员单位利益而难以保证所有调解的中立性。一般性的消费者权益保护协会虽然能够保持中立,但未必具备金融消费纠纷解决所需的专业性。金融消费权益保护协会则兼具中立性和专业性特点。

独立第三方金融消费纠纷解决机构在金融消费纠纷的处理事件中扮演着重要角色。此类机构具备独立性、专业性,处理纠纷公正高效。近年来,我国逐步展开独立第三方机构解决金融消费纠纷的实践。陕西、上海等多地于近两年成立了金融消费权益纠纷调解中心,北京、上海、四川等地成立了银行业纠纷调解中心,黑龙江、湖北、广东等地成立了证券期货纠纷调解中心,山东、云南等地成立了保险纠纷调解中心。一些调解中心与法院建立了诉讼与调解对接工作联动机制,在纠纷立案前,法院根据当事人的意愿决定是否将纠纷委托调解中心进行调解,在双方当事人自愿的前提下,法院在预立案登记后委托并指导纠纷调解中心进行调解。调解不成的,当事人可继续诉讼;调解成功的,法院根据当事人意愿,出具调解书或撤诉裁定书。[①] 独立第三方金融消费

① 例如,青岛市中级人民法院与中国人民银行青岛市中心支行于2016年8月18日印发的《金融消费纠纷诉调对接机制管理办法》等。

纠纷解决机制一方面完善了我国金融消费纠纷解决机制；另一方面有助于实现调节和诉讼的衔接转化，有利于畅通了纠纷解决渠道，提高纠纷解决效率，以及增强纠纷解决效果。

金融监管机构的消费者保护部门可受理金融消费者投诉，承担金融消费纠纷解决职能。2011 年 5 月证监会获批设立投资者保护局，同年 4 月保监会获批设立保险消费者权益保护局，2012 年 3 月中国人民银行获批设立金融消费权益保护局，同时，银监会获批设立银行业消费者权益保护局。中国人民银行、原银监会、证监会均设立了金融消费者保护机构，调解金融消费纠纷，加强金融消费者教育。①

金融消费者依惯性思维常常会选择诉讼途径解决纠纷。但在多地基层法院审判工作量巨大的背景下，即使有简易程序、互联网法院等相对快速的解决方式，金融消费者依然会面临诉讼周期长、费用相对高、法官审理金融消费纠纷案件的专业性程度不一等不利状况。相对诉讼来说，通过仲裁解决金融消费纠纷可在一定程度上缓和纠纷双方的紧张关系，但对普通的金融消费者来说，这种纠纷解决方式仍然成本较高且相对陌生，适用率不高。

信访也是一种解决金融消费纠纷的途径。《中国人民银行信访工作规定》第 15 条第 6 项，《中国保险监督管理委员会信访工作办法》第 18 条、第 19 条和第 20 条，《中国证券监督管理委员会信访工作规则（试行）》第 3 条第 1 款对金融信访的事项予以规定。从纠纷解决机制整体来看，信访的次序靠后，一些金融消费者穷尽了其他解决途径后可能会选择信访。但多元化纠纷解决机制的目的之一就是高效率、低成本、专业性地定分止争，进入信访程序往往意味着纠纷悬而未决的时间已然不短了，其他纠纷解决方式也未起到作用。因此，信访不是常态化的金融消费纠纷解决方式，应最大化发挥其他方式的效用，公平解决争议，实现纠纷双方合理诉求。金融消费者纠纷多元化解决机制方式总结见表 4。

① 焦瑾璞：《构建中国金融行为监管体系研究》，中国金融出版社 2015 年版，第 74 ~ 75 页。

表4　金融消费纠纷多元化解决机制

自行和解	非诉讼				诉讼
金融消费者与金融机构内部投诉处理部门协商和解	协会调解	独立第三方专业机构调解	监管机构受理投诉和信访	仲裁	诉调对接机制提高了金融消费纠纷解决效率
	行业协会专业性强	我国银行业、证券业、保险业等领域已成立多家独立第三方专业调解机构	监管机构的金融消费者权益保护部门承担职能	比诉讼高效自主专业，但对普通金融消费者成本较高且相对陌生，适用率不高	

一、银行业金融消费纠纷解决机制

（一）银行业金融机构自设投诉处理部门解决

银监会于2012年发布了《通知》，并于2013年发布了《工作指引》。

银行业自律规定和指引中指出，银行业金融机构应当建立健全银行业消费者权益保护工作制度体系，完善客户投诉处理机制和受理流程，落实岗位责任，及时妥善解决客户投诉事项，积极预防合规风险和声誉风险。

银行业金融机构应当设立或指定投诉处理部门，负责指导、协调、处理客户投诉事项。银行业金融机构应当加强营业网点现场投诉处理能力建设，规范营业网点现场投诉处理程序，明确投诉处理工作人员的岗位职责，严格执行首问负责制，有效提升现场投诉处理能力。

银行业金融机构应当为客户投诉提供必要的便利，实现各类投诉管理的统一化、规范化和系统化，确保投诉渠道畅通。在各营业网点和官方网站的醒目位置公布投诉工作流程和电话、网络、信函等投诉处理渠道。投诉电话既可以单独设立，也可以与客户服务热线对接；与客户服务热线对接的，在客户服务热线中应有明显清晰的提示。

银行业金融机构应当及时受理各项投诉并登记，受理后应当通过短信、电话、电子邮件或信函等方式告知客户受理情况、处理时限和联系方式。应当完善银行业消费者投诉处置机制，对客户投诉事项，应当认真调查核实并在规定时限内将处理结果以上述方式告知。发现有关金融产品或服务确有问题的，应立即采取措施予以补救或纠正。银行业金融机构给金融消费者造成损失的,可以通过和解、调解、仲裁、诉讼等方式,根据有关法律规定或合同约定向金融消费者进行赔偿或补偿。

银行业金融机构应当确保公平处理对同一产品和服务的投诉。银行业金融机构应当加强对投诉处理结果的跟踪管理,定期汇总分析客户建议、集中投诉问题等信息,认真查找产品和服务的薄弱环节和风险隐患,督促有关部门从管理制度、运营机制、操作流程、协议文本等层面予以改进,切实维护银行业消费者合法权益。

(二)银行业协会纠纷解决职能

根据2006年公布的《中国银行业协会自律工作委员会规则》,受理会员单位和社会公众的投诉是银行业协会自律工作委员会的职责之一,但目前尚无银行业协会受理银行业消费者投诉的范围、处理流程、处理机制等具体规定。银行业消费者通过向银行业协会投诉解决纠纷可能存在困难。

(三)银行业独立第三方纠纷解决机构

近年来,陕西、上海等多地在中国人民银行指导下成立了金融消费权益纠纷调解中心,北京、四川、湖北等地在原银监会指导下成立了银行业纠纷调解中心。这类金融消费纠纷解决机构独立于金融机构,不隶属于金融监管机构、行业协会等单位,中立性和专业性强,致力于银行业消费争议调解处理,建立包括简易调解、正式调解、小额裁决在内的银行消费纠纷多元化解决机制,及时调处争议。

上海市金融消费纠纷调解中心于2014年12月16日成立,该中心是中国人民银行金融消费权益保护局确定的金融消费纠纷非诉讼解决机制建设的首批4家省级试点单位之一,也是我国第一家金融消费纠纷专业调解组织。作为独立第三方调解组织,该中心根据自愿、公平、保密的原则依法进行调解。进入调解流程的案件一般2个月内结案,最长不超过6个月。截至2017年年底,该中心已开展了资金盗刷、贷款偿还、个人征信、个人理财、第三方支付等近10类纠纷的调解,并实现了跨行业、跨市场纠纷的调解,涉及人群包含外籍人士、港澳台同胞、聋哑人士等5类人群,在2017年首创特殊人群调解服务,并成功化解了一起聋哑人士和金融机构之间的矛盾。为满足当事人的不同需求,中心通过微信公众号、电子邮箱、中心现场接访、监管部门委托、人民法院委托、消费者权益保护组织委托等多种渠道受理调解,并根据当事人需要推出了现场调解、电话调解、上门调解、实时调解、视频调解、诉调对接、司法确认等多种调解方式,包括已经通过远程视频成功调解 1 起纠纷。① 为公正、便捷、高效地处理各类金融消费纠纷,在中国人民银行上海总部的指导下,该中心于 2016 年与上海地区银行业金融机构签订合作备忘录,在上海试点建立小额金融消费纠纷快速解决机制。该中心的小额纠纷快速解决机制是指,赔付金额在 5000 元以下的纠纷,如果经调解,当事人无法协商一致的,由调解员根据法律、法规、国家政策、行业惯例,依照公正公平的原则,提出解决纠纷的调解意见。如果消费者接受该意见,则争议双方均应接受并承诺履行该调解意见。如果消费者不接受该意见,则调解意见作为专家意见供各方当事人参考,但无约束力。5000 元的标准征求了上海市各银行业金融机构的意见,并由该中心理事会审议确定。根据合作备忘录,对适合调解且符合中心受案范围的金融消费纠纷,金融消费者申请调解且该中心受理的,银行业金融机构作为被申请方不得拒绝。该中心对调解事项建立快速受理机制。银行业金融机构或金融消费者提出调解申请后,该中心在 2 个工作日内与当事人联系,征询调解意愿,各方当事人均同意通过调解解决纠纷的,该中心在当日指定或根据当事人选择确定调解员,并在调解员确定之日起一定期限内组织完成调解。为了保证调解的公平、公正,根据合作备忘录,被选定或指定的调解员与本案当事人存在利害关系的,该中心应要求调解员回避,另行选定或指定调解员。金融消费者与银行业金融机构也可以申请调解员回避。存在《调解规则》规定的回避情形,应回避而未回避的调解员主持达成的调解协议或提出的调解意见无效,但各方当事人知道存在回避情形,仍愿意接受调解意见的除外。银行业金融机构发现该中心开展的纠纷调解有违法违规、显失公平等行为的,享有质询、退出合作机制的权利。② 该中心还开发建设了全国首个线上金融消费纠纷调解系统"中国金融消费纠纷调解网",它包括了"金融消费纠纷调解网站"及"金融消费纠纷调解 APP"两大平台,可以为金融消费纠纷的当事人提供 PC 端与手机端的两套服务,具有跨地域、全时段、不受环境约束的特点,实现了金融消费纠纷调解领域的多个突破。③

---

① 载上海市人民政府网:http://www.shanghai.gov.cn/nw2/nw2314/nw2315/nw31406/u21aw1280285.html,最后访问日期:2018 年 1 月 5 日。

② 载中国人民银行网:http://shanghai.pbc.gov.cn/fzhshanghai/113598/3060002/index.html,最后访问日期:2018 年 1 月 5 日。

③ 载中国人民银行网:http://shanghai.pbc.gov.cn/fzhshanghai/113598/3430944/index.html,最后访问日期:2018 年 1 月 5 日。

北京秉正银行业消费者权益保护促进中心（以下简称秉正中心）成立于2016年12月15日，该中心在银监会指导下，由北京银监局指导北京市银行业协会发起成立。2017年2月20日秉正中心组织调解1起某银行的消费者投诉纠纷事件，在秉正中心调解员的耐心调解下，消费者刘先生与该银行达成一致调解意见，刘先生同时撤回向监管部门的投诉和法院诉状。消费者刘先生因购买基金理财产品一事与该银行产生争议，先后通过北京银监局投诉和法院诉讼的方式表达个人诉求。由于诉求涉及经济赔偿，北京银监局建议由秉正中心介入调解，秉正中心调解员的专业调解缩小了双方的误解和分歧，使纠纷双方达成一致意见，并签署了投诉事项调解协议书。该调解有效化解了银行与消费者之间的误会，搭建了彼此信息沟通、争议解决的桥梁。2018年1月23日秉正中心首例诉调对接案件调解成功。该案是北京市朝阳区人民法院（以下简称朝阳法院）与秉正中心建立诉调对接合作机制后委托的首例案件，主要涉及消费者王某与某银行之间因存款业务产生的纠纷，争议金额3万余元。消费者起诉至朝阳法院，后经朝阳法院金融审判庭沟通，委托至秉正中心进行调解。在秉正中心调解员的专业调解下，双方当事人达成和解，并签署了《调解协议》。通过科学专业调解化解了矛盾，节约司法资源，诉调对接合作机制取得了实质性的成果。①

（四）银行业监管机构的纠纷解决方式

2012年银监会《通知》提出，银监会及其派出机构要加强对银行业金融机构客户投诉处理工作的监督检查，敦促其完善机制、落实责任、推进工作。对于某些需要银监会履行监管职能的银行业消费纠纷，通知指出，银行业金融机构接到大规模投诉，或投诉事项重大，涉及众多金融消费者利益，可能引发群体性事件的，应当及时向银监会或其派出机构报告。同时，对于涉及金融消费权益保护的热点难点问题，银监会及其派出机构可以向有关金融机构发出监管建议，要求其限期采取预防或纠正措施，发现违法违规行为的应依法查处。而对于一定时期内信访投诉数量较高、处理不当或拖延问题较突出的银行业金融机构，应当在全辖区内予以通报，并可作为准入和监管评级的参考依据。原银监会消保局于2012年成立，该机构职能之一是建立并完善投诉受理及相关处理的运行机制。

---

① 载北京秉正银行业消费者权益保护促进中心网：http://www.bjbzzx.cn/，最后访问日期：2018年1月28日。

中国人民银行也承担一定的银行业监管职能,同时负责交叉性金融业务的规范,在金融消费纠纷解决领域发挥着重要作用。中国人民银行的纠纷解决职能包括受理金融消费者投诉和信访等,若在处理投诉和信访时发现金融机构违反金融消费者权益保护规定的情况则履行其监管职责。

在受理金融消费者投诉方面,根据2016年12月公布的《办法》,中国人民银行各级分支机构应当受理、处理涉及下列金融消费争议的投诉:中国人民银行法定职责范围内的金融消费者投诉;涉及跨市场、跨行业类交叉性金融产品和服务的金融消费者投诉。关于金融消费争议解决方式的适用顺序,原则上先向金融机构进行投诉。金融机构对投诉不予受理或者在一定期限内不予处理,或者金融消费者认为金融机构处理结果不合理的,金融消费者可以向金融机构住所地、争议发生地或者合同签订地中国人民银行分支机构进行投诉。金融消费者投诉中举报金融机构违反有关法律、法规、规章等规定的,金融消费者可以直接向金融机构所在地的中国人民银行分支机构进行举报。中国人民银行各级分支机构直接受理的投诉,属于本单位相关职能部门职责范围的,由相关职能部门负责调查、核实、处理和反馈;涉及多个职能部门的,由金融消费权益保护部门牵头,协调相关职能部门进行调查、核实、处理和反馈。

投诉事项涉及跨市场、跨行业交叉性金融产品和服务的,由中国人民银行及其分支机构协调相关部门进行调查、核实、处理和反馈。

在信访方面,2005年《中国人民银行信访工作规定》将中国人民银行信访工作定义为,公民、法人或者其他组织采用书信、电子邮件、传真、电话、走访等形式,向中国人民银行各级机构反映情况,提出意见、建议或者投诉请求,中国人民银行依法进行处理的工作。在受理范围上,对已经或者依法应当通过诉讼、仲裁、行政复议等法定途径解决的信访事项,中国人民银行不予受理,但应当告知信访人依照有关法律、行政法规规定程序向有关机关提出。信访事项涉及要求解决与金融机构发生的纠纷或对金融机构处理纠纷意见不服的,应转交该金融机构的上级机关受理。

对于金融机构侵害金融消费者合法权益的违规行为,中国人民银行及其分支机构可以采取以下措施:约谈其董(理)事会或高级管理层;责令限期改正;向金融机构上级机构、行业监管部门、行业内部、社会通报相关信息;依照我国《消费者权益保护法》以及相关法律、行政法规、规章进行处罚等。

二、证券业金融消费纠纷解决机制

(一)证券业经营机构自设投诉处理部门解决

根据2013年国务院办公厅《关于进一步加强资本市场中小投资者合法权益保护工作的意见》规定,上市公司及证券期货经营机构等应当承担投资者投诉处理的首要责任,完善投诉处理机制并公开处理流程和办理情况。2009年《创业板市场投资者适当性管理暂行规定》要求证券公司应当完善客户纠纷处理机制,明确承担此职责的部门和岗位,负责处理投资者参与创业板市场所产生的投诉等事项,及时化解相关的矛盾纠纷。2009年《深圳证券交易所创业板市场投资者适当性管理实施办法》则明确会员应当指定专门部门受理客户投诉,妥善处理与客户的矛盾与纠纷,认真记录有关情况,并按照本所要求将客户投诉及处理情况向本所报告。证券业经营机构自设投诉处理部门解决投资者与其纠纷,是证券纠纷解决的第一个层次。

(二)证券业协会纠纷调解职能

2013年国务院办公厅《关于进一步加强资本市场中小投资者合法权益保护工作的意见》提出,要发挥第三方机构作用,支持自律组织、市场机构独立或者联合依法开展证券期货专业调解,为中小投资者提供免费服务。证券行业协会作为自律组织,承担着证券纠纷调解职能。

中国证券业协会于2016年发布的《中国证券业协会证券纠纷调解工作管理办法》将证券纠纷调解定义为,经纠纷各方当事人同意,调解组织通过说服、疏导、调和等方式,促使当事人在平等协商基础上自愿达成和解,解决证券业务纠纷的活动。确定了调解组织是中国证券业协会证券纠纷调解中心以及接受调解中心委托转办证券纠纷调解案件的地方证券业协会。证券行业协会进行证券纠纷调解应遵循自愿、公平、公正原则;方便、高效、公益原则;合法原则;尊重当事人的权利,不得因调解而阻止当事人依法通过仲裁、行政、司法等途径维护自身权利的原则。证券纠纷调解的受理范围为协会会员与投资者之间发生的证券业务纠纷。同一争议事项已经或正在由其他调解组织调解的;调解申请无具体相对人、无具体争议事项的;当事人不同意调解的;纠纷已有生效判决、仲裁裁决或其他处理结果的,调解中心不受理。该办法要求证券纠纷调解员具有专业性,并履行涉个人隐私、商业秘密事项的保密义务。在调解协议的效力方面,协议经各方当事人签字盖章后有民事合同性质。当事人可以申请调解员及调解组织在《调解协议书》上签字和盖章。《调解协议书》经调解员签字和调解组织盖章后，当事人可以申请有管辖权的人民法院确认其效力。同年，中国证券业协会发布了《中国证券业协会证券纠纷调解规则》，明确证券纠纷调解分为简易程序和普通程序，并制定了回避规则。

（三）证券业专门纠纷解决机构

证券业多元化纠纷解决机制需要发挥第三方机构作用，除了行业协会等自律组织直接进行调解，专门的证券期货纠纷调解机构也逐步建立起来，在证券期货金融消费纠纷解决方面展开尝试。

例如，广东中证投资者服务与纠纷调解中心于 2015 年 6 月成立，黑龙江证券期货纠纷仲裁调解中心于 2016 年 9 月成立，湖北省于 2016 年 11 月成立了湖北证券期货纠纷调解中心。广东中证投资者服务与纠纷调解中心（以下简称中证调解中心）是在广东证监局指导下，广东证券期货业协会、广东上市公司协会联合辖区有关证券、期货法人机构共同发起设立的。中证调解中心受理投资者对广东辖区证券、基金、期货经营机构及上市公司有关证券期货纠纷的投诉，并协调市场经营主体进行处理。中证调解中心可根据投资者的申请，在当事人自愿、平等的基础上调解证券期货纠纷，不向投资者收取调解费用；调解协议经相关当事人签字或盖章后生效，当事人可以按照规定向有管辖权的人民法院申请确认调解协议的效力。涉及辖区证券期货信访事项以及对违法违规的举报事项，由广东证监局依法处理。① 中证调解中心的主要功能就是解决证券期货类金融消费纠纷，诉调对接建立后，分流法院受案数量，使纠纷解决更加畅通便捷。此外，中证调解中心将其发现的证监局职能范围内事项交监管机构，也有助于监管部门履行职能。

（四）证券业监管机构的纠纷解决方式

证券业监管机构主要在推进督导完善证券纠纷解决机制和受理解决信访投诉两个层面发挥作用。

在督导完善证券纠纷解决机制层面，《关于进一步加强资本市场中小投资者合法权益保护工作的意见》指出，证券监管部门要健全登记备案制度，将投诉处理情况作为衡量相关主体合规管理水平的依据，要支持投资者与市场经营主体协商解决争议或者达成和解协议。

在受理解决信访投诉层面，2014 年《中国证券监督管理委员会信访工作

---

① 载中国证券监督管理委员会网：http://www.csrc.gov.cn/pub/zjhpublicofgd/gongg_7063/201506/t20150616_279198.htm，最后访问日期：2017 年 10 月 9 日。

规则》将证券期货信访定义为公民、法人或者其他组织采用书信、传真、电话、走访、互联网等形式,向证监会及其派出机构反映情况,提出建议、意见或者投诉请求,依法由证监会及其派出机构处理的活动。该规则将证券期货信访工作机构确定为证监会办公厅信访办公室和证监会派出机构负责信访工作的处室。明确了信访工作职责范围为:受理、交办、转送信访人提出的信访事项;协调处理重要信访事项;督促检查信访事项的处理;向信访人答复信访事项等。对于信访事项的提出和受理,该规则指出,对依法应当通过诉讼、仲裁、行政复议等法定途径解决的投诉请求,信访人应当依照有关法律、行政法规规定的程序向有关机关提出。投诉与市场经营主体的合同纠纷、服务纠纷等问题,应当通过协商、调解、仲裁、司法等途径解决。如此,实现既有纠纷解决方式和资源的有效利用,避免重复处理,使各纠纷解决渠道功能清晰、衔接顺利。

对于受理投资者投诉或信访过程中发现的违法违规行为或事项,证券监管部门应加大监管和力度,把维护中小投资者合法权益贯穿监管工作始终。健全信息披露制度和诚信制度。查处损害中小投资者合法权益的违法行为。查处上市公司不当更正盈利预测报告、未披露导致股价异动事项、先于指定媒体发布信息、以新闻发布替代应履行公告义务、编造或传播虚假信息误导投资者,以及进行内幕交易和操纵市场等行为。打击上市公司控股股东、实际控制人直接或者间接转移、侵占上市公司资产。①

(五)证券业金融消费纠纷的仲裁和诉讼

2004 年国务院法制办公室、证监会发布了《关于依法做好证券期货合同纠纷仲裁工作的通知》,目的在于增进证券、期货市场的活力和效益,保护各方当事人的合法权益,保障证券、期货市场正常、公平的交易秩序。注重仲裁工作的社会效益,强化维护社会稳定的意识。仲裁解决证券纠纷相对于诉讼的优势在于,仲裁员专业性更强;体现当事人意思自治,灵活程度相对较高;一裁终局,所需时间一般段与诉讼,效率较高。有些城市已成立专门的证券仲裁中心。然而,证券纠纷中的中小投资者主体一般对仲裁缺乏了解,仲裁在这一群体中的应用不广。此外,关于证券、期货合同纠纷的仲裁范围,该通知提出,上市公司与证券市场公众投资人之间纠纷的仲裁另行研究确定。也就是说,该通知内容暂时不适用于公众投资人与上市公司的纠纷,此类纠纷通过仲裁

① 国务院办公厅《关于进一步加强资本市场中小投资者合法权益保护工作的意见》,2013 年 12 月 25 日发布并实施。

解决恐怕面临规则框架不明确等困境。

2013年国务院办公厅《关于进一步加强资本市场中小投资者合法权益保护工作的意见》要求有关部门配合司法机关完善相关侵权行为民事诉讼制度。优化中小投资者依法维权程序，降低维权成本。健全适应资本市场中小投资者民事侵权赔偿特点的救济维权工作机制。推动完善破产清偿中保护投资者的措施。诉讼方式解决证券纠纷的权威性强，执行有保障。然而，对于群体性的公众投资者，代表人诉讼制度的加入机制通常面临“集体行动的困境”，代表人的产生、其享有的权利及其对所代表群体的忠诚等方面均可能存在问题。①

仲裁和诉讼尽管在解决证券纠纷上有一定缺陷，但上述优点仍比较明显，应仲裁、诉讼和其他纠纷解决方式的优势互补，顺畅衔接。因此，2013年国务院办公厅《关于进一步加强资本市场中小投资者合法权益保护工作的意见》提出，开展证券期货仲裁服务，培养专业仲裁力量。建立调解与仲裁、诉讼的对接机制。完善组织体系。探索建立中小投资者自律组织和公益性维权组织，向中小投资者提供救济援助，丰富和解、调解、仲裁、诉讼等维权内容和方式。充分发挥证券期货专业律师的作用，鼓励和支持律师为中小投资者提供公益性法律援助。2016年《中国证券业协会证券纠纷调解工作管理办法》也指出，证券行业协会应与法院、仲裁、信访、公证等机构建立并完善对接机制，促进证券纠纷有效解决。

三、保险业金融消费纠纷解决机制

建立处理机制，为投保人、被保险人或者受益人提供便捷的纠纷解决渠道，及时有效地化解矛盾，既可维护被保险人的合法权益，又能降低其索赔或投诉成本。这是保险业加强诚信建设、树立良好形象的重要举措，也是健全保险市场机制、促进行业健康发展的基础工程。

（一）保险业经营机构自设投诉处理部门解决

《保险消费者保护意见》提出健全投诉处理机制。保险公司要支持分支机构积极参与和融入当地纠纷调处体系，根据争议案件的性质、影响等情况适当调整核赔授予权限。要求保险公司要设置专门的投诉处理部门和岗位，配备必要的工作人员，建立投诉处理工作责任制；畅通投诉渠道，公布本公司客

① 汤欣：《私人诉讼与证券执法》，载《清华法学》2007年第3期。

户服务和消费者投诉电话号码，在营业场所开辟投诉专区，张贴投诉办理须知，建立健全各级机构总经理接待日制度；规范投诉处理程序，严格处理时限，提高处理效率，及时解决消费者的合理诉求。

具体到保险消费纠纷解决上，2013 年《保险消费投诉处理管理办法》规定，保险机构、保险中介机构应当设立或者指定本单位保险消费投诉处理工作的管理部门和工作岗位，负责保险消费投诉工作。保险消费者向保险机构、保险中介机构提出保险消费投诉，是指保险消费者在保险消费活动中与保险机构、保险中介机构、保险从业人员发生争议，向相关保险机构、保险中介机构反映情况，要求解决争议的行为。保险机构负责处理保险消费者提出的下列投诉：因保险合同条款与保险机构发生争议的；因保险销售、承保、退保、保全、赔付等业务与保险机构发生争议的；因保险消费活动与保险机构发生其他争议的。

（二）保险行业协会纠纷调解处理

根据 2007 年保监会《关于推进保险合同纠纷快速处理机制试点工作的指导意见》，保险行业协会应当发挥自律作用，沟通协调，成立调解处理机构。该指导意见包含保险行业协会调处机构的机构建设、运行模式、受理条件、工作程序、调解效力等详细规定。

在机构建设方面，调处机构聘任的调处人员应向当地保监局备案，品行良好，保险或法律专业性强。调处人员应当公平公正调解纠纷。在具体案件中，被保险人对调处人员有选择权，调处人员适用回避规则。

在运行模式方面，结合我国保险业的实际，采用调解模式，通过纠纷双方达成调解协议方式处理保险合同纠纷，符合当前我国国情。调处机构在处理保险合同纠纷时，应当既遵循法律的规定以及保险合同的约定，又充分考虑保护被保险人利益。为提高处理机制的效率，有条件的地区可以采用调解与裁决相结合的模式处理保险合同纠纷。在纠纷双方无法达成调解协议的情形，调处机构可以直接作出仅对保险公司有约束力的裁决决定。

在受理条件方面，调处机构受理的纠纷应当是事实清楚，情节简单，适宜快速处理的案件，以适应快速解决保险合同纠纷的需要。同时，为确保程序上不与仲裁或诉讼产生冲突，受理的纠纷还应当符合以下条件：一是保险公司对合同理赔纠纷有明确处理意见而被保险人不接受，且自保险公司作出明确处理意见起未超过 6 个月；二是未曾就同一事实申请仲裁或提起诉讼；三是不涉及保险精算标准及生命表等问题；四是纠纷所涉保险金数额，财产保险不超过人民币20万元、人身保险不超过人民币10万元(各地区可以根据情况确定具体金额)。

在工作程序方面,被保险人在理赔过程中与参与处理机制的保险公司发生保险合同纠纷时,可以向调处机构提出调处申请。参与处理机制的保险公司在与被保险人发生纠纷时,应当告知被保险人可向调处机构提出申请。调处机构收到申请后,应当告知被保险人有关权利义务。

在调解效力方面,调处机构受理的纠纷,如果被保险人拒绝接受调处或调解意见或者在签署调解协议后反悔的,其仍然可以依法申请仲裁或提起诉讼。

2013年《保险消费投诉处理管理办法》再次强调,保险行业协会应当建立保险消费投诉处理机制,积极协调、督促会员保险机构和保险中介机构及时处理保险消费投诉。

《保险消费者保护意见》强化了对地方保险行业协会纠纷调解功能的要求,指出地方保险行业协会应完善制度,规范程序,保障经费,建立多元化、专业化的调解员队伍,保证调解机构具有独立性和中立性。

(三)保险业专门纠纷解决机构

为迅速、低成本地处理未在保险机构内部解决的保险纠纷,最高人民法院、保监会于2012年12月发布了《关于在全国部分地区开展建立保险纠纷诉讼与调解对接机制试点工作的通知》,提出保险监管机构应指导当地保险行业协会建立行业调解组织。试点地区法院在尊重当事人意愿前提下,按照最高人民法院《关于建立健全诉讼与非诉讼相衔接的矛盾纠纷解决机制的若干意见》的相关规定,可采取立案前委派调解、立案后委托调解等方式引导当事人通过保险纠纷诉调对接机制低成本解决纠纷。最高人民法院、保监会于2016年11月发布了《关于全面推进保险纠纷诉讼与调解对接机制建设的意见》(以下简称《保险纠纷诉调对接建设意见》),进一步促进保险纠纷依法、公正、高效解决。扩大保险纠纷诉调对接工作开展地区范围,指出有条件的地区可建立第三方保险纠纷调解组织,并提出探索建立在线调解机制,为金融消费者解决纠纷提供更多便利。同时,《保险纠纷诉调对接建设意见》再次明确了保险纠纷调解组织主持调解达成的调解协议有民事合同性质,当事人可向调解组织所在地法院申请确认其效力,这为保险纠纷专门调解组织调解的效力增加了保障。

在建立完善保险纠纷多层次解决机制以及诉调对接建设的背景下,全国多地成立了专门的保险纠纷调解机构。例如,青岛于2013年8月成立了山东省首家保险纠纷调解中心，涉及保险纠纷的案例均可在该中心调解。调解员由具有法律及保险专业知识的人员担任，一般调解案件在15～20日内就能完成，实现了高效解决保险纠纷。①

（四）保险业监管机构受理投诉和信访

保监会于2011年成立了保险消费者权益保护局，该机构具有保险纠纷解决职能，接受保险消费者投诉和咨询，调查处理损害保险消费者权益事项。

2011年保监会办公厅《关于积极做好服务保险消费者有关工作的通知》指出了保监会主要应在调解和信访投诉两个层面发挥作用。

在调解层面，完善合同纠纷调解机制，拓宽调解渠道。要把保险合同纠纷调解作为保护保险消费者利益的有效手段，以人为本、服务为先，不断加强和创新调解工作。保监会督促保险公司加强和改进理赔服务，化解合同纠纷。保监会指导保险行业协会强化投诉处理和纠纷调解职能，规范加强各地协会调解工作。同时，加强与司法、综治、交管等部门协作，积极参与社会调解，降低消费者维权成本，多渠道化解矛盾纠纷。

2014年中国保监会《关于加强保险消费者权益保护工作的意见》（以下简称《保险消费者保护意见》）指出，完善纠纷调处机制。保监会有关部门、保监局要积极指导推进保险纠纷调处机制建设，并监督其规范运作。保险纠纷调解与其他纠纷解决方式衔接方面，该意见提到，推进保险纠纷“诉调对接”“仲调对接”机制建设。保监会有关部门、保监局和地方保险行业协会要建立包括调解、仲裁、诉讼等在内的保险消费纠纷多元化解决机制，提高纠纷调解工作的公信力和有效性。加强与司法机关、仲裁机构的沟通合作，在全国范围内广泛建立保险纠纷诉讼与调解、仲裁与调解对接机制。同时，构建消费者权益保护协同运作机制。保监会有关部门、保监局要建立完善与政府有关部门、司法机关以及保险行业协会、消费者组织等社会团体的协调联动机制，在保险消费者权益保护工作的信息互通、案件移交等方面加强合作。推动成立保险消费者权益保护社会组织，支持其开展保护保险消费者合法权益的活动。

在信访投诉层面，把加强信访投诉处理作为保护保险消费者利益的有力保障，畅通来电、来信、来访渠道。要加强对投诉件的转办、督办、考核和披露，将信访投诉多、解决不力的保险公司列为重点监管对象。要加强对积压赔案

---

① 载中国人民银行网：http://jinan.pbc.gov.cn/jinan/120965/2926804/2591110/index.html，最后访问日期：2018年1月16日。

的清理,重点查处群众反映强烈、严重损害保险消费者利益的案件。

受理投诉并作出处理决定是保险业监管机构调解保险消费纠纷的重要方式。2013年《保险消费投诉处理管理办法》对保监会及其派出机构受理保险消费者投诉的范围、处理决定、工作制度作出了详细规定。在受理范围方面,保监会负责处理保险消费者提出的下列投诉:保险公司违反有关保险监管的法律、行政法规和保监会规定,损害保险消费者合法权益,依法应当由保监会负责处理的;保险从业人员违反有关保险监管的法律、行政法规和保监会规定,损害保险消费者合法权益,依法应当由保监会负责处理等。保监会派出机构负责处理保险消费者提出的下列投诉:辖区内保险公司分支机构、保险中介机构违反有关保险监管的法律、行政法规和保监会规定,损害保险消费者合法权益,依法应当由保监会派出机构负责处理的;辖区内保险从业人员违反有关保险监管的法律、行政法规和保监会规定,损害保险消费者合法权益,依法应当由保监会派出机构负责处理的;等等。在投诉处理决定方面,包括履行义务、解释、协商、终止等处理。投诉人有异议可申请核查,或通过其他纠纷调处机制或诉讼、仲裁等方式解决,实现不同纠纷解决方式之间的有效衔接。在工作制度方面,保险业监管机构应公布电话、传真、信函、电子邮箱等联系方式,场所地址以及处理程序。制定重大及群体性保险消费投诉处理应急预案,做好重大及群体性保险消费投诉的预防、报告和应急处理工作。

《保险消费者保护意见》指出,健全投诉处理机制。保监会有关部门、保监局要健全投诉事项办理、监督检查、考核和责任追究制度;督促保险公司认真处理保险消费投诉事项,不断提高投诉处理工作规范性和有效性;加大督办和考核力度,对保险公司投诉处理工作中损害消费者合法权益的行为及时采取监管措施,并监督其限期整改。

对于不属于通过诉讼、仲裁、行政复议等法定途径解决的事项或纠纷,可通过向保险业监管机构信访途径解决。2013年《中国保险监督管理委员会信访工作办法》中的信访被定义为,公民、法人或者其他组织采用书信、电子邮件、传真、电话以及走访等形式,向保监会及其派出机构反映情况,提出与保险监管相关的意见、建议或者投诉请求,依法应当由保监会或者派出机构处理的活动。该办法规定了信访工作机构及其职责、信访渠道、信访事项受理等。

在信访工作机构和职责方面,保监会办公厅为全国保险信访工作的管理部门,负责对全国保险信访工作进行指导、检查、督办和考核。派出机构办公室为辖区内保险信访工作的管理部门。保险信访工作机构应受理、交办、转送保险信访事项;督促检查保险信访事项的处理和落实情况,对重要的保险信访投诉进行核查或者参与核查;协调处理重大、紧急的保险信访事项。

在信访渠道方面,向社会公布信访工作机构的通信地址、电子信箱、传真、信访电话、信访接待的时间和地点等相关事项。在信访接待场所或者网站上公布与信访工作有关的法律、法规和规章,信访事项处理程序,以及其他为信访人提供便利的事项。建立并完善保险信访信息系统,为信访人查询信访事项办理情况提供便利。派出机构应当建立负责人信访接待日制度,定期听取信访人反映情况,并协调处理信访事项。信访人可以在公布的接待日和接待地点向派出机构负责人当面反映信访事项。

关于信访事项的受理,保监会受理的信访事项包括:对保险监管工作提出意见、建议的;对保监会机关及其工作人员、派出机构及其负责人的职务行为提出异议的;对全国性保险社会团体及其工作人员的职务行为提出异议,或者反映其有关情况,提出意见、建议,依照有关规定应当由保监会处理的,等等。派出机构受理的信访事项包括:对辖区内保险监管工作提出意见、建议的;对派出机构负责人以外工作人员的职务行为提出异议的;对辖区内保险社会团体及其工作人员的职务行为提出异议,或者反映其有关情况,提出意见、建议,依照有关规定应当由派出机构处理的;等等。应当由保险公司、保险资产管理公司或者保险中介机构处理的事项,保监会及其派出机构不予受理,但应当转由保险公司、保险资产管理公司或者保险中介机构处理。某些应当或可以由保险行业协会处理的事项,保监会及其派出机构不予受理,但应当转由保险行业协会处理。已经或者依法应当通过诉讼、仲裁、行政复议等法定途径解决的,反映问题已得到最终处理决定的事项等,保监会及其派出机构不予受理,但应当告知信访人依照有关法律、行政法规的规定向有关单位提出。

在保险监管机构进行保险消费者权益保护工作过程中,受理投诉和信访,接受行业协会和专门纠纷调解组织报送的案例和数据,一旦发现损害保险消费者合法权益的违法违规行为,应严肃查处,将信访投诉多、解决不力的保险公司列为重点监管对象,督促保险公司整改。

四、互联网金融消费纠纷解决机制

2015 年《互联网金融指导意见》指出,构建在线争议解决、现场接待受理、监管部门受理投诉、第三方调解以及仲裁、诉讼等多元化纠纷解决机制。

互联网金融多元化纠纷解决机制的具体构建如下。①

(一)平台内部投诉处理机制

互联网金融平台企业应建立客户投诉受理渠道和处理流程,强化投诉处理机制建设,成立专门部门具体负责,妥善解决问题。例如,2015年《互联网保险业务监管暂行办法》强调了保险公司应加强互联网保险业务的服务管理,建立投诉的在线服务体系。平台企业与金融消费者就纠纷达成和解协议,其效力等同于民事合同,对双方具有约束力,但不具有强制执行效力。可考虑以公证债权文书或追加担保的方式,提高和解协议的履行率。

(二)行业内部投诉和调解处理机制

行业协会应当发挥投诉和调解处理作用。一方面,金融消费者可以向行业协会投诉,由行业协会接收金融消费者投诉材料,要求平台企业解决。在行业协会内部,由专门成立的投诉与纠纷解决组织具体承担此项职能。2016年《网络借贷信息中介机构业务活动管理暂行办法》规定中国互联网金融协会从事网络借贷行业自律管理,受理有关投诉和举报。另一方面,如果平台企业并未处理消费者投诉或者金融消费者对平台企业的处理结果不满意,也可以申请行业协会调解。行业调解通常较为专业高效。但目前行业协会的作用并未充分发挥。

(三)互联网金融领域专门纠纷解决机构

根据《互联网金融指导意见》规定,互联网金融各业态类型的监管部门已明确,互联网支付业务由中国人民银行负责监管,网络借贷业务由银监会负责监管等。因此,前文提到的已设立的第三方专门纠纷解决组织也是互联网金融消费纠纷的解决途径,随着线上纠纷解决方式的推广,互联网金融消费纠纷解决将更加便利。

(四)监管机构受理投诉

互联网金融企业、行业协会若均未解决金融消费纠纷,金融消费者可选择向各业务的监管机构投诉。企业、行业协会和监管机构的和解、调解,可在一定程度上减少法院压力,合理利用司法资源,提高互联网金融消费纠纷解决效率。

---

① 徐孟洲、殷华:《论我国互联网消费者纠纷解决机制的构建》,载《财经法学》2015年第5期。

（五）仲裁、诉讼处理机制

在仲裁方面，我国近年来虽设立了如上海金融仲裁院等机构，但门槛仍然很高，且我国国内并没有能够覆盖全行业的专业仲裁机构，因而现阶段要在仲裁领域拓展和衔接能够大量处理小额互联网金融交易纠纷的路径并不现实。

在诉讼方面，金融纠纷的小额化处理，充分利用小额民事诉讼程序、督促程序等，尽可能缩短案件审理时间，保障金融消费者快速便捷地实现权益。

五、金融消费纠纷非诉讼与诉讼解决方式的衔接

除了企业自设的纠纷处理部门与金融消费者自行和解，金融消费纠纷解决机制主要可分为调解、仲裁、诉讼三类，根据是否属于诉讼程序这一标准，可将上述三类纠纷解决方式划为非诉讼和诉讼两种纠纷解决方式。不同纠纷解决方式在金融消费纠纷解决方面各有利弊，应实现各纠纷解决方式间的良好衔接，形成全面协调的金融消费纠纷解决机制。

（一）调解

调解在金融消费纠纷解决方面的优势为经济性、专业性。① 调解的经济性体现在，节省当事人的财力、人力和时间成本，程序简便，解决高效。调解的专业性体现在，负责调解主体主要是行业协会或监管机构，调解人员专业知识和法律素养足够，有能力提出适用于金融纠纷的解决方案。

调解的劣势主要体现在调解协议的法律效力。经当事人签章的调解协议效力相当于民事合同，其履行依赖当事人自觉性。若因当事人不履行调解协议发生纠纷，恐怕又要进入仲裁或诉讼程序，会导致纠纷解决资源的重复利用和浪费。随着越来越多的独立第三方金融消费纠纷调解机构与法院建立诉调对接机制，调解的法律效力和执行效果更有保障，进一步保护金融消费者合法权益，增进市场信心，促进金融市场健康发展。

（二）仲裁

仲裁作为一种金融消费纠纷非诉讼解决方式，相对于诉讼，具有高效、自主、专业的特点。② 有利于及时化解矛盾，公平处理纠纷。2015 年实施的《中

---

① 王媛：《关于金融消费纠纷领域引入行政调解机制的思考》，载《金融发展研究》2016 年第 7 期。

② 陆春玮、徐荦彦：《仲裁在金融消费纠纷多元化解决机制中的价值》，载《上海保险》2013 年第 6 期。

国国际经济贸易仲裁委员会金融争议仲裁规则》中金融交易定义为,金融机构之间以及金融机构与其他法人和自然人之间在货币市场、资本市场、外汇市场、黄金市场和保险市场上所发生的本外币资金融通、本外币各项金融工具和单据的转让、买卖等金融交易。金融消费纠纷属于贸仲的金融争议仲裁受理范围。

尽管仲裁解决金融消费纠纷有上述优点,但对普通的金融消费者来说,这种纠纷解决方式仍然成本较高且相对陌生,适用率不高。第一,仲裁机制多适用于商事主体间经济纠纷,当事人的能力相差不大,争议涉及的金额一般较高。第二,仲裁机制的掌握、仲裁机构的选取以及仲裁人员的选择上,都有较高标准,消费者可能难以把握。因此,对于一般社会公众为主体的金融消费者,仲裁并非"接地气"的纠纷解决方式。

(三)诉讼

诉讼在解决金融消费纠纷时面临如下问题:金融创新的日新月异和法律的滞后性的矛盾;金融纠纷的专业性和审判人员金融专业水平的矛盾;程序复杂性和金融消费者时间精力的矛盾等。由此,普通诉讼程序不是解决金融消费纠纷的理想选择。

为了完善金融消费纠纷解决机制,更好地发挥法院在金融消费纠纷解决中的作用,维护金融消费者的合法权益,浙江成立了电子商务法庭。其受理的与金融消费纠纷相关的案件类型包括电子商务小额贷款诉讼、财产保险合同纠纷、信用卡纠纷、金融借款合同纠纷、仲裁申请等。该法庭立案、送达、举证、调解、开庭、裁判均为在线进行,极大程度地解决了诉讼在化解金融消费纠纷方面的难题。有的法院设立专门的金融审判合议庭和金融法庭,通过审判组织的革新,充分发挥专业化审判的优势和规模效应。

(四)非诉讼与诉讼解决方式的衔接

金融消费纠纷解决的非诉讼和诉讼方式有机结合、良好衔接,有利于充分发挥法院、行政机关、社会组织、企事业单位以及其他各方面的力量,为金融消费者提供更多可供选择的纠纷解决方式,维护金融消费权益,促进金融市场健康发展。最高人民法院2009年发布了《关于建立健全诉讼与非诉讼相衔接的矛盾纠纷解决机制的若干意见》,提出完善诉讼与仲裁、行政调处、人民调解、商事调解、行业调解以及其他非诉讼纠纷解决方式之间的衔接机制,推动各种纠纷解决机制的组织和程序制度建设,促使非诉讼纠纷解决方式更加便捷、灵活、高效,为矛盾纠纷解决机制的繁荣发展提供司法保障。目前,许多专门的金融消费纠纷解决机构(主要是纠纷调解中心)已与当地法院建立了诉调对接合作关系,可向法院申请出具调解书,经司法确认后的调解书具备和判决书同等的法律效力。

在非诉讼纠纷解决机制的发展方面,该意见指出为有效化解行政管理活动中发生的各类矛盾纠纷,人民法院鼓励和支持行政机关依当事人申请或者依职权进行调解、裁决或者依法作出其他处理。调解、裁决或者依法作出的其他处理具有法律效力。当事人不服行政机关对平等主体之间民事争议所作的调解、裁决或者其他处理,以对方当事人为被告就原争议向人民法院起诉的,由人民法院作为民事案件受理。法律或司法解释明确规定作为行政案件受理的,人民法院在对行政行为进行审查时,可对其中的民事争议一并审理,并在作出行政判决的同时,依法对当事人之间的民事争议一并作出民事判决。

没有仲裁协议的当事人申请仲裁委员会对民事纠纷进行调解的,由该仲裁委员会专门设立的调解组织按照公平中立的调解规则进行调解后达成的有民事权利义务内容的调解协议,经双方当事人签字或者盖章后,具有民事合同性质。

人民法院鼓励和支持行业协会、社会组织、企事业单位等建立健全调解相关纠纷的职能和机制。经商事调解组织、行业调解组织或者其他具有调解职能的组织调解后达成的具有民事权利义务内容的调解协议,经双方当事人签字或者盖章后,具有民事合同性质。

经行政机关、人民调解组织、商事调解组织、行业调解组织或者其他具有调解职能的组织对民事纠纷调解后达成的具有给付内容的协议,当事人可以按照我国《公证法》的规定申请公证机关依法赋予强制执行效力。债务人不履行或者不适当履行具有强制执行效力的公证文书的,债权人可以依法向有管辖权的人民法院申请执行。对于具有合同效力和给付内容的调解协议,债权人可以根据《民事诉讼法》和相关司法解释的规定向有管辖权的基层人民法院申请支付令。申请书应当写明请求给付金钱或者有价证券的数量和所根据的事实、证据,并附调解协议原件。

在诉讼活动中多方参与的调解机制的完善方面,对属于人民法院受理民事诉讼的范围和受诉人民法院管辖的案件,人民法院在收到起诉状或者口头起诉之后、正式立案之前,可以依职权或者经当事人申请后,委派行政机关、人民调解组织、商事调解组织、行业调解组织或者其他具有调解职能的组织进行调解。经双方当事人同意,或者人民法院认为确有必要的,人民法院可以在立案后将民事案件委托行政机关、人民调解组织、商事调解组织、行业调解组织或者其他具有调解职能的组织协助进行调解。当事人可以协商选定有关机关或者组织,也可商请人民法院确定。调解结束后,有关机关或者组织应当将调解结果告知人民法院。达成调解协议的,当事人可以申请撤诉、申请司法确认,或者由人民法院经过审查后制作调解书;调解不成的,人民法院应当及时审判。对于已经立案的民事案件,人民法院可以按照有关规定邀请符合条件的组织或者人员与审判组织共同进行调解。达成调解协议的,可以允许当事人撤诉,或者由人民法院经过审查后制作调解书。调解不成的,人民法院应当及时审判。经行政机关、人民调解组织、商事调解组织、行业调解组织或者其他具有调解职能的组织调解达成的具有民事合同性质的协议,经调解组织和调解员签字盖章后,当事人可以申请有管辖权的人民法院确认其效力。当事人请求履行调解协议、请求变更、撤销调解协议或者请求确认调解协议无效的,可以向人民法院提起诉讼。

《关于建立健全诉讼与非诉讼相衔接的矛盾纠纷解决机制的若干意见》将调解与公证、法院督促程序、诉讼程序等程序衔接,提出了增强调解协议的法律效力和执行保障的方案,有利于简化纠纷解决过程,节约纠纷解决资源,提高纠纷解决效率,有力维护金融消费者合法权益。

第四章　保障和补偿计划

目前,金融消费者保护工作日益提上日程。我国的“一行三会”均已成立专门的金融消费者保护部门,并已着手开展金融消费者保护工作。我国 2014 年 3 月 15 日起实施的新版《消费者权益保护法》,增加了关于金融方面的规定,理论上可以用来保护金融消费者的合法权益。① 2015 年 1 月 4 日国务院办公厅印发《指导意见》,明确指出,要坚持市场化和法治化原则,坚持审慎监管与行为监管相结合,建立健全金融消费者权益保护监管机制和保障机制,规范金融机构行为,培育公平竞争和诚信的市场环境,切实保护金融消费者合法权益,防范和化解金融风险,促进金融业持续健康发展。2017 年 2 月中国人民银行金融消费权益保护工作会议在广州召开,会议总结了往年中国人民银行金融消费权益保护工作,分析了 2017 年金融消费权益保护工作形势,结合贯彻中央经济工作会议和中国人民银行工作会议精神,对 2017 年金融消费权益保护工作作出全面部署。同时,我国金融监管机构证监会、保监会、银监会也都设立了专门的消费者保护局用于处理金融投诉纠纷(中国人民银行成立了金融消费权益保护局,银监会则成立了银行业消费者权益保护局,证监会成立了投资者保护局,保监会

---

① 夏伟亮:《〈消费者权益保护法〉在金融消费领域的适用》,载《南方金融》2016 年第 4 期。

成立了保险消费者权益保护局)。

然而,在开展金融消费者保护的过程中也出现了诸多问题。全国人大代表、中国人民银行南京分行行长周学东就曾指出,由于缺少高层级的、专门的、明确的金融消费者保护法律规范和依据,金融消费者保护部门欠缺必要的工作手段与措施,消费者金融权益也得不到法律的有效保障和救济,在特定环境和多重因素作用下,很可能诱发难以预料的重大风险。因此,从提高金融消费者保护有效性的角度看,必须尽快制定金融消费者保护专门法律,为金融消费者权益保护提供法律支撑。

金融消费者的救济途径主要包括两个方面的内容:一是当相关责任方具有赔偿能力时,须通过金融消费者纠纷解决制度,由责任方就金融消费者的损失给予民事赔偿;二是当金融机构出现支付危机、面临破产或倒闭清算等原因无法赔偿金融消费者的经济损失时,由金融消费者补偿制度的专项基金对金融消费者的特定的经济损失进行限额内的经济补偿。补偿机制是通过行业费用分摊的形式设立专项基金,对金融消费者进行经济补偿或赔偿的一种制度,主要包括存款保险制度、证券投资者保护基金制度、保险保障基金制度等。它是金融消费者权利民事救济的重要屏障,是弥补金融领域内不正当行为所带来损失的有效手段。

目前,国外多数国家就消费者保障和补偿计划范畴,主要设有保护基金和赔偿基金制度。金融消费者保护调查问卷分析结果显示:消费者对银行业处理模式以及处理态度认可度最高,对保险业和证券业的认可度次之,而对信托、基金、互联网金融以及黄金外汇的接受度相比最低,约为 15%,金融行业服务者的处理态度有待提高(如图 9 所示)。

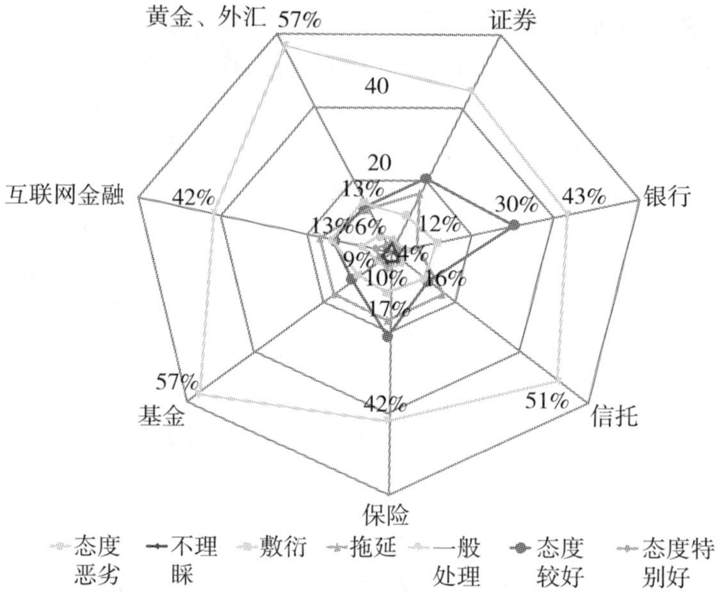

图 9

纠纷发生时，绝大多数(65%左右)消费者选择与金融机构协商以及向有关部门投诉这两种方式，而很少有人寻求法律上的救济途径，选择向法院起诉以及仲裁的约占全体调查人数的20%，忍气吞声不寻求任何帮助的人数居然占到了全体人数的20%(如图10所示)。

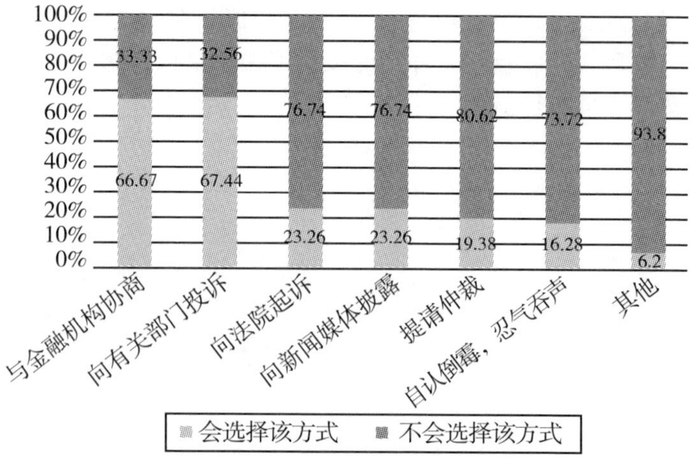

图 10

众多消费者反映金融机构服务意识差、乱收费、乱收集个人信息、产品或服务信息不透明、虚假宣传等问题，可见，诸多因素所形成的尚不优质金融消费环境使得金融消费者对于当前中国金融服务业的认可度普遍不高。我国金融消费者权益保障和补偿计划的实施刻不容缓，金融消费者权利的民事救济应该以赔偿机制作为后盾，在因金融机构的责任而遭受损失时得到相关赔偿，为此，应建立相应的金融消费者赔偿制度。

以下，谨从银行业机构、证券业机构、保险业机构、互联网金融机构以及第三方支付机构的现有制度出发，就中国当前关涉金融消费者权益保证和补偿计划进行概括总结。

第一节　银行业机构

从国家金融消费者权益保护的立法情况来看，可以说尚未形成绝对完整的法律体系。2013 年 8 月银监会出台《工作指引》，填补了国内银行业消费者权益保护制度方面的空白；2013 年 10 月 25 日第十二届全国人大常委会第五次会议审议通过新修订的《消费者权益保护法》，首次明确将银行等金融服务行业纳入其中，提出将金融服务对象纳入消费者权益保护框架下加以保护的意图和趋势。2014 年银监会发布《关于印发银行业消费者权益保护工作指引的通知》，从制度体系是否完备、制度执行是否有可靠保障等方面评估银行业金融机构消费者权益保护工作开展情况和实际效果。2015 年 11 月国务院办公厅出台了《指导意见》，进一步为银行业消费者权益保护提供法律支持。然而，银行业的特殊性决定了其消费者权益保护不能生搬硬套我国《消费者权益保护法》，只有通过完善与银行业相关的法律法规，才能给银行业消费者提供有力的权益保护。同时，各商业银行也积极贯彻落实监管要求，通过完善组织架构健全制度流程，一定程度上完善了消费者权益保护工作。

银行业机构对金融消费者的保护在制度层面主要体现为存款准备金制度、存款保险制度以及备付金制度。

一、存款准备金制度

（一）概述

存款准备金是指金融机构为保证客户提取存款和资金清算需要而准备的资金。金融机构按规定，向央行缴纳的存款准备金占其存款总额的比例就是存款准备金率。作为货币政策操作工具的存款准备金制度是包含央行对存款准备金率、需要缴存准备金的金融机构、不同类型存款(资产)的存款准备金率、可以作为存款准备金的资产类型、存款准备金的计提方式、存款准备金付息及其(付息时)利率以及相关罚则等内容在内的一系列制度的总称。

1984 年中国人民银行成立,我国开始了完全意义上的货币政策实践,我国存款准备金制度建立于这一年,这是我国最早运用的一般性货币政策工具。存款准备金制度最初的设计思路是使中国人民银行能够掌握相当数量的信贷资金来源,以便扩大再贷款规模和进行信贷结构调整。

(二)具体制度

1. 存款准备金制度法律关系的法律主体

存款准备金制度的法律关系主体为中国人民银行、银行业金融机构与商业银行、与商业银行的存款人。

2. 法定存款准备金率的调整

《中国人民银行法》(2003 年)第 23 条规定:"中国人民银行为执行货币政策,可以运用下列货币政策工具:(一)要求金融机构按照规定的比例交存存款准备金……中国人民银行为执行货币政策,运用前款所列货币政策工具时,可以规定具体的条件和程序。"所以,存款准备金率的调整权力归属中国人民银行。

3. 缴存准备金的金融机构

根据我国存款准备金制度规定,我国境内的商业银行、财务公司、信托投资公司和信用社等存款机构(含外资)必须按照其适用的存款准备金率缴存存款准备金。2004 年实施差别存款准备金制度后,各存款机构不再适用相同的存款准备金率,而是依据其资本充足率水平、资产质量等四项指标适用不同的存款准备金率。

4. 存款准备金制度金缴纳的范围

对于我国存款准备金制度金缴纳的范围主要规定在《中国人民银行信贷资金管理试行办法》规定中,根据法律文本的具体规定,可以总结为两大类:财政类存款和其他类型存款。财政类存款包含财政金库存款、地方财政预算外存款、基本建设存款、机关团体存款或军事单位等财政性存款。其他类型存款可以继续分为机关团体存款和个人存款。财政类存款一般实行全部上缴中国人民银行,而其他类型存款由金融机构按照实时的法定存款准备金率上缴中国人民银行。

5. 存款准备金率变动对商业银行机构的作用过程

当央行提高法定准备金率时，商业银行机构可提供放款及创造信用的能力就下降。因为准备金率提高，货币乘数就变小，从而降低了整个国家商业银行体系创造信用、扩大信用规模的能力，其结果是社会的银根偏紧，货币供应量减少，利息率提高，社会投资及社会支出都相应缩减。如果存款准备金率下调，则上述作用相反。

6. 计提方式

(1) 存款准备金的计算期、存款基数、持有期以及滞后期

存款机构的存款准备金按旬考核，即旬末的存款余额为存款准备金的计提基数，确定该存款机构下一持有期的准备金持有量。持有期为计算期后 5 日开始的为数 10 日的持有期间。可见，我国存款准备金制度中计算期与持有期均为 10 日，滞后期为 5 日，为即时存款准备金制度。计算期看起来为 10 日，由于存款机构各种规避行为的作用，实际上确定的计提基数并不能准确反映计算期内存款机构所吸收的存款总额。为此，2001 年后，中国人民银行要求各存款机构按法人为单位报交日存款余额总数，并加强了审查与监督，有效地改进了计算期与持有期的一致性。

(2) 存款准备金按日考核，禁止日透支

持有期内，中国人民银行在每日日终考核其存款准备金率，即每日存款准备金要求。而日间控制其存款账户的透支行为，即禁止存款准备金账户透支。

(3) 存款准备金的支付清算功能与结转

1998 年存款准备金制度改革后，合并的存款准备金账户可以用于支付清算。但是，用于支付清算的只能是超额存款准备金部分以及临时准备金账户余额。存款准备金不可以结转。

(4) 中国人民银行支付清算系统

中国人民银行不断改进支付清算体系，异地跨行支付实现了从手工联行到电子联行，再到现代化支付系统的飞跃。支付清算体系的建立保证了高效快捷的支付清算服务，基本实现大额支付的零在途，有效地防范支付风险，强化了央行对货币总量的控制，同时兼顾不同支付主体之间清算服务要求上的差别，降低了清算费用与成本。①

---

① 陈志鹏：《我国法定存款准备金率调整对商业银行流动性创造的影响研究》，深圳大学 2017 年硕士学位论文。

(三)法律责任

我国存款准备金制度的罚则包括强行扣款、罚息以及依法论处等。其中,罚息是指对存款准备金不足额部分按日利率万分之六处以罚款,对有意不交足存款准备金的存款机构则处以更高的罚息。

根据我国《商业银行法》的规定,未按照中国人民银行规定的比例交存存款准备金的,由中国人民银行责令改正,并处20万元以上50万元以下罚款;情节特别严重或者逾期不改正的,中国人民银行可以建议国务院银行业监督管理机构责令停业整顿或者吊销其经营许可证;构成犯罪的,依法追究刑事责任。《商业银行法》还规定:商业银行不按照规定向国务院银行业监督管理机构报送有关文件、资料的,由国务院银行业监督管理机构责令改正,逾期不改正的,处10万元以上30万元以下罚款。

二、存款保险制度

(一)概述

《存款保险条例》第3条对存款保险的定义如下:“存款保险,是指投保机构向存款保险基金管理机构交纳保费,形成存款保险基金,存款保险基金管理机构依照本条例的规定向存款人偿付被保险存款,并采取必要措施维护存款以及存款保险基金安全的制度。”

所谓存款保险制度,就是指一个国家或地区的政府为保护存款人的利益,维护金融体系的安全与稳定,根据相关法律法规,设立专门的存款保险机构,规定一定范围的吸收存款的金融机构必须或者自愿向存款保险机构交纳保险费,进而建立存款保险基金,当投保金融机构发生支付危机或破产倒闭时,由存款保险机构按照规定标准向其提供资金援助或直接向存款人支付部分或全部存款的制度。

(二)具体制度

1. 偿付限额

根据《存款保险条例》第5条的规定,存款保险实行限额偿付,最高偿付限额为人民币50万元。中国人民银行会同国务院有关部门可以根据经济发展、存款结构变化、金融风险状况等因素调整最高偿付限额,报国务院批准后公布执行。同一存款人在同一家投保机构所有被保险存款账户的存款本金和利息合并计算的资金数额在最高偿付限额以内的,实行全额偿付;超出最高偿付限额的部分,依法从投保机构清算财产中受偿。存款保险基金管理机构偿付存款人的被保险存款后，即在偿付金额范围内取得该存款人对投保机构相同清偿顺序的债权。社会保险基金、住房公积金存款的偿付办法由中国人民银行会同国务院有关部门另行制定，报国务院批准。

2. 来源

存款保险基金的来源包括：投保机构交纳的保费；在投保机构清算中分配的财产；存款保险基金管理机构运用存款保险基金获得的收益；以及其他合法收入。

3. 管理机构职责及核查机制

存款保险基金管理机构履行下列职责：制订并发布与其履行职责有关的规则；制定和调整存款保险费率标准，报国务院批准；确定各投保机构的适用费率；归集保费；管理和运用存款保险基金；依照本条例的规定采取早期纠正措施和风险处置措施；在本条例规定的限额内及时偿付存款人的被保险存款以及国务院批准的其他职责。

存款保险基金管理机构履行职责，发现有下列情形之一的，可以进行核查：投保机构风险状况发生变化，可能需要调整适用费率的，对涉及费率计算的相关情况进行核查；投保机构保费交纳基数可能存在问题的，对其存款的规模、结构以及真实性进行核查；对投保机构报送的信息、资料的真实性进行核查。对核查中发现的重大问题，应当告知银行业监督管理机构。

4. 存款保险费

存款保险费率由基准费率和风险差别费率构成。费率标准由存款保险基金管理机构根据经济金融发展状况、存款结构情况以及存款保险基金的累积水平等因素制定和调整，报国务院批准后执行。各投保机构的适用费率，由存款保险基金管理机构根据投保机构的经营管理状况和风险状况等因素确定。

投保机构应当交纳的保费，按照本投保机构的被保险存款和存款保险基金管理机构确定的适用费率计算，具体办法由存款保险基金管理机构规定。

投保机构应当按照存款保险基金管理机构的要求定期报送被保险存款余额、存款结构情况以及与确定适用费率、核算保费、偿付存款相关的其他必要资料。

投保机构应当按照存款保险基金管理机构的规定，每 6 个月交纳一次保费。

5. 保险费率

存款保险基金的运用，应当遵循安全、流动、保值、增值的原则，限于下列形式:存放在央行;投资政府债券、央行票据、信用等级较高的金融债券以及其他高等级债券以及国务院批准的其他资金运用形式。

存款保证基金的保险费率由基准费率和风险差别费率构成。存款保险制度是推进民营银行发展、增强银行业竞争的基本制度保障;也是进一步放开存款利率限制,推进利率市场化的要求。①

6. 会计制度

存款保险基金管理机构应当自每一会计年度结束之日起3个月内编制存款保险基金收支的财务会计报告、报表,并编制年度报告,按照国家有关规定予以公布。存款保险基金的收支应当遵守国家统一的财务会计制度,并依法接受审计机关的审计监督。

7. 金融监督管理协调机制

存款保险基金管理机构参加金融监督管理协调机制,并与中国人民银行、银行业监督管理机构等金融管理部门、机构建立信息共享机制。

存款保险基金管理机构应当通过信息共享机制获取有关投保机构的风险状况、检查报告和评级情况等监督管理信息。如果信息不能满足控制存款保险基金风险、保证及时偿付、确定差别费率等需要的,存款保险基金管理机构可以要求投保机构及时报送其他相关信息。

8. 风险提示及相关义务

存款保险基金管理机构发现投保机构存在资本不足等影响存款安全以及存款保险基金安全的情形的,可以对其提出风险警示。

投保机构因重大资产损失等原因导致资本充足率大幅度下降,严重危及存款安全以及存款保险基金安全的,投保机构应当按照存款保险基金管理机构、中国人民银行、银行业监督管理机构的要求及时采取补充资本、控制资产增长、控制重大交易授信、降低杠杆率等措施。

投保机构有前款规定情形,且在存款保险基金管理机构规定的期限内未改进的,存款保险基金管理机构可以提高其适用费率。

9. 保护存款人利益

存款保险基金管理机构可以选择下列方式使用存款保险基金,保护存款

① 孙付:《宏观经济政策分析——存款保险制度:开启银行业竞争性时代》,载新浪财经网:http://vip.stock.finance.sina.com.cn/q/go.php/vReport_Show/kind/lastest/rptid/2576876/index.phtml,最后访问日期:2018年1月28日。

人利益:在本条例规定的限额内直接偿付被保险存款;委托其他合格投保机构在本条例规定的限额内代为偿付被保险存款;为其他合格投保机构提供担保、损失分摊或者资金支持,以促成其收购或者承担被接管、被撤销或者申请破产的投保机构的全部或者部分业务、资产、负债。存款保险基金管理机构在拟订存款保险基金使用方案选择前款规定方式时,应当遵循基金使用成本最小的原则。

有下列情形之一的,存款人有权要求存款保险基金管理机构在本条例规定的限额内,使用存款保险基金偿付存款人的被保险存款:存款保险基金管理机构担任投保机构的接管组织;存款保险基金管理机构实施被撤销投保机构的清算;人民法院裁定受理对投保机构的破产申请以及经国务院批准的其他情形。存款保险基金管理机构应当依照规定,在规定情形发生之日起7个工作日内足额偿付存款。

(三)法律责任

存款保险基金管理机构的工作人员有下列行为之一的,依法给予处分:违反规定收取保费;违反规定使用、运用存款保险基金;违反规定不及时、足额偿付存款。存款保险基金管理机构的工作人员滥用职权、玩忽职守、泄露国家秘密或者所知悉的商业秘密的,依法给予处分;构成犯罪的,依法追究刑事责任。

投保机构有下列情形之一的,由存款保险基金管理机构责令限期改正;逾期不改正或者情节严重的,予以记录并作为调整该投保机构的适用费率的依据:未依法投保;未依法及时、足额交纳保费;未按照规定报送信息、资料或者报送虚假的信息、资料;拒绝或者妨碍存款保险基金管理机构依法进行的核查;妨碍存款保险基金管理机构实施存款保险基金使用方案。

投保机构有前款规定情形的,存款保险基金管理机构可以对投保机构的主管人员和直接责任人员予以公示。投保机构有前款第2项规定情形的,存款保险基金管理机构还可以按日加收未交纳保费部分0.05%的滞纳金。

三、备付金制度

(一)概述

备付金是商业银行保护存款人利益,满足存款支付,确保资产流动性所做的准备。它包括库存现金和在中国人民银行备付金存款。备付金在商业银行资产项目中营利性小,其管理原则是既要确保支付,又要尽量减少不必要的占用,既控制在正常需要的最低限,判断其是否充足的重要标志是备付金率。

(二)具体制度

1. 备付金的组成

备付金由金融机构存放在中国人民银行往来户的存款和库存现金两部分构成。对按规定存入中国人民银行的其他存款,如特种存款,以及国有商业银行存放其上级银行的存款等,不计算在备付金范围之内。

2. 备付金率

所谓备付金率是指金融机构备付金占其各项存款的比例。农业银行为7%~9%,中国银行为6%~10%,建设银行为5%~11%,交通银行为5%~7%。其他商业银行和非银行金融机构的备付金率,由中国人民银行当地分支行根据各金融机构的实际情况确定,报上级银行备案后实行。

3. 备付金率考核

中国工商银行、中国农业银行、中国银行、中国建设银行和交通银行的备付金率由中国人民银行总行考核,其分支机构由各自总行考核。各总行要根据各地所属分行的实际情况,具体分解情况抄报中国人民银行总行,抄送中国人民银行各分行,中国人民银行分行将据此进行监测。上述各银行对所属分行备付金率的调整情况,也要及时书面报告中国人民银行总行和抄送中国人民银行有关分行。在接到调整通知前,中国人民银行有关分行仍按原有备付金率进行监测。未在中国人民银行设账户的城市信用社和其他非银行金融机构,经所在中国人民银行分行审查批准,对其在商业银行往来结算账户的存款,可纳入备付金进行考核。

4. 备付金调整

对备付金率超过规定比例的银行,在超过规定比例10日后,中国人民银行应停止对其增加贷款,并可根据情况收回贷款。备付金存款年利率为9.18%,中国人民银行将根据宏观调控的需要,适时调高或降低备付金存款利率。

(三)法律责任

各银行和非银行金融机构必须严格按照确定的备付金率,合理运用资产和负债,努力将备付金率维持在规定的比例之内。未达到最低比例要求的,要在10日内补足,10日内仍未达到比例要求的金融机构,不得增加贷款,不得向外拆出资金,直到达到比例为止。对1个月内仍未达到比例要求的金融机构,中国人民银行要在辖区内通报批评。

第二节　证券业机构

尽管我国证券行业金融消费者保护工作发展较晚,但是目前也基本形成了涵盖证监会监管规章、证券交易所业务规则、证券行业协会自律规则、证券公司自律制度四个方面的制度体系,涉及对象涉及股票及债券交易、基金销售、创业板交易等。长期以来,我国证券行业就十分重视投资者利益的保护,主要建立了证券保护基金制度以及证券结算风险基金制度。

一、证券保护基金制度

(一)概述

我国《证券法》已经规定了证券保护基金制度,该保护基金主要针对投资者补偿的前提是证券公司因经营不善而出现破产或支付困境,这一大前提排除了个别投资者权益的保护。根据《证券投资者保护基金管理办法》的规定,可以对证券业机构当前的保护基金概况进行如下分析。

《证券投资者保护基金管理办法》第 2 条规定:“证券投资者保护基金(以下简称基金)是指按照本办法筹集形成的、在防范和处置证券公司风险中用于保护证券投资者利益的资金。”

所谓证券投资者保护基金制度,就是指一个国家或地区的政府为保护证券投资者,尤其是中小证券投资者的利益,维护证券市场的稳定,根据相关法律法规,向证券从业机构筹集资金,建立专门的、非营利性的证券投资者保护基金,当其会员出现支付危机、面临破产或倒闭清算等原因给证券投资者造成损失时,由基金对适格投资人进行限额以内的经济赔偿的制度。

证券投资者保护基金制度的宗旨在于:建立防范和处置证券公司风险的长效机制,维护社会经济秩序和社会公共利益,保护证券投资者的合法权益,促进证券市场有序、健康发展。

(二)具体制度

1. 原则

证券交易活动实行公开、公平、公正和投资者投资决策自主、投资风险自担的原则。投资者在证券投资活动中因证券市场波动或投资产品价值本身发生变化所导致的损失,由投资者自行负担。基金主要用于按照国家有关政策规定对债权人予以偿付。基金按照取之于市场、用之于市场的原则筹集。基金的筹集方式、标准，由证监会、中国人民银行决定。

2. 基金公司的职责

基金公司依据国家有关法律、法规及本办法独立运作，基金公司董事会对基金的合规使用及安全负责。

基金公司的职责包括：筹集、管理和运作基金；监测证券公司风险，参与证券公司风险处置工作；证券公司被撤销、被关闭、破产或被证监会实施行政接管、托管经营等强制性监管措施时，按照国家有关政策规定对债权人予以偿付；组织、参与被撤销、关闭或破产的证券公司的清算工作；管理和处分受偿资产，维护基金权益；发现证券公司经营管理中出现可能危及投资者利益和证券市场安全的重大风险时向证监会提出监管、处置建议；对证券公司运营中存在的风险隐患会同有关部门建立纠正机制以及国务院批准的其他职责。

基金公司应当与证监会建立证券公司信息共享机制，证监会定期向基金公司通报关于证券公司财务、业务等的经营管理信息。证监会认定存在风险隐患的证券公司，应按照规定直接向基金公司报送财务、业务等经营管理信息和资料。

3. 基金筹集

(1)基金来源

基金的来源主要有：上海、深圳证券交易所在风险基金分别达到规定的上限后，交易经手费的20%纳入基金；所有在中国境内注册的证券公司，按其营业收入的0.5%～5%缴纳基金，经营管理或运作水平较差、风险较高的证券公司，应当按较高比例缴纳基金，各证券公司的具体缴纳比例由基金公司根据证券公司风险状况确定后，报证监会批准，并按年进行调整，证券公司缴纳的基金在其营业成本中列支；发行股票、可转债等证券时，申购冻结资金的利息收入；依法向有关责任方追偿所得和从证券公司破产清算中受偿收入；国内外机构、组织及个人的捐赠以及其他合法收入。

当基金公司设立时，财政部专户储存的历年认购新股冻结资金利差余额，一次性划入，作为基金公司的注册资本；中国人民银行安排发放专项再贷款，垫付基金的初始资金。专项再贷款余额的上限以国务院批准额度为准。

根据防范和处置证券公司风险的需要，基金公司可以多种形式进行融资。必要时，经国务院批准，基金公司可以通过发行债券等方式获得特别融资。基金公司因履行职责需要流动性支持时，证监会会同中国人民银行报请国务院批准后，可以向中国人民银行申请再贷款。

(2)基金缴纳方式

证券公司采用当年预缴、次年汇算清缴的方式缴纳基金。证券公司应在年度审计结束后,根据其审计后的收入和事先核定的比例确定需要缴纳的基金金额,并及时向基金公司申报清缴。中国证券登记结算有限责任公司及各主承销商应于每季结息后5个工作日内,将证券发行申购冻结资金利息全额划入基金公司指定的账户;证券交易所应于每季后10个工作日内,将交易经手费中应纳入基金的部分划入基金公司指定的账户。

4.基金用途

为处置证券公司风险需要动用基金的,证监会根据证券公司的风险状况制定风险处置方案,基金公司制订基金使用方案,报经国务院批准后,由基金公司办理发放基金的具体事宜。

概括来说,基金主要是在证券公司被撤销、被关闭、破产或被证监会实施行政接管、托管经营等强制性监管措施时,按照国家有关政策规定对债权人进行偿付。基金的资金运用限于银行存款、购买政府债券、央行票据、中央企业债券、信用等级较高的金融机构发行的金融债券以及国务院批准的其他资金运用形式。

5.管理和监督

(1)管理

证券公司、托管清算机构应按规定用途使用基金,不得将基金挪作他用。基金公司对使用基金的情况进行检查,并可委托中介机构进行专项审计。接受检查的证券公司或托管清算机构及有关单位、个人应予以配合。基金公司、证券公司及托管清算机构应妥善保管基金的收划款凭证、兑付清单及原始凭证,确保原始档案的完整性,并建立基金核算台账。

(2)监督

对于本基金的监督机构主要是财政部、证监会和中国人民银行。

财政部负责基金公司的国有资产管理和财务监督。中国人民银行负责对基金公司向其借用再贷款资金的合规使用情况进行检查监督。基金公司日常运营费用按照国家有关规定列支,具体支取范围、标准及预决算等由基金公司董事会制定,报财政部审批。基金公司每年应向财政部专题报告财务收支及预算、决算执行情况,接受财政部的监督检查。

证监会负责监督证券公司按期足额缴纳基金以及按期向基金公司如实保送财务、业务等经营管理信息、资料和基金公司监测风险所需的涉及客户资金安全的数据、材料。证监会负责基金公司的业务监管,监督基金的筹集、管理与使用。证监会应按年度向国务院报告基金公司运作和证券公司风险处置情况,同时抄送财政部、中国人民银行。证券公司、托管清算机构应按规定用途使用基金,不得将基金挪作他用。基金公司对使用基金的情况进行检查,并可委托中介机构进行专项审计。接受检查的证券公司或托管清算机构及有关单位、个人应予以配合。

基金公司每年应向中国人民银行专题报告再贷款资金的使用情况,接受中国人民银行的监督检查。

(三)法律责任

对挪用、侵占或骗取基金的违法行为,依法严厉打击;对有关人员的失职行为,依法追究其责任;涉嫌犯罪的,移送司法机关依法追究其刑事责任。

二、结算风险基金制度

(一)概述

证券登记结算机构涉及大量的资金结算项目,事关交易安全,与其他的证券业机构相比,其更需要应对交易风险,因此有必要设立相关的风险应对基金,根据我国《证券法》第 163 条的规定,“证券登记结算机构应当设立证券结算风险基金,用于垫付或者弥补因违约交收、技术故障、操作失误、不可抗力造成的证券登记结算机构的损失。证券结算风险基金从证券登记结算机构的业务收入和收益中提取,并可以由结算参与人按照证券交易业务量的一定比例缴纳。证券结算风险基金的筹集、管理办法,由国务院证券监督管理机构会同国务院财政部门规定”。对于结算风险基金的设立和管理规定较其他风险基金的管理更为严格和细致,结算风险基金也是实行专门账户专项管理。

(二)具体制度

1. 来源

《证券结算风险基金管理办法》第 3 条规定:“本基金来源:(一)按证券登记结算机构业务收入、收益的百分之二十分别提取;(二)结算参与人按人民币普通股和基金成交金额的十万分之三、国债现货成交金额的十万分之一、1 天期国债回购成交额的千万分之五、2 天期国债回购成交额的千万分之十、3 天期国债回购成交额的千万分之十五、4 天期国债回购成交额的千万分之二十、7 天期国债回购成交额的千万分之五十、14 天期国债回购成交额的十万分之一、28 天期国债回购成交额的十万分之二、91 天期国债回购成交额的十万分之六、182 天期国债回购成交额的十万分之十二逐日交纳。”

2. 用途

证券登记结算机构设立的证券结算风险基金，用于垫付或者弥补因违约交收、技术故障、操作失误、不可抗力造成的证券登记结算机构的损失。证券结算风险基金从证券登记结算机构的业务收入和收益中提取，并可以由结算参与人按照证券交易业务量的一定比例交纳。

3. 交纳

每一财政年度终了，本基金净资产达到或超过 30 亿元后，下一年度不再根据《证券结算风险基金管理办法》第 3 条第 1 项规定提取资金，结算参与人不再根据第 3 条第 2 项规定交纳，但每个结算参与人加入结算系统后按第 3 条第 2 项交纳资金的时间不得少于 1 年。

每个财政年度终了，本基金净资产不足 30 亿元，下一年度应按《证券结算风险基金管理办法》第 3 条第 1 项规定继续提取资金，结算参与人应按第 3 条第 2 项规定继续交纳。

4. 调整、管理和动用

证监会会同财政部可以根据市场风险情况，适当调整本基金规模、资金提取和交纳方式、比例。本基金资产与证券登记结算机构资产分开列账。本基金应当下设分类账，分别记录按本办法第 3 条各项所形成的本基金资产、利息收入及对应的资产本息使用情况。本基金最低支付限额 2000 万元。证券登记结算机构动用本基金时，必须报经证监会会同财政部批准。

第三节 保险业机构

保险消费者权益的有效保障，关乎保险业的健康和可持续发展。因此，我国《保险法》在 2009 年 2 月新修订后，重点加强了对消费者的权益保护。新修订的《保险法》第 1 条在原有内容基础上，增加了“维护社会经济秩序和社会公共利益”的内容，明确指出该法保护保险消费者权益的立法宗旨和基本准则。2011 年 10 月保监会正式成立保险消费者权益保护局，监管当局对于保险消费者权益保护问题日益重视。加之全球金融危机爆发后，金融保险产品消费者的权益保护问题被各国政府提上重要议程，成为各国民众关心的问题。因而，讨论中国如何更好地保护保险消费者权益，建立一套公平高效的消费者权益保护机制，使保险在维护消费者权益、促进经济增长和维护金融稳定方面发挥更为积极的作用,具有深刻的现实意义。

保险业机构金融消费者权益保护制度主要有:保险保障基金制度、未到期责任准备金制度以及未决赔款准备金制度。

一、保险保障基金制度

(一)概述

《保险保障基金管理办法》第3条规定:"本办法所称保险保障基金,是指按照《中华人民共和国保险法》和本办法规定缴纳形成,在本办法第十六条规定的情形下,用于救助保单持有人、保单受让公司或者处置保险业风险的非政府性行业风险救助基金。"

所谓保险保障基金制度,就是指一个国家或地区的政府为保护保单持有人的利益,维护保险业的稳定,根据相关法律法规,设立专门的由保险公司依法交纳费用并由专门机构进行管理的非营利性风险救助基金,用于保险公司因被撤销或破产而不足以偿付保单利益时,对保单持有人的直接经济损失进行补偿,或者用于在保险公司存在重大风险将危及金融稳定和社会公共利益的情况下进行保险业风险处置的制度。

保险保障基金与未到期责任准备金及未决赔款准备金不同。未到期责任准备金和未决赔款准备金是保险机构的负债,用于正常情况下的赔款,而保险保障基金则属于保险组织的资本,主要是应付巨大灾害事故的特大赔款,只有在当年业务收入和其他准备金不足以赔付时方能运用。为保障被保险人的利益,支持保险公司稳健经营,保险公司应当按照保险法则的规定,从公司当年保费收入中提取0.8%作为保险保障基金。该项基金提取金额达到保险公司总资产的10%时可停止提取。保险保障基金应单独提取,专户存储于中国人民银行或中国人民银行指定的商业银行。保险保障基金应当集中管理,统筹使用。

(二)基本制度

1. 构成

保险保障基金分为财产保险保障基金和人身保险保障基金,财产保险保障基金由财产保险公司缴纳形成,人身保险保障基金由人身保险公司缴纳形成。保险保障基金以保障保单持有人利益、维护保险业稳健经营为使用原则,依法集中管理,统筹使用。设立国有独资的中国保险保障基金有限责任公司(以下简称保险保障基金公司),依法负责保险保障基金的筹集、管理和使用。

保险保障基金公司依法独立运作，其董事会对保险保障基金的合法使用以及安全负责。

2. 筹集

(1) 保险保障基金的来源

保险保障基金主要源于境内保险公司依法缴纳的保险保障基金、保险保障基金公司依法从破产保险公司清算财产中获得的受偿收入、捐赠、上述资金的投资收益以及其他合法收入。

(2) 保险保证基金的范围

保险公司应当按照下列规定，对经营的财产保险业务或者人身保险业务缴纳保险保障基金，缴纳保险保障基金的保险业务纳入保险保障基金救助范围：非投资型财产保险按照保费收入的 0.8% 缴纳，投资型财产保险，有保证收益的，按照业务收入的 0.08% 缴纳，无保证收益的，按照业务收入的 0.05% 缴纳；有保证收益的人寿保险按照业务收入的 0.15% 缴纳，无保证收益的人寿保险按照业务收入的 0.05% 缴纳；短期健康保险按照保费收入的 0.8% 缴纳，长期健康保险按照保费收入的 0.15% 缴纳；非投资型意外伤害保险按照保费收入的 0.8% 缴纳，投资型意外伤害保险，有保证收益的，按照业务收入的 0.08% 缴纳，无保证收益的，按照业务收入的 0.05% 缴纳。

3. 保险保障基金的使用

(1) 使用情形

有下列情形之一的，可以动用保险保障基金：保险公司被依法撤销或者依法实施破产，其清算财产不足以偿付保单利益的；保监会商有关部门认定，保险公司存在重大风险，可能严重危及社会公共利益和金融稳定的。动用保险保障基金，由保监会拟定风险处置方案和使用办法，商有关部门后，报经国务院批准。

(2) 使用原则

保险保障基金公司应当对财产保险保障基金和人身保险保障基金分账管理、分别使用。财产保险保障基金主要用于向财产保险公司的保单持有人提供救助时对财产保险公司进行风险处置。人身保险保障基金主要用于向人身保险公司的保单持有人和接受人寿保险合同的保单受让公司提供救助时对人身保险公司进行风险处置。

(3)分配和清算

①非人寿保险合同保单利益偿付

保险公司被依法撤销或者依法实施破产，其清算财产不足以偿付保单利益的，保险保障基金按照下列规则对非人寿保险合同的保单持有人提供救助：保单持有人的损失在人民币5万元以内的部分，保险保障基金予以全额救助；保单持有人为个人的，对其损失超过人民币5万元的部分，保险保障基金的救助金额为超过部分金额的90%；保单持有人为机构的，对其损失超过人民币5万元的部分，保险保障基金的救助金额为超过部分金额的80%。

②人寿保险合同保单利益偿付

被依法撤销或者依法实施破产的保险公司的清算资产不足以偿付人寿保险合同保单利益的，保险保障基金可以按照下列规则向保单受让公司提供救助：保单持有人为个人的，救助金额以转让后保单利益不超过转让前保单利益的90%为限；保单持有人为机构的，救助金额以转让后保单利益不超过转让前保单利益的80%为限。

③保障金额及比例的确定

为保障保单持有人的合法权益，根据社会经济发展的实际情况，经国务院批准，保监会可会同有关部门适时调整保险保障基金的救助金额和比例。

④保险保障基金扣减顺序

保险公司被依法撤销或者依法实施破产，保险保障基金对保单持有人或者保单受让公司予以救助的，按照下列顺序从保险保障基金中扣减：被依法撤销或者依法实施破产的保险公司保险保障基金余额；其他保险公司保险保障基金余额。

其他保险公司保险保障基金余额的扣减金额，按照各保险公司上一年度市场份额计算。

保险公司被依法撤销或者依法实施破产的，在撤销决定作出后或者在破产申请依法向人民法院提出前，保单持有人可以与保险保障基金公司签订债权转让协议，保险保障基金公司以保险保障基金向其支付救助款，并获得保单持有人对保险公司的债权。

清算结束后，保险保障基金获得的清偿金额多于支付的救助款的，保险保障基金应当将差额部分返还给保单持有人。

4. 管理和监督

(1)管理

保险保障基金的资金运用限于银行存款,买卖政府债券、央行票据、中央企业债券、中央级金融机构发行的金融债券,以及国务院批准的其他资金运用形式。保险保障基金的资金运用应当遵循安全性、流动性和收益性原则,在确保资产安全的前提下实现保值增值。保险保障基金公司可以委托专业的投资管理机构对保险保障基金进行投资管理,并对委托投资管理的保险保障基金实行第三方托管。

(2)监督

①监督职能分工

保监会依法对保险保障基金公司的业务和保险保障基金的筹集、管理、运作进行监管。财政部负责保险保障基金公司的国有资产管理和财务监督。保险保障基金公司预算、决算方案由保险保障基金公司董事会制定,报财政部审批。保险保障基金公司应当建立科学的业绩考评制度,并将考核结果定期报送保监会、财政部等有关部门。

②提交报告

保险保障基金公司应当按照下列规定提交有关报告:按月向保监会、财政部、中国人民银行等有关部门报送保险保障基金筹集、运用、使用情况;按照有关规定,向保监会、财政部、中国人民银行等有关部门报送经审计的公司年度财务报告;应当依法提交的其他报告。

保险保障基金公司未按照本办法规定及时向国家有关部门提交有关报告的,由国家有关部门责令改正。

(三)法律责任

保险公司违反我国《保险法》规定,未按照本办法规定及时缴纳保险保障基金的,由保监会对保险公司和负有直接责任的高级管理人员、直接责任人员依法进行处罚。保险保障基金公司董事、高级管理人员以及其他工作人员,违反法律、行政法规和本办法规定运用保险保障基金,或者以侵吞、窃取、骗取等手段非法占有保险保障基金,构成犯罪的,依法追究刑事责任。

二、未到期责任准备金制度

(一)概述

未到期责任准备金也称未赚保费准备金,是指在会计年度决算时,对未满期保险单提存的一种准备金制度。之所以规定这种资金准备,是因为保险业务年度与会计年度是不一致的。将保险责任尚未满期的,应属于下一年度的部分保险费提存出来所形成的准备金。

(二)基本制度

我国《保险法》规定未到期责任准备金除人寿保险业务外,应当从当年自留保险费中提取。提取和结转的数额,应当相当于当年自留保费的50%,人寿保险业务的未到期责任准备金应当按照有效的人寿保险单的全部净值提取。

根据保监会《保险公司非寿险业务准备金管理办法(试行)》(保监会令〔2004〕13号)的要求,财险公司从2005年1月15日开始,对未到期责任准备金的提取采用1/24法或1/365法等。寿险公司的非寿险业务仍可以按照1/2法来提取未到期责任准备金。

未到期责任准备金应在会计年度决算时一次计算提取,提取的计算方法有年平均估算法、季平均估算法和月平均估算法。

三、未决赔款准备金制度

(一)概述

未决赔款准备金是指保险公司在会计年度决算以前发生保险责任而未赔偿或未给付保险金,在当年收入的保险费中提取的资金。未决赔款准备金也称作赔款准备金。提取未决赔款准备金的目的在于保证保险公司承担将来的赔偿责任或给付责任,切实保护被保险人及其受益人的权益。未决赔款准备金不是保险公司的营业收入而是保险公司的负债。

(二)基本制度

1. 特点

未决赔款准备金特点有三:一是未决赔款一般是以保险金形式支付被保险人或受益人,是确定的,因为未决赔款准备金提取时保险事故已经发生,其支付只是时间迟早的问题。二是未决赔款准备金一般全部转化为保险金。三是未决赔款准备金的提取方法比较单一,即按照已经提出的保险赔偿或者给付金额,以及已经发生保险事故但尚未提出的保险赔偿或者给付金额,从当年的自留保险费中足额或者基本足额提取。

2. 提存情形

需要提存未决赔款准备金的情形有二:一是已经提出保险赔偿或者给付

请求。也就是说,投保人或者被保险人或者其受益人已经依据保险合同的约定,对保险事故导致的经济损失提出索赔。对于索赔要求,保险公司往往要经过核查手续,如勘定该损失是否在保险责任内、审核损失金额是多少等。在处理理赔之前,可以先从保险费中扣除一部分资金,转入未决赔款准备金中。二是已经发生保险事故但尚未提出保险赔偿或者给付请求。也就是说,保险公司已知保险事故发生,但被保险人或其受益人因种种原因未提出赔付要求,且在索赔时效内对于保险责任范围内的损失,保险公司有义务支付,因而保险公司需提留资金准备。总之,无论如何,保险公司对未决赔款在核算时应事先提存储备,以备赔偿或给付时支用。

3. 金额

未决赔款准备金的提出金额要按照已经提出的保险赔偿或者给付金额,以及已经发生保险事故但尚未提出的保险赔偿或者给付金额,从当年的自留保险费中足额提取。这里所说的自留保险费,是指保险公司承保并收取保险费后,除去因分保而支付的再保险费所剩余的保险费。

2004 年《保险公司管理规定》第 77 条规定:保险公司应当按照已经提出的保险赔偿或者给付金额提取未决赔款准备金;对已经发生保险事故但尚未提出的保险赔偿或者给付应当提取已发生未报告赔款的准备金,其提取金额按不超过当年实际赔款支出额的 4% 计提。

4. 估值方法

未决赔款准备金的估计方法主要有:逐案估计法、保险比例法、平均法、赔付率法、链梯法以及平均赔付额法。

第四节　信 托 机 构

金融消费者权益保护问题已经引起了我国政府和监管当局的高度重视。作为金融市场上重要的理财机构,信托公司应主动承担起金融消费者权益保护的职责,为构建良好的金融生态、和谐的金融消费创造社会氛围。2018 年证监会系统工作会议在北京召开,再次强调要规范信托人,保护投资者。信托机构的金融消费者保障制度主要体现为中国信托保障基金制度以及信托净资本管理制度。

一、信托保障基金制度

(一)概述

根据《信托业保障基金管理办法》第 2 条的规定,"保障基金是指按照本办法规定,主要由信托业市场参与者共同筹集,用于化解和处置信托业风险的非政府性行业互助资金"。

(二)基本制度

1. 原则

信托业风险处置应按照卖者尽责、买者自负的原则,发挥市场机制的决定性作用,防范道德风险。在信托公司履职尽责的前提下,信托产品发生的价值损失,由投资者自行负担。

设立中国信托业保障基金有限责任公司(以下简称保障基金公司)作为保障基金管理人,依法负责保障基金的筹集、管理和使用。保障基金设立理事会(以下简称基金理事会),负责审议和决策保障基金的筹集、管理和使用的重大事项。

2. 筹集和管理

(1)来源

保障基金源于依据《信托业保障基金管理办法》第 14 条筹集的资金;使用保障基金获得的净收益;国内外其他机构、组织和个人的捐赠;国务院银行业监督管理机构和财政部批准的其他来源。

(2)认购标准

保障基金现行认购执行下列统一标准,条件成熟后再依据信托公司风险状况实行差别认购标准:信托公司按净资产余额的 1% 认购,每年 4 月底前以上年度末的净资产余额为基数动态调整。资金信托按新发行金额的 1% 认购,其中,属于购买标准化产品的投资性资金信托的,由信托公司认购;属于融资性资金信托的,由融资者认购。在每个资金信托产品发行结束时,缴入信托公司基金专户,由信托公司按季向保障基金公司集中划缴;新设立的财产信托按信托公司收取报酬的 5% 计算,由信托公司认购。

3. 使用

具备下列情形之一的,保障基金公司可以使用保障基金:信托公司因资不抵债,在实施恢复与处置计划后,仍需重组的;信托公司依法进入破产程序,并进行重整的;信托公司因违法违规经营,被责令关闭、撤销的;信托公司因临时资金周转困难,需要提供短期流动性支持的;需要使用保障基金的其他情形。保障基金因使用导致余额减少时,先扣减由历年留存净收益等来源产生的公共积累部分。公共积累部分扣减完毕后,再以各信托公司上年年末净资产为权重扣减其基金余额。

4. 分配和清算

保障基金收入扣除日常支出后,净收益率高于国家一年期存款基准利率的,按照国家一年期存款基准利率向信托公司、融资者等认购人分配收益,剩余部分计入基金余额。净收益率低于国家一年期存款基准利率时,由保障基金公司提出收益分配方案并报基金理事会审议。

信托公司按净资产余额和新发财产信托认购的基金,其本金及收益由保障基金公司按年度与信托公司结算。

投资性资金信托和融资性资金信托认购的保障基金,其本金及收益由保障基金公司按季度与信托公司结算。信托公司在每个信托产品清算时向其认购者支付本金及收益。季中发生信托产品清算的,由信托公司先行垫付。

信托公司应当设立保障基金专项账户,用于核算保障基金认购者的资金及其应享收益,真实记录保障基金的归集及支付。信托公司应当按季度与保障基金公司核对认购保障基金的资金余额、变动和支付情况。

5. 监督管理

(1)管理

保障基金公司应将保障基金资产与保障基金公司所有的资产分别列为受托资产和自有资产管理,实行分别管理、分账核算。保障基金应当按照安全性原则建立托管制度。保障基金公司、信托公司及其托管清算机构应当妥善保管保障基金的收划款凭证、兑付清单及其他原始凭证,确保原始档案的完整性。

(2)监督

国务院银行业监督管理机构会同财政部对保障基金的筹集、管理和使用进行监督。国务院银行业监督管理机构应当结合保障基金公司特点和信托业监管要求,制定保障基金公司监督管理具体办法,加强对保障基金公司的监督管理。国务院银行业监督管理机构按年度向国务院报告保障基金的筹集、管理和使用情况。

保障基金公司应当建立报告制度,按年度编制保障基金筹集、管理和使用情况,并经外部审计机构审计后报送国务院银行业监督管理机构和财政部,同时，其应当按年度向信托公司披露保障基金筹集、管理和使用等相关信息。

（三）法律责任

国务院银行业监督管理机构应当加强对保障基金认购和使用的监督管理，对拒绝或故意拖延认购保障基金，以及不按规定报送信息和资料的信托公司依法予以处理。国务院银行业监督管理机构应当依据有关法律法规建立问责机制，对违法违规经营而接受保障基金救助的风险机构及其责任人依法问责。挪用、侵占或骗取保障基金的违法行为严厉打击，对有关人员失职行为依法追究其责任，涉嫌犯罪的，移送司法机关依法追究其刑事责任。

二、信托净资本管理制度

（一）概述

银监会对信托公司实行净资本管理。信托公司违反审慎经营规则的，银监会责令限期改正、暂停业务、限制股东权利等监管措施。

（二）基本制度

1. 调整及标准确定

《信托公司净资本管理办法》第 6 条规定："中国银行业监督管理委员会可以根据市场发展情况和审慎监管原则，对信托公司净资本计算标准及最低要求、风险控制指标、风险资本计算标准等进行调整。对于本办法未规定的新产品、新业务，信托公司在设计该产品或开展该业务前，应当按照规定事前向中国银行业监督管理委员会报告。中国银行业监督管理委员会根据信托公司新产品、新业务的特点和风险状况，审慎确定相应的比例和计算标准。"

此外，信托公司还应当根据不同资产的特点和风险状况，按照银监会规定的系数对资产项目进行风险调整，将不同科目中核算的同类资产合并计算，按照资产的属性统一进行风险调整。

2. 监督

银监会按照《信托公司净资本管理办法》对信托公司净资本管理及相关风险控制指标状况进行监督检查。

3. 计算

净资本计算公式为：净资本 = 净资产 - 各类资产的风险扣除项 - 或有负债的风险扣除项 - 银监会认定的其他风险扣除项。信托公司应当在充分计提各类资产减值准备的基础上，按照银监会规定的信托公司净资本计算标准计算净资本。

第五节　互联网第三方支付机构

目前,我国专门调整第三方支付的法律有2010年中国人民银行所发布的《非金融机构支付服务管理办法》及《非金融机构支付服务管理办法实施细则》(以下简称《实施细则》)。我国与第三方支付中消费者权益保护相关的其他法律有《消费者权益保护法》《合同法》《网络商品交易及有关服务行为管理暂行办法》等。2015年7月31日中国人民银行发布《非银行支付机构网络支付业务管理办法(征求意见稿)》,2015年12月28日《网络支付业务管理办法》正式出台。2017年1月13日中国人民银行发布《关于实施支付机构客户备付金集中存管有关事项的通知》称,自2017年1月13日起,支付机构应将客户备付金按照一定比例交存至指定机构专用存款账户,该账户资金暂不计付利息。支付机构应交存客户备付金的金额根据上季度客户备付金日均余额与支付机构适用的交存比例计算得出,每季度调整一次,每季度首月16日完成资金划转(遇节假日顺延)。商业银行为支付机构交存的客户备付金不计入一般存款,不纳入存款准备金交存基数。

当前中国互联网第三方支付机构关于消费者的权益保障的制度主要有客户备付金制度以及网络平台先行赔付制度。

一、客户备付金制度

(一)概述

所谓互联网支付机构,就是指依托公共网络或专用网络在收付款人之间从事资金转移、信用担保、支付结算、查询统计等业务的支付机构。[①] 2015年7月31日中国人民银行发布《非银行支付机构网络支付业务管理办法(征求意见稿)》,将互联网第三方支付平台定性为非银行金融机构,对其运行范畴、业务模式等采取严格审慎监管范式,可以显著加强对互联网支付机构的业务限制,降低风险发生的可能性,但要想与互联网经济时代消费者的支付需求以及互联网金融的创新发展相适应,就仍需结合互联网支付机构的发展状况,完善我国互联网支付机构的法律监管制度。

在第三方支付服务中,消费者权益保护面临的主要问题有:消费者的隐私

---

① 车云霞:《论互联网支付机构法律监管的完善》,载《理论月刊》2016年第4期。

能否得到有效保护、消费者的资金安全是否有保障(具体包括未经授权的资金划拨的法律责任、客户备付金的监管等问题)、消费者与第三方支付机构的纠纷能否得到及时有效的解决。妥善处理这些问题,不仅是保护消费者权益的迫切需要,更是第三方支付产业长远、平稳发展的现实需求。①

2013 年 6 月 7 日中国人民银行《支付机构客户备付金存管办法》中明确指出客户备付金的定义,“本办法所称客户备付金,是指支付机构为办理客户委托的支付业务而实际收到的预收待付货币资金”。

(二)基本制度

1. 宗旨

支付机构应当遵循主要服务电子商务发展和为社会提供小额、快捷、便民小微支付服务的宗旨,基于客户的银行账户或者按照本办法规定为客户开立支付账户提供网络支付服务。

2. 第三方支付机构客户备付金集中存管制度

(1)客户备付金比例

自 2017 年 4 月 17 日起,支付机构应将客户备付金按照一定比例缴存至指定机构专用存款账户,该账户资金暂不计付利息。

中国人民银行根据支付机构的业务类型和最近一次分类评级结果确定支付机构缴存客户备付金的比例,并根据管理需要进行调整。

2017 年 4 月 17 日起,支付机构缴存客户备付金执行以下比例,获得多项支付业务许可的支付机构,从高适用缴存比例。

网络支付业务:12%(A 类)、14%(B 类)、16%(C 类)、18%(D 类)、20%(E 类);银行卡收单业务:10%(A 类)、12%(B 类)、14%(C 类)、16%(D 类)、18%(E 类);预付卡发行与受理:16%(A 类)、18%(B 类)、20%(C 类)、22%(D 类)、24%(E 类)。

支付机构应缴存客户备付金的金额根据上季度客户备付金日均余额与支付机构适用的缴存比例计算得出,每季度调整一次,每季度首月 16 日完成资金划转(遇节假日顺延)。

商业银行为支付机构缴存的客户备付金不计入一般存款,不纳入存款准备金缴存基数。

① 唐琼琼:《第三方支付中的消费者权益保护问题研究》,载《河北法学》2015 年第 4 期。

(2)备付金银行账户管理

支付机构的备付金银行应当符合下列条件:总资产不得低于2000亿元,有关资本充足率、杠杆率、流动性等风险控制指标符合监管规定。支付机构在同一备付金银行仅开立备付金汇缴账户的,该银行的总资产不得低于1000亿元。具备监督客户备付金的能力和条件,包括有健全的客户备付金业务操作办法和规程,监测、核对客户备付金信息的技术能力,能够按规定建立客户备付金存管系统。境内分支机构数量和网点分布能够满足支付机构的支付业务需要,并具有与支付机构业务规模相匹配的系统处理能力。具备必要的灾难恢复处理能力和应急处理能力,能够确保业务的连续性。

支付机构应当并且只能选择1家备付金存管银行,可以根据业务需要选择备付金合作银行。

(3)客户备付金划转

支付机构只能通过备付金存管银行办理客户委托的跨行付款业务,以及调整不同备付金合作银行的备付金银行账户头寸,不得跨行划转至备付金存管银行之外的商业银行,不同支付机构的备付金银行之间不得办理客户备付金的划转。

支付机构按规定为客户办理备付金赎回的,应当通过备付金专用存款账户划转资金,不得使用现金;按规定可以现金形式为客户办理备付金赎回的,应当先通过自有资金账户办理,再从其备付金存管账户将相应额度的客户备付金划转至自有资金账户。

支付机构应当按照备付金协议约定向备付金银行提交支付指令,并确保相关资金划转事项的真实性、合规性。备付金银行应当对支付指令审核无误后,办理资金划转,必要时可以要求支付机构提交相应的证明文件。

(4)监督管理

中国人民银行及其分支机构依法对支付机构和备付金银行的客户备付金存管业务活动实施非现场监管以及现场检查。中国人民银行及其分支机构有权根据监管需要,调阅支付机构和备付金银行相关交易、会计处理和档案资料,要求支付机构对其客户备付金等相关项目进行外部专项审计。中国人民银行建立支付机构客户备付金信息统计监测、核对校验制度,组织建设相关系统。备付金银行应当与支付机构定期或不定期核对账务,发现客户备付金异常的,应当立即督促支付机构纠正,并立即报告支付机构所在地中国人民银行分支机构、备付金银行法人或其授权分支机构。

中国支付清算协会是中国支付清算服务行业自律组织。成立于2011年5月23日,对客户备付金存管业务活动进行自律管理。

(三)法律责任

支付机构和备付金交存银行未按照本通知有关要求执行的,中国人民银行及其分支机构将视情节轻重,按照《非金融机构支付服务管理办法》第41～43条规定予以处罚,并将支付机构相关行为纳入分类评级管理。

支付机构业务合规性评价等内容。该办法第42条支付机构或备付金银行违反本办法的,中国人民银行及其分支机构依据《非金融机构支付服务管理办法》的相关规定进行处罚。

二、网络平台先行赔付制度

《非银行网络支付业务管理办法》第19条规定:"支付机构应当建立健全风险准备金制度和交易赔付制度,并对不能有效证明因客户原因导致的资金损失及时先行全额赔付,保障客户合法权益。支付机构应于每年1月31日前,将前一年度发生的风险事件、客户风险损失发生和赔付等情况在网站对外公告。支付机构应在年度监管报告中如实反映上述内容和风险准备金计提、使用及结余等情况。"

为确保市场规范合理的经营秩序,切实保障消费者的合法权益,树立市场的良好声誉,维护经营户自身的品牌形象,按照国家有关法律的规定,应坚持公平、公正的原则,实行"先行赔付"制度。

2016年8月北京市工商局与天猫、京东、苏宁、亚马逊、国美等11家知名网络交易平台签署相关协议,根据协议,11家电商都要实施网络购物先行赔付制度,这是行政部门首次和网络交易平台进行主体信息、质量监管、消费维权等数据交换。此项制度能够引导和带动网络交易平台自愿参与履行经营者首问和赔偿先付义务中来,进一步增强诚信经营、严把进货质量关和售后服务意识,切实履行经营者的社会责任,与社会各方携手共治,同心协力创建和谐稳定、安全放心的消费环境。

第五章　金融消费者权益保护案例

为积极响应国务院关于加强金融消费者权益保护工作，认真落实党中央、国务院决策部署，各金融机构认真处理与金融消费相关的投诉、纠纷、侵权事件，切实保护金融消费者合法权益。同时，司法系统也更加重视对金融消费者权利侵害案件的处理，增加公信力、树立司法权威，使法院成为保护金融消费者的坚实后盾。本部分选取各金融机构及法院在保护金融消费者问题上的典型案例，对金融消费者权益保护情况予以说明。

第一节　银行业机构

一、行政处罚案例

（一）案情简介

江西省工商行政管理局于 2015 年 2 月 2 日执法监管中，发现某银行萍乡分行在开展房地产抵押消费贷款时，要求消费者在提交贷款申请时，必须委托其指定的某房地产评估公司等 3 家评估机构中任选一家办理评估手续并交纳评估费用，费用标准由消费者和评估机构按照抵押物价值自行商定。当事人在办理贷款业务时，与消费者签订了《X 银行个人贷款合同》，合同第 18 条“公证”中约定“凡与本合同有关的公证、登记、鉴定、评估、保管、过户、提存等事项由相关事项申请方负责办理或依法办理”。

另查明，中国银监会《关于整治银行业金融机构不规范经营的通知》（银监发〔2012〕3号）第1条第7项规定，“银行业金融机构要认真遵守信贷管理各项规定和业务流程，按照国家利率管理相关规定进行贷款定价，并严格遵守下列规定……（七）不得转嫁成本。银行业金融机构应依法承担贷款业务及其他服务中产生的尽职调查、押品评估等相关成本，不得将经营成本以费用形式转嫁给客户”。

上述要求消费者接受指定评估机构服务并将本应由银行承担的评估费用转嫁给消费者的行为，违反了《江西省实施〈中华人民共和国消费者权益保护法〉办法》第7条第6项的规定，构成强迫消费者接受不公平条件违法行为。根据《江西省实施〈中华人民共和国消费者权益保护法〉办法》第11条第4项的规定予以罚款25万元。

（二）案件评析

根据银监会、财政部、中国人民银行发布的相关文件精神，[①]中国人民银行和银监会作为我国银行业监督管理机关，对银行在办理抵押贷款时的评估费用承担一事，非常明显地表露出降低创业融资成本，减轻消费者负担的政策导向，是一脉相承并逐步规范发展的。银行不得将本应由自己承担的经营成本非法转嫁给消费者，不得以划定评估机构选择范围的方式非法限制消费者自由选择权。在金融消费者权益保护调研结果中，50.39%的被调查者认为，银行信贷机构对金融消费者权益保护力度最高，这一结果与银监会、中国人民银行近年来发布的多项规范银行业金融机构经营文件密不可分。可见，随着国家对金融消费权益保护的重视，公众享有的各项权利正逐步得到落实。

二、司法案例

（一）案情简介

本案为最高人民法院公布10起维护消费者权益典型案例之七：刘某某诉中国银行股份有限公司衡阳分行（以下简称中行衡阳分行）、中国建设银行股份有限公司衡阳市分行（以下简称建行衡阳分行）财产损害赔偿纠纷案。

---

① 2000年1月，国家计委、财政部、国家经贸委、人民银行制定下发了《关于整顿企业抵押贷款收费的通知》（计价格〔2000〕25号）文件。2006年1月，建设部、人民银行、银监会制定下发了《关于规范与银行信贷业务相关的房地产抵押估价管理有关问题的通知》（建住房〔2006〕8号）文件。2012年1月，银监会制定下发了《关于整治银行业金融机构不规范经营的通知》（银监发〔2012〕3号）文件。

刘某某在建行衡阳分行办理银联卡一张。2009 年 1 月 30 日其到建行衡阳分行设立在衡阳市解放路网点的自动取款机取款未果，便到隔壁中行衡阳分行网点的 ATM 取款 2500 元，其账户尚有存款余额 41,395.49 元。取款时该取款机已被他人非法安装了摄像头，利用摄像资料复制了刘某某的银行卡信息。次日，刘某某的银行卡被他人在他行 ATM 上相继取款 10 次，每次取款 2000 元，共计 2 万元，并支付手续费 10 次，每次 2 元，共计 20 元。最后经 ATM 转账一笔，金额 21,300 元，支付转账手续费 52 元。至此，刘某某的银行卡在同一天内，经他行 ATM 发生业务交易共 11 次，包括手续费共发生交易额 41,372 元，账户存款余额只剩 23.49 元。刘某某遂向湖南省衡阳市雁峰区人民法院起诉，请求中行衡阳分行、建行衡阳分行赔偿 41,372 元存款及利息。二审法院判决建行衡阳支行向刘某某支付储蓄存款 41,372 元。

(二) 案件评析

ATM 所在的银行与提供银行卡的银行之间应属于委托代理关系，即 ATM 所在的银行作为代理人，代为履行支付存款的义务。对于代理人在代理权限内所实施的民事法律行为，应由被代理人承担责任。提供银行卡的银行应对 ATM 所在的银行的支付存款行为承担责任。此外，提供银行卡的银行基于与持卡人之间的储蓄存款合同关系，也负有保证银行卡卡内信息安全以及告知持卡人注意识别犯罪分子窃取银行卡信息方式的义务，如未履行相应义务，应承担赔偿责任。因此，持卡人在使用 ATM 取款时被窃取银行卡号及密码，由此产生的损失应由提供银行卡的银行赔偿。

第二节　证券业机构

一、行政处罚案例

(一) 案情简介

黄某某于 2013 年 10 月 11 日成为太原天龙集团股份有限公司（后更名为"山西广和山水文化传播股份有限公司"）第一大股东。一是 2013 年 10 月 18 日、2014 年 2 月 26 日及 8 月 13 日，黄某某未按照相关规定披露其最近 5 年内的职业详细情况、控制企业情况，未披露近 5 年涉及与经济纠纷有关的重大民事诉讼等情况。二是公司董事会会议于 2014 年 2 月 25 日通过与广西钲德宇胜投资有限责任公司（以下简称广西钲德）签署相关非公开发行股票认购协议书的议案，约定由广西钲德认购本次非公开发行的全部股票。广西钲德

2014年2月26日、5月23日及8月13日未披露或未完整披露其控股股东黄某某控制核心企业的情况及黄某某涉及的上述诉讼情况。三是丁某控制的北京六合逢春文化产业投资有限公司(以下简称北京六合逢春)于2014年5月4日成为公司的第二大股东。2014年5月23日、8月13日,北京六合逢春未披露及未完整披露丁某最近5年涉及与经济纠纷有关的重大民事诉讼、仲裁情况。黄某某、广西钲德、北京六合逢春的行为违反了《上市公司收购管理办法》第3条规定,黄某某、丁某分别是广西钲德、北京六合逢春违法行为直接负责的主管人员。依据《证券法》第193条规定,山西证监局决定对黄某某给予警告,并处以60万元罚款;对广西钲德给予警告,并处以40万元罚款;对北京六合逢春给予警告,并处以45万元罚款;对丁某给予警告,并处以30万元罚款。

(二)案例评析

《证券法》中对发行人、上市公司或者其他信息披露义务人未按照规定披露信息,或者所披露的信息有虚假记载、误导性陈述或者重大遗漏的情况规定了相应的处罚措施。信息披露制度是保障金融消费者信息知情权的前提,信息公开有利于证券发行和交易价格的合理形成,有利于维护投资者利益、证券监督管理机构对市场的监控,也有利于上市公司自身的改善经营管理。

二、司法案例

(一)案情简介

本案为最高人民法院审理的中信证券股份有限公司与重庆华能石粉有限责任公司证券经纪合同纠纷案。本案是券商与客户经纪合同关系下,因券商内部工作人员违法犯罪导致客户资产损失所引发的民事纠纷。1998年华能公司以其员工刘某某个人名义,在中信证券较场口营业部(原中信证券有限责任公司重庆南坪证券交易营业部)开设000588200050号资金账户(以下简称0050账户),以从事国债交易。1998年11月及次年12月,华能公司先后两次各500万元共存入该账户1亿元。1998年11月10日至2000年1月4日,华能公司先后5次就买入和卖出97国债(4),向中信证券较场口营业部进行过委托,取得了成交过户交割单。

2000年1月18日华能公司以转账方式从0050账户取出10,353,410.18元,于同日存入以公司名义在中信证券较场口营业部开设的000588303375号资金账户(以下简称3375账户)。中信证券较场口营业部分别出具了加盖单位印鉴的支款凭单和存款凭单。此后，华能公司未通过自助方式在3375账户上进行证券交易，也未通过柜台委托方式委托中信证券较场口营业部交易。2002年华能公司账户进入了该公司未认可的2000万元。同年6月28日，3375账户被人持伪造的授权委托书取走2110万元。同年12月17日，华能公司取走了前述"约定收益"共1,411,298.34元。现在华能公司的资金账户上仅余94,653.05元。

华能公司存入资金后，仅取走了部分资金，余款大量缺失。中信证券较场口营业部作为证券交易代理的受托人，不能证明资金缺失是委托人或其他第三人的行为造成，应当推定是中信证券较场口营业部自己的过错行为造成，该营业部应当对缺失的资金及自华能公司要求取款之日起的资金占用损失承担赔偿责任。

（二）案例评析

本案是对金融消费者财产安全权的保护。依据1998年《证券法》第138条的规定："证券公司办理经纪业务，必须为客户分别开立证券和资金帐户，并对客户交付的证券和资金按户分帐管理，如实进行交易记录，不得作虚假记载。"客户在证券公司开设的资金账户完全为客户自己所有和使用，任何单位或者个人不得以任何形式挪用客户账户的资金和证券。同时，根据我国《刑法》的规定，挪用资金罪，是指公司、企业或者其他单位的工作人员利用职务上的便利，挪用本单位资金归个人使用或者借贷给他人，数额较大、超过3个月未还的，或者虽未超过3个月，但数额较大、进行营利活动的，或者进行非法活动的行为。据此，证券公司有义务制止员工的违法行为，避免损失，因监督管理不利并存在明显过错的情况下，给客户带来损失的，应根据过错与责任相当的原则，对客户损失承担相应的赔偿责任，其员工的行为应按照我国《刑法》的相关规定处理。

第三节　保险业机构

一、行政处罚案例

（一）案情简介

保监会查明，国寿财险存在以下违法行为：一是电话销售欺骗投保人。2015年国寿财险在开展车险电话销售业务经营中，公司工作人员使用与事实不符的表述向投保人销售保单。二是对投保人隐瞒与保险合同有关的重要情况。2015 年国寿财险在开展车险电话销售业务经营中,公司工作人员对投保人隐瞒与保险合同有关的重要情况。保监会随机抽查的保单中超过 40% 的保单存在该问题,性质较为严重,依法应予处罚。

(二)案例评析

欺骗投保人和对投保人隐瞒与保险合同有关的重要情况是对消费者知情权、公平交易权、自由选择权的侵害,保险公司发生如上情况,应按照相关规定予以处罚。

二、司法案例

(一)案情简介

本案为最高人民法院公布的 3 起保险合同纠纷典型案例之三:吴某诉某保险公司财产保险合同纠纷案。2004 年 11 月 17 日吴某就其所有的汽车向某保险公司投保了车损险、主险不计免赔特约险、车上人员责任险等。保险合同载明:(1)家庭自用汽车损失保险条款。其中第 12 条第 8 项中载明,保险车辆用于营运收费性商业行为期间的任何损失和费用,保险公司不负责赔偿。(2)机动车辆第三者责任保险条款。其中第 32 条载明,保险公司根据保险车辆驾驶人员在事故中所负责任比例,承担相应的赔偿责任,并在保险单载明的责任限额内按约定的免赔率免赔。其中,保险车辆同一保险年度内发生多次赔款,其免赔率从第二次开始每次增加 5%,非营运车辆从事营业运输活动时发生保险事故,造成第三者损失,按本保险保费与相应的营业车辆保费的比例计算赔偿。(3)附加险条款及解释。其中载明,车上人员责任险系第三者责任险的附加险。在车上人员责任险条款第 4 条第 3 项载明,每次赔偿均实行 20% 绝对免赔率。2005 年 5 月 31 日吴某驾驶被保险车辆与案外人胡某驾驶的拖拉机相碰,致车辆受损及吴某和同乘人员于某、吕某受伤。交警大队做出交通事故认定书,认定吴某、胡某负事故同等责任。经法院判决,于某各项损失为 28,887 元,吕某各项损失为 955.30 元,并胡某与吴某连带赔偿上述损失。吴某向保险公司申请理赔,保险公司认为,吴某将其车用于营业收费,根据保险条款约定属于保险公司无须赔偿;对于于某、吕某的损失,同意根据保险条款约定的比例进行赔偿。吴某认为,保险公司在签订保险合同时,未向其交付保险条款,亦未就保险条款中关于保险公司不予理赔和按比例理赔所依据的免责条款进行必要的解释和说明。吴某诉至法院,要求保险公司赔偿全部损失。

（二）案例评析

法院认为，本案中，保险公司提供的保险条款中关于免除保险人责任的约定，应当属于我国《保险法》规定的“免除保险人责任的条款”，保险人应就这些条款履行明确说明义务。保险合同实行最大诚信原则，一方面，投保人必须如实告知保险人与投保有关的事实，以便保险人评估承保风险与费率；另一方面，由于保险合同内容较为专业和复杂，保险人应当履行必要的解释说明义务。根据2005年《保险法》第18条的规定，保险合同中规定有关于保险人责任免除条款的，保险人在订立保险合同时应当向投保人明确说明，未明确说明的，该条款不产生效力。由于免赔事由及免赔率对投保人的投保决定和理赔利益有重大影响，故应当属于上述免责条款。实际上，2013年发布的最高人民法院《关于适用〈中华人民共和国保险法〉若干问题的解释（二）》第9条明确规定，免赔额、免赔率、比例赔付条款，可以认定为“免除保险人责任的条款”。因此，保险公司提供的保险条款中约定了免赔事由及免赔率，但未向投保人进行必要的解释和说明的，该条款不产生效力。

根据调研结果，金融消费者与金融机构出现纠纷的主要原因为金融机构在销售环节存在误导或说明不清现象。金融消费者的知情权是公众最基本的权利，在销售阶段予以充分清晰的阐释，是保证消费者知情权、减少纠纷最有利的方式。

第四节　信托业机构

一、行政处罚案例

（一）案情简介

银监会网站2016年1月29日披露信息显示，2015年12月7日平安信托因“资金池业务投向不合规”，被深圳银监局处以980万元罚款；2016年1月22日平安信托因“将信托财产的部分收益确认为子公司收入、账户管理存在严重缺陷”，再次被深圳银监局处以1650万元罚款。

（二）案例评析

我国《信托法》规定，受托人除依照本法规定取得报酬外，不得利用信托财产为自己谋取利益。信托财产与信托公司固有财产，要独立核算，进行分别管理，分别记账。信托财产的收益，应该分配给受益人。信托公司作为受托人，收取的是管理信托财产的佣金等。平安信托将信托财产的部分收益确认为子公司收入,这触及了我国《信托法》红线。

《信托公司集合资金信托计划管理办法》亦规定,信托公司应当用管理信托计划所产生的实际信托收益进行分配,严禁信托公司将信托收益归入其固有财产,或者挪用其他信托财产垫付信托计划的损失或收益。针对信托公司开展资金池业务,早在2014年4月,银监会就下发《关于信托公司风险监管的指导意见》,要求信托公司不得开展非标准化理财资金池等具有"影子银行"特征的业务。

二、司法案例

(一)案情简介

本案为上海市高级人民法院审理的上海般诺电子科技有限公司(以下简称般诺公司)与中融国际信托有限公司信托纠纷案。2004年4月22日,被告易融公司作为委托人,原告中融信托作为受托人,双方共同签署1份《资金信托合同》,约定:易融公司将1.03亿元资金信托给中融信托,由中融信托以其自身名义受让河南豫联能源集团有限责任公司(以下简称河南豫联)持有的河南中孚实业股份有限公司(以下简称中孚实业)法人股2500万股,占中孚实业总股本的14.21%的股权。信托资金的金额为1.03亿元,信托期限为3年,信托受益人为易融公司。嗣后,中融信托依约受让中孚实业股份,相应股权登记过户至中融信托名下。2005年4月13日易融公司作为转让方,般诺公司作为受让方,共同签订一份《信托受益权转让协议》,约定易融公司将其在《资金信托合同》项下的受益权及其作为受益人的权利和义务全部、不可撤销地转让给般诺公司。2007年4月26日易融公司与般诺公司共同向中融信托提交《提前终止申请书》,申请终止《资金信托合同》《受益权转让协议》,请中融信托依照约定履行终止义务。当事人因信托财产权属发生争议。

(二)案例评析

易融公司与般诺公司间的《信托受益权转让协议》合法有效,般诺公司自2005年4月27日起取得信托财产的受益权。易融公司与般诺公司间的信托受益权转让属信托法律关系,我国《信托法》及相关法律规范没有规定信息披露是变更信托受益人的生效要件,故信息披露不是易融公司与般诺公司间受益权转让协议生效和受益权转让完成的要件,受益权转让协议没有进行信息披露的事实不影响受益权已经有效转让的法律效力。

第五节　互联网金融机构

一、行政处罚案例

(一)案情简介

合肥市工商局网监局查明,合肥1家P2P公司因在自有网站宣传“保本保息”“收益率高达12%～17%”,严重违反我国新《广告法》对互联网金融公司广告宣传的相关规定,执法部门对该公司处以15万元的处罚。这也是安徽省自新《广告法》实施以来,互联网金融P2P自有网站违规广告宣传第一案。

(二)案例评析

依照我国新《广告法》,作为互联网金融公司,不可用向消费者宣传其投融资无风险,不可明示或暗示其投资活动保本保息,更不可承诺投资收益率误导消费者。我国《广告法》的相关规定旨在减少因虚假宣传给不知情的消费者造成的损失,保护了消费者的知情权和公平交易权。

二、司法案例

(一)案情简介

本案为广东省广州市中级人民法院审理的甘某某等集资诈骗、非法吸收公众存款案。被告人甘某某于2010年5月投资成立广州市环宇投资有限公司(以下简称环宇公司),2014年2月环宇公司开设“中大财富P2P网络理财平台”(www.zhongdacaifu.com),对外宣传环宇公司对该平台拥有经营权,向投资人提供信用咨询及为交易提供信息服务,由投资人通过该平台借款给借款人,广某投资集团有限责任公司、广州市环宇纺织品市场经营管理有限公司作为担保方,对投资人和借款人之间的借贷事宜提供本息连带责任担保,承诺投资人可获得借款利率22%左右的回报。被告人甘某某虚构借款人需要借款的信息,指使手下员工将虚假的借款信息发布到平台,利用该平台共接受被害人黄某某等371人资金共计人民币84,072,086.30元,被害人累计提现共计人民币33,478,230.22元。被告人甘某某将上述款项用于支付投资人回报和偿还个人债务,造成被害人损失共计人民币50,593,856.08元。

被告人罗某某作为环宇公司运营总监,被告人夏某某作为环宇公司财务负责人,在环宇公司不是经批准设立的银行业金融机构,不具备从事银行业金融机构业务活动资格的情况下,按照被告人甘某某的安排,通过中大财富P2P

网络理财平台对外进行投资宣传,承诺投资人通过该平台投资可获得借款利率22%左右的回报,采用上述作案方法先后收取被害人黄某某等371人投资,变相吸收公众存款共计人民币84,072,086.30元。法院对被告人集资诈骗、非法吸收公众存款的行为予以认定,判处相应刑罚。

(二)案例评析

P2P金融又叫P2P信贷,是互联网金融(ITFIN)的一种。自然人之间一般需要借助电子商务专业网络平台帮助借贷双方确立借贷关系并完成相关交易手续。借款者可自行发布借款信息,包括金额、利息、还款方式和时间,自行决定借出金额实现自助式借款。P2P让有闲散资金的投资人能够通过P2P金融信息服务平台找到并甄别资质好的有资金需求的企业主,获得比存款到银行更高的收益。但是,由于互联网平台的不易辨别性,金融消费者极易受到以P2P平台为名进行诈骗的非法活动。因此,金融机构及互联网机构应该加强对互联网金融的监管力度,杜绝上述情况的发生,避免对消费者造成损害。

互联网金融相较于传统金融机构,国家对于互联网金融的立法尚不健全,因此,仅有9.3%的公众认为互联网金融尽到维护金融消费者权益的义务。互联网金融领域是权利侵害频发的领域,当公众权利受到侵害时,不知道向哪一个机构寻求帮助,不知道维权依据成为阻碍公众向互联网金融机构维权的主要原因。相关监管机关应该划分监管职责,明确监管依据,为公众维权提供方便。

第六节 第三方支付机构

一、行政处罚案例

(一)案情简介

中国人民银行2017年1月6日对北京银通支付有限公司作出了处罚规定,因其违反客户备付金相关管理规定,处以6万元罚款。北京银通支付有限公司成立于2010年,并于2012年6月27日获得中国人民银行颁发的第四批《支付业务许可证》,业务类型为北京范围内的预付费卡发行与受理。

而从中国人民银行发行牌照至今,因备付金相关管理规定受到中国人民银行处罚的支付机构共计12家。分别是安易联融电子商务有限公司、北京华瑞富达科技有限公司、北京钱袋宝支付技术有限公司、广西支付通商务服务有限公司、随行付支付有限公司、商银信支付服务有限责任公司、通联支付网络服务股份有限公司、银联商务有限公司、上海畅购企业服务有限公司、浙江易士企业管理服务有限公司、北京一九付支付科技有限公司、广东益民旅游休闲服务有限公司。

（二）案例评析

据2016年10月13日中国人民银行行印发的《非银行支付机构风险专项整治工作实施方案》（以下简称《整治方案》）显示，中国人民银行将开展支付机构客户备付金风险和跨机构清算业务整治。中国人民银行表示，对整治过程中发现的备付金管理薄弱、存在挪用备付金行为的支付机构依法从严、从重处理，严肃追究无证机构以及为无证机构违法违规活动提供通道或接口的相关支付机构、商业银行的责任。充分发挥信用约束作用，通过政府部门、行业协会等进行信息公开、公示，让无证机构一处违法、处处受限。

《整治方案》指出，将加大对客户备付金问题的专项整治和整改监督力度；建立支付机构客户备付金集中存管制度；逐步取消对支付机构客户备付金的利息支出，降低客户备付金账户资金沉淀，引导支付机构回归支付本原、创新支付服务，不以变相吸收存款赚取利息收入；逐步取缔支付机构与银行直接连接处理业务的模式，确保客户备付金集中存管制度落地，严格支付机构市场准入和监管，加大违规处罚。此番整治有利于保障金融消费者的财产安全权。

二、司法案例

（一）案情简介

本案是北京市第三中级人民法院审理的河南邦欣电子商务有限公司（以下简称邦欣公司）上诉国付宝信息科技有限公司（以下简称国付宝公司）服务合同纠纷案。2013年1月8日邦欣公司、国付宝公司签订了《电子支付服务协议书》，约定国付宝公司为邦欣公司提供安全、稳定、便捷的电子支付服务。2014年1月1日下午，邦欣公司发现账户密码错误无法使用，之后向国付宝公司申请了密码重置。重置密码并登录后，邦欣公司发现账户余额短款6万元。经向国付宝公司查询发现，2013年12月30日邦欣公司账户3次发生账户支付密码输入错误，之后账户被锁定。2013年12月31日有人伪造邦欣公司印章向国付宝公司提出了密码重置申请，而国付宝公司根据该伪造的密码重置申请，对邦欣公司账户进行了密码重置操作。此后，邦欣公司账户内的6万元被分3笔支付给了“李某”。邦欣公司认为，国付宝公司根据伪造的密码重置申请单对邦欣公司账户支付密码进行重置，违反了合同约定的安全注意义务和保密义务,给邦欣公司造成了损失。故邦欣公司诉至一审法院要求国付宝公司赔偿损失6万元,并以此为基数按照中国人民银行同期贷款利率的标准赔偿自2014年1月1日至判决给付之日止的利息。

(二)案例评析

第三方支付企业对于用户信息、资金安全应承担严格、审慎的注意义务,并应对其进行的直接关系资金安全的操作符合注意义务的要求,承担举证证明责任。第三方支付企业未尽注意义务,造成用户资金损失的,应承担损害赔偿责任,若用户在保管自身信息、资金等方面存在过失,该过失一定程度上导致了损害发生或扩大的,可相应减轻第三方支付企业的赔偿责任。

第七节 社会第三方机构

为进一步落实对消费者,特别是金融消费者的权益保护,需贯彻实施党委领导、政府负责、社会协同、全民参与的管理理念。通过成立社会第三方机构,实现对金融消费纠纷的解决,并凝聚社会力量,协助监管部门对各金融行业的监督管理。本节以中国消费者协会、北京秉正银行业消费者权益保护促进中心为例,论述社会第三方机构在金融消费者权益保护中的作用。

一、中国消费者协会

中国消费者协会于1984年12月经国务院批准成立,消费者协会和其他消费者组织是依法成立的对商品和服务进行社会监督的保护消费者合法权益的社会组织。

根据我国《消费者权益保护法》,消费者协会履行下列公益性职责:向消费者提供消费信息和咨询服务,提高消费者维护自身合法权益的能力,引导文明、健康、节约资源和保护环境的消费方式;参与制定有关消费者权益的法律、法规、规章和强制性标准;参与有关行政部门对商品和服务的监督、检查;就有关消费者合法权益的问题,向有关部门反映、查询、提出建议;受理消费者的投诉,并对投诉事项进行调查、调解;投诉事项涉及商品和服务质量问题的,可以委托具备资格的鉴定人鉴定,鉴定人应当告知鉴定意见;就损害消费者合法权益的行为,支持受损害的消费者提起诉讼或者依照本法提起诉讼;对损害消费者合法权益的行为,通过大众传播媒介予以揭露、批评。

（一）协会行使建议权案例

2015 年广东省消委会针对银行对免收账户管理费和年费相关规定执行不到位的情况，向省银监局和银行同业公会发出建议函。

银行收费项目多、收费标准高等问题广受社会各界诟病，国家发改委和银监会联合发布的《商业银行服务价格管理办法》和《关于印发商业银行服务政府指导价政府定价目录的通知》，对银行部分收费进行了调整和减免，规范银行收费行为。但是，广东省消委会发现，各家银行都有按照《关于印发商业银行服务政府指导价政府定价目录的通知》要求，制订了关于免收账户管理费和年费的执行细则，但免收费用的前提都是要客户主动提出申请。同时，省消委会也在工作中对广大消费者进行询问调查，发现很多消费者对相关规定并不了解，银行也未履行告知的义务，导致有关规定的执行效果打了折扣。综合调查结果及各方意见，广东省消委会针对银行对免收账户管理费和年费相关规定执行不到位的情况，向省银监局和银行同业公会发出建议函，督促涉及银行账户管理费和年费免收工作中的各个部门依据我国《消费者权益保护法》及《商业银行服务价格管理办法》的规定，在各自职责范围内加强对免收账户管理费和年费的监督管理及宣传公示，确保该项规定落到实处。

广东省消委会建议有关行政部门应加强对银行收费业务的监管，相关行业协会要发挥监督、管理的作用，督促各家银行加强收费有关规定的宣传公示，保障消费者的知情权，营造明明白白消费的良好环境；建议各家银行应按照《商业银行服务价格管理办法》要求，在营业场所和网站主页醒目位置，尽快将《关于印发商业银行服务政府指导价政府定价目录的通知》内容进行公示，以主动提醒的方式告知消费者关于免收账户管理费和年费的有关规定，并积极为申办的消费者办理免收账户管理费和年费办理有关手续。

另外，据省消委会调查发现，部分银行要求申办的消费者只能携带证件材料前往营业网点办理，这无形中增加消费者的办理成本。对此，省消委会建议各家银行应从更好地服务广大消费者的角度出发，推出营业网点、电话、网络及手机终端等相结合的申办服务，进一步简化申办流程，推进免收规定的落实。同时，根据《关于印发商业银行服务政府指导价政府定价目录的通知》内容及各家银行执行细则，省消委会发布申办账户管理费和年费免收业务的消费提醒，指引广大消费者更好地办理有关免收手续。

（二）案例评析

2015 年 11 月国务院办公厅发布《指导意见》，进一步明确了金融消费者应享有的财产安全权、知情权、自主选择权、公平交易权、依法求偿权、受教育权、受尊重权、信息安全权8项基本权利。

银行消费者属于金融消费者的类别之一，由于消费者多不具备金融专业知识，在交易中处于弱势地位，加之消费者自身意识不到位、内外部机制不完善等原因，银行业侵害消费者权益的事件时有发生。在银行自身准垄断地位的影响下，在传统的存贷款业务、银行卡服务、网银、银行金融产品销售业务等方面，出现了任意增加效益费用、更改消费条款等侵害消费者合法权益的问题。随着银行业的快速发展，银行侵害消费者合法权益的事件也逐步增多。据统计，2015年全年中国消费者协会收到银行投诉数量为1162件，而2016年收到3534件银行投诉，增长率高达204.13%。

中国消费者协会在对金融消费权益保护中，发挥了积极作用。一方面，中国消费者协会能够积极行使建议权，就消费者权益保护事宜向有关部门反映、查询、提出建议，对损害消费者合法权益的行为，通过大众传播媒介予以揭露、批评；另一方面，中国消费者协会通过受理消费者的投诉，并对投诉事项进行调查、调解，支持受损害的消费者提起诉讼，有效化解消费者纠纷，保护消费者合法权益。

二、北京秉正银行业消费者权益保护促进中心

为进一步规范和引导银行业金融机构提供金融产品和服务的行为，构建公平、公正的市场环境，加强金融消费者权益保护工作，在银监会指导下，北京银监局指导北京市银行业协会发起成立了秉正中心。2016年12月15日秉正中心获北京市民政局核准成立。2017年1月19日，该中心成立仪式在北京银监局举行。该中心的登记管理机关是北京市民政局，业务主管单位是北京银监局。

秉正中心通过建立银行业消费投诉受理及应对机制、银行业消费争议调解处理机制、金融知识宣教长效机制、银行业消费者权益保障评估机制、多领域跨部门合作机制、广泛参与的社会监督机制，充分发挥桥梁纽带作用，促进银行业金融机构与银行业消费者之间、银行业金融机构相互之间的信息沟通、争议解决和互利共赢。

（一）调解案例

2018年1月23日秉正中心受理的首例诉调对接案件调解成功。

该案是朝阳法院与秉正中心建立诉调对接合作机制后委托的首例案件，

主要涉及消费者王某与某银行之间因存款业务产生的纠纷，争议金额 3 万余元。消费者起诉至朝阳法院，后经朝阳法院金融审判庭沟通，委托至秉正中心进行调解。

（二）案例评析

随着首例诉调对接案件的调解成功，秉正中心顺利叩开了诉调对接合作机制的大门，通过科学运用专业调解这枚金钥匙，打开了消费者和银行业金融机构之间的纠纷枷锁，从根源上化解了矛盾，节约了司法资源。这不仅标志着诉调对接合作机制取得了实质性的成果，还意味着北京秉正中心纠纷调解工作水平有了进一步提升。

除了调解纠纷，社会第三方机构在消费者教育中也发挥了不可替代的作用。2018 年 1 月 25 日至 28 日，在北京国际金融博览会中，秉正中心紧扣“抵制高息集资诱惑、理性选择投资渠道”的宣传主题，通过展览展示防范金融诈骗系列连环画、播放金融知识宣教微电影、现场讲解防范各类金融诈骗小技巧等方式，强化金融重点领域宣传、加强政策法规宣传、分享典型消费者权益保护案例、普及投资理财知识，为观展消费者上了一堂生动实用的金融课，获得了相关领导和消费者的一致好评。

可见，社会第三方机构已成为金融消费者权益保护的有力队伍，成为政府监管部门的有益补充。目前，社会第三方机构在银行业领域发展较为成熟，为实现金融消费者权益保护的全面性，社会第三方机构正积极向证券业、保险业等领域推进。

第六章　域外金融消费者权益保护制度

从法律制度来看,各国金融消费权益保护立法主要有三种形式:一是在金融业法律法规中包含消费者保护条款;二是在我国《消费者保护法》中包含适用于金融产品和服务的条款;三是专门针对金融消费权益保护立法。

从监督与管理机制来看,有四种形式:一是由单一监管机构或多家分业监管机构同时负责金融消费权益保护与审慎监管;二是建立专门的机构负责金融消费权益保护与行为监管,与审慎监管分离;三是由一般性消费者保护机构承担金融消费权益保护职能,金融监管当局仅负责审慎监管;四是审慎监管机构、金融消费权益保护机构与消费者保护组织紧密协作。

第一节　英国金融消费者权益保护制度

一、法律制度

英国早期金融监管法律中没有明确提及"金融消费者"的概念,对消费者的保护性规定较少、较模糊,侧重强调行业自律,并散于金融监管法律中的具体条款。英国早期的金融监管法律主要包括《公平交易法》《消费者信贷法》《信用机构法》《保险公司法》《金融服务法》《银行法》《互助协会法》等。

1984 年约翰逊 · 马修银行的倒闭标志着英国松散的监管体系的失败。嗣后,英国发生保险公司拒付保险金事件,1991 年国际商业信贷银行倒闭以及 1995 年巴林银行倒闭事件,保险和养老金产品销售欺诈案件等,这些金融事件暴露出来的问题迫使英国政府逐步转变对金融监管的态度,从 20 世纪 90 年代开始,英国逐渐把法律制度的建构重点放在了对金融消费者权利的保护上来。

2000 年 6 月 14 日英国通过了《金融服务与市场法》(Finacial Services and Markets Act 2000,FSMA 2000),现行有效。该法案首次以成文法的形式第一次明确界定了"金融消费者"的概念,明确将保护消费者列为四大监管目标之一,强调了保护金融消费者和审慎监管的平等性,赋予金融服务管理局(Financial Services Authority,FSA)全面的单一监管权和单一赔偿投诉制度以保障消费者权益,对世界各国的金融监管法制和监管模式产生了深远影响。

2009 年 2 月 12 日英国通过了《银行法》(Banking Act 2009),同年 7 月 8 日财政部部长公布《改革金融市场》白皮书,提出"必须确保消费者能够获得所需的金融服务;金融服务机构应该为消费者提供易于理解的高度透明的金融产品;对于给大量消费者造成损害的金融服务和产品,消费者有权提起代表诉讼,向金融服务机构追讨损失;对存款保险安排做进一步的改进以更好地保护存款者利益;增强 FSCS 的作用"。

2010 年 3 月 11 日 FSA、OFT、FOS 联合发布《消费者投诉处理办法》,"明确了 3 大监管部门与金融服务机构在公平处理消费者投诉方面的责任,强调建立各方合作机制,首次提出应对新兴风险和大规模投诉的程序和措施,重塑消费者信心"。

2011 年 2 月英国财政部公布《金融监管的新方案:建立更坚固的体系》,决定设立金融行为监管局(Financial Conduct Authority,FCA)。2012 年修订,2013 年 4 月 1 日正式生效的《金融服务法案》(Financial Service Act 2012),与金融消费者保护相关的内容,主要包括:一是正式撤销了 FSA,将其拆分为金融行为监管局(Financial Conduct Authority,FCA)和审慎监管局(Prudential Regulation Authority,PRA),赋予 FCA 更多的监管权利。而 FCA 监管金融服务市场的目的和主旨就是保护金融消费者,确保金融业的稳定性以及推动金融机构之间展开公平有序的竞争;二是建立独立的消费者金融教育局(Consumer Financial Education Body,CFEB);三是完善金融服务补偿计划、消费者救济计划,设立大型消费者及其他经营失败的经济补偿机制等。强化了对金融消费者的保护。

二、监督与管理机制

(一)FSA 成立前的分散监管

1997 年 FSA 成立以前,英国当时的主要金融监管机构包括证券与投资管理局(Securities and Investments Board,SIB)、证券期货协会(Securities and Futures Authority,SFA)、私人投资监管局(Personal Investment Authority,PIA)、投资监管组织(Investment Management Regulatory Organisation,IMRO)、英格兰银行(Bank of England,BOE)、注册互助委员会(RFC)、房屋协会委员会(Building Society Committee,BSC)、互助合作委员会(Friendly Societies Commission,FSC)、财政部保险监管司(Insurance Directorate of Treasury,IDT)及伦敦交易所英国发行上市监管部(UK Listing Authority,UKLA),分别对银行、保险、证券、房地产等行业行使监管职责。

(二)次贷危机前英国 FSA 统一监管

1997 年 10 月英国政府将证券与投资管理局(成立于 1985 年)改制后成立金融服务管理局(FSA),作为独立的非政府监管机构,直接向英国财政部负责,整合了此前多头监管机构职能,与财政部、英格兰银行共同对英国金融行业实施监管。FSA 的监管职责广泛,其中有 2 项目标与消费者权益息息相关:一个是进行投资者教育,使投资者对金融市场和金融产品的风险有更清晰的认识;另一个则是为消费者提供基本的保护。与英国高度的金融混业经营发展状况相适应,英国实行的是由 FSA 独立集中的单一制监管模式。按照 2000 年《金融服务与市场法》的安排,FSA 设立以下部门:

消费者委员会(Consumers Panel),代表消费者的利益,负责处理消费者的来信、电话和电子邮件,但不直接处理消费者的投诉。

公平交易办公室(Office of Fair Trading,OFT),不直接处理消费者与金融服务机构之间的具体纠纷,主要通过消除反垄断等不正当竞争行为规范金融服务机构的行为等来保障消费者利益的实现。

金融申诉专员服务局(Financial Ombudsman Services,FOS),负责调查、裁断和解决消费者与金融服务机构之间的纠纷,取代了以前保险、银行、投资、退休金、证券等各行业分别设立的金融调查专员机构。

金融服务和市场审裁处(Financial Services and Markets Tribunal,FSMT),负责审理金融服务机构与 FSA 之间的诉讼案件。一方面,被监管的金融服务机构在认为 FSA 的监管行为不合法时,可以行使诉权;另一方面,FSA 可以将那些严重违反市场行为守则的金融服务机构送到该处接受法律裁决。这种制度安排既有利于金融服务机构遵守法律和规则,又有利于金融监管当局规范执法,还能够通过案件公开审理实现消费者的知情权。

金融服务补偿计划(Financial Services Compensation Scheme,FSCS),负责针对消费者无法或可能无法获得赔偿时,给予一定补偿。FSCS 向 FSA 报告工作但独立于 FSA,对于金融消费者而言,FSCS 是最后赔偿人。FSCS 免费提供给消费者,补偿范围涵盖存款、保险、保险经纪、投资、抵押贷款及按揭贷款安排等。FOS 与 FSCS 在法律地位上均为独立机构,二者在 FSA 监管框架下均有权受理消费者投诉并负有赔偿职责,只是受理的范围不同,FSCS 针对金融服务机构已处于濒临破产或其他严重违约状态,而 FOS 受理的范围则广泛得多。二者对金融消费纠纷处理上存在一定的互补性:当 FOS 受理的金融消费纠纷中金融服务机构破产或无法清偿债务时会将纠纷移送至 FSCS 处理;FSCS 经判断,认为 FOS 可以处理的案件,也会将其移送至 FOS 处理。

(三)FCA 的行为监管

《金融服务法案》生效后,独立的金融消费者监管保护机构——英国金融行为监管局负责行为监管和消费者权益保护工作。

三、金融消费纠纷解决机制

英国在处理金融消费纠纷保护消费者利益方面颇具特色的措施之一是成立了金融申诉专员服务局(Financial Ombudsman Services,FOS)。FOS 是依据 2000 年《金融服务与市场法》成立的独立的非官方法人,采取有限责任公司形式运行,FOS 负责调查、裁断和解决消费者与金融服务机构之间的纠纷,取代了以前保险、银行、投资、退休金、证券等各行业分别设立的金融调查专员机构。FOS 不以营利为目的,根据公平原则处理金融服务纠纷,其并非仲裁机构,但在解决纠纷过程中发挥仲裁的作用。FOS 运行的法律依据主要是 2000 年《金融服务与市场法》、2006 年《消费者信用法》(Consumer Credit Act,CCA)及 FSA 监管规则和指导手册(FSA Handbook of Rules and Guidance)。

(一)FOS 的产生和发展

早在 FSA 设立之前的 20 世纪 80 年代,英国就有了一些行业性申诉专员,这些申诉专员中,一些申诉专员是出于行业自身原因自发地或是在行政压力之下产生的，如银行业申诉专员、建房互助协会申诉专员等。而许多其他的行业 FOS 正是基于 1986 年《金融服务法案》而成立，FOS 制度由此得到法律保障。

2000 年《金融服务与市场法》颁布之后，行业性 FOS 被合并成了一个完全统合型的 FOS，并基于 2000 年《金融服务与市场法》内容被赋予了自身的权力和责任。同时，对于 FOS 的裁决结果，2000 年《金融服务与市场法》也规定了当事人可以根据该裁决结果向法院申请强制执行。

2012 年英国通过《金融服务法》，撤销了 FSA，将 FSA 原有的与 FOS 相关的职能并入了新设立机构 FCA，对 FOS 的相关职能一直为 FCA 所掌握。

（二）FOS 的特性

FOS 程序融合了和解、调解、仲裁等传统非诉讼解决程序的特点，被视为一种新型 ADR 纠纷解决机制。申诉专员根据所掌握的事实，按照相关法律、监管规章和职业规范来评判纠纷，鼓励居中协商调解的方式来解决纠纷，较少使用正式的"裁决书"结案。如果 FOS 裁决意见认为金融服务机构过失造成了消费者的损失，就会裁定金融服务机构给予消费者不超过 10 万英镑的赔偿；如果 FOS 认为金融服务机构没有过失或者已经给予消费者足够的补偿，则裁定不予赔偿。FOS 的裁决对被投诉金融服务机构具有绝对的拘束力，而消费者则享有选择权，其对 FOS 的裁决结果可以选择接受或拒绝，如果其选择拒绝，还可以继续向法院提起诉讼。

（三）FOS 的管辖原则

FOS 的管辖分为强制管辖（compulsoryjurisdiction）和自愿管辖（voluntary jurisdition）。凡由 FSA 授权经营及监管的金融服务机构与消费者之间尚未解决的投诉及纠纷均纳入 FOS 的受理范围，接受 FOS"强制管辖"；对于不属于 FSA 监管范围的金融企业与消费者之间的纠纷，在纠纷双方均书面同意自愿将纠纷提交 FOS 的前提下，在与 FOS 按照格式化的合同订立三方书面协议后，可以接受 FOS"自愿管辖"。此外，按照 2006 年《消费者信用法》第 59 条规定，OFT 批准设立的消费者信用服务机构之间发生的消费信用贷款纠纷也由 FOS 管辖，此种管辖称为"消费信贷管辖"（consumer creditjurisdiction）。

FOS 受理业务要求"合格的投诉人"，必须具备：一是投诉者与被投诉的金融企业之间存在客户关系或潜在的客户关系；二是两者存在间接关系，如保单或担保的受益人；三是投诉者为自然人，或在投诉事件发生时年营业额不超过 100 万英镑的公司，或是年收入不足 100 万英镑的公益性团体，或者净资产不超过100万英镑的信托机构,集团公司所属子公司不能单独作为“合格的投诉人”,须与集团公司一并考虑资产规模。FOS有权评定投诉主体是否为“合格的投诉人”。

(四)FOS受理的时限

提供产品和服务的公司在纠纷发生后告知客户处理意见及可以投诉到FOS的6个月内;相关投诉事件内容在6年内;投诉的消费者明知该问题之日起3年内。如果被投诉的金融服务机构同意,FOS可以取消以上时间限制。由于英国法院在审理民事赔偿案件时的最长诉讼时效为15年,鉴于某些金融产品或服务持续的时间很长,如保险或投资分红类产品,其期限可能超过15年,因此FOS会对此类金融服务的受理时效进行特殊处理,并非简单地受上述期限的限制。

(五)FOS的组织架构

FOS内设董事会,是公司的权力机关,实际负责公司运营,董事会具有不受FSA或FCA控制的独立性。董事会由1名董事长及若干名董事组成,每年召开正式会议约10次,解决各种战略性问题,但不参与消费者投诉案件的解决,它享有任命申诉专员的功能,而申诉专员则是直接参与解决金融消费纠纷案件当中的人员。

英国FOS下设的金融申诉专员包括财产抵押申诉专员、一般保险申诉专员、银行与信用申诉专员、退休金和证券申诉专员以及一般投资申诉专员。此外,在FOS中,除了董事会以及下辖的申诉专员之外,还包括一些其他行政单位,称为“高级管理人”(senior management team),主要包括以下部门:领案人(heads of casework)、消费者联络部(customer contact division)、交流部(communication)、财务、绩效和技术部(finance & performance and IT)、人力资源部(HR)以及政策与法律事务部(policy and legal)。

(六)FOS的纠纷处理程序

在金融消费者向FOS提出具体投诉事项后,FOS工作人员先与被投诉的金融服务机构联系,查明投诉事项是否经过内部投诉程序处理过,对于尚未经过内部处理的,FOS一般会要求消费者先与金融服务机构联系解决,或者在征得消费者同意后将投诉转给金融服务机构处理。

对金融服务机构内部处理程序未能解决的纠纷,FOS将对该事项进行初步调查,并根据调查结果判定符合FOS管辖范围的,由评判员(adjudicator)对纠纷双方进行调解,调解成功的纠纷将以非正式裁决方式结案。

对于仍未能解决的纠纷，案件会被正式提交FOS申诉专员(ombudsman)团队，FOS申诉专员会对案件重新审理并做出最后裁决，其间可能会举行听证会。绝大多数纠纷在前两个阶段就得到解决，只有少数纠纷需要FOS申诉专员正式裁决。对于FOS作出的裁决书，如果消费者在6个月内书面表示接受该裁决意见，则裁决书生效，双方应按裁决执行；如果没有任何表示或拒绝接受，则裁决书无效，消费者可以转向司法诉讼程序，但被投诉的金融服务机构对裁决没有否决权或在FOS机构内要求重新审理的权利。

四、金融消费者教育

2000年英国《金融服务与市场法》规定FSA负有促进公众对金融体系全面了解的职责。FSA十分重视金融消费者教育工作，2003年开展了广泛的消费者现状调查活动。2003年10月FSA成立金融能力指导委员会，负责研究制定并组织实施旨在提高国民金融素质的总体规划。2006年年初，FSA公布金融知识宣传"七项重点工作"，教育内容涵盖：中小学金融知识普及、帮助年轻人树立理财观、工作场所金融知识传授、消费者金融知识普及渠道、在线工具、新婚夫妇理财、金融事务咨询等。

2006年3月金融能力指导委员会下设的个人理财教育工作组在英国中小学全面推行"学习金融知识"(Learning Money Matters)计划，旨在通过在中小学校实施金融知识普及教育计划，提高未成年人的金融能力。英国政府修订了《国民教育教学大纲》，于2008年正式实施，新大纲要求各中小学必须对毕业生进行良好的金融知识教育。为保障该计划的实施，英国政府财政拨款1500万英镑用于配备合格的师资、购买教学设备等。英国政府还计划在未来5年内使4000所中小学、180万名学生的金融知识水平、金融理解能力、金融消费信心等都有所提高。据统计，英国财政部2007年金融教育预算高达1150万英镑，危机后更是逐年递增，FSA每年用于金融教育的支出约为2000万英镑，占其年度预算的7%左右。

2010年4月，FSA依据2010年英国《金融服务法》成立了消费者金融教育局(Consumer Financial Education Body，CFEB)，主要负责"国民金融能力提升计划"(National Strategy for Financial Capability)的实施，CFEB按照消费者的类型分别实施金融教育。

第二节　美国金融消费者权益保护制度

一、法律制度

美国的权利意识较强,关于金融消费者保护方面的法律规定较多,对有关权利规定得较为全面,强调金融服务机构要公平对待消费者,禁止歧视行为,强调隐私信息保密。梳理美国对金融消费者权益保护的立法,是从单一、专项、分散的保护规定向综合专业的保护转移。

美国最早对金融消费者保护的立法可以追溯到1864年通过的《国民银行法》,这一时期"存款人"为"金融消费者"的局限性概念,维护存款人的权益,加强银行的规范监督管理成为其立法的主要目的。

1933年《格拉斯斯蒂格尔法案》美国成立了联邦存款保险公司,对存款人的保障形成了制度化。

1968年美国《公平住宅法》(Fair Housing Act)在住宅信贷领域禁止种族、肤色、宗教、国籍、性别、残疾、家庭状况歧视。

1968年美国《诚实信贷法》(Truth in Lending Act)要求在计算信贷成本和披露信贷条款方面制定统一规则。赋予借款人3日内有权取消特定的住宅抵押贷款,禁止不请自来的签发信用卡,限制未经授权使用信用卡的持卡人责任。将房屋净值贷款的利率或手续费限制在一定范围内。

1968年美国《消费信贷保护法》(Consumer Credit Protection Act),是第一部现代意义的消费者金融保护立法,旨在保障消费者信贷活动的有序开展,法案从真实借贷、规制高利信贷交易、限制克扣资薪以及国家委员会在消费金融领域的相关职能来实现信贷活动参与者的权益保护。

1970年美国《公平信贷报告法》(Fair Credit Report Act)要求保护消费者免受信贷报告机构错误或具有误导性的信用资料的误导;信贷报告机构应允许贷款申请人纠正错误的信用报告。

1974年美国《公平信用账单法》(Fair Credit Billing Act)主要针对信用卡和贷记卡,要求金融服务机构必须回应消费者关于账单错误的投诉,并公平、及时处理账目,对美国《诚实信贷法》的相关内容进行了修订。

1974年美国《平等信贷机会法》(Equal Redit Opportunity Act)禁止在信贷交易领域存在性别、婚姻状况、年龄、种族、宗教、肤色、国籍歧视,在接收公共援助基金或行使《消费者信贷保护法》下任何权利方面存在差别。

1974 年美国《房地产结算程序法》(Real Estate Settlement Procedures Act)要求金融服务机构向借款人披露房地产的性质和成本,保护借款人免受缴付回扣、限制使用托管账户等不公正待遇。

1975 年美国《住宅抵押贷款披露法》(Home Mortgage Disclosure Act)要求抵押贷款人每年披露其申请、批准的购房及装修贷款和再融资的地理分布的公共数据。要求贷款人汇报种族、性别、申请人及借款人收入及其他数据。指示美国联邦金融服务机构检查委员会将数据摘要提供给公众。

1976 年美国《消费租赁法》(Consumer Leasing Act)要求金融服务机构披露消费者租赁的成本和条款,如汽车租赁。

1977 年美国《公平债务催收法》(Fair Debt Collection Practices Act)禁止恶劣手段催收债务,该法适用于银行作为收债人向其他主体催收债务的情形。

1977 年美国《社区再投资法》(Community Reinvestment Act)鼓励金融服务机构提供帮助以满足其整个社区,尤其是中、低收入社区的信贷需求。

1978 年美国《金融隐私权法》(Right to Financial Privacy Act)保护消费者的财务记录免受联邦机构的非法审查,对于政府主管部门从金融服务机构查找消费者的财务记录信息时,须按照指定程序进行。

1978 年美国《电子资金转移法》(Electronic Fund Transfer Act)建立了使用电子资金转移的消费者和提供此服务的金融服务机构的基本权利、义务和责任,适用范围包括在自动取款机、销售网点卖场终端以及通过电话账单支付计划和预先授权的从客户账户进行的转移,如工资或社会保障金的直接支付。

1980 年美国《联邦贸易委员会改进法》(Federal Trade Commission Improvement Act)授权美联储查明银行的不公平或欺诈行为,并制定规则禁止这些行为。美联储有权采取与美国联邦贸易委员会(FTC)基本相同的规则,以限制在催收消费者债务中的某些做法,如收取滞纳金,追究共同签名者的责任以及工资安排。

1987 年美国《加快资金到位法》(Expedited Funds Availability Act)要求存款机构必须确保以支票支取的储户能够取款,存款机构需向消费者披露其可贷资金情况。

1988 年美国《信用卡公平信用和披露法》(Fair Credit and Charge Card Disclosure Act)要求金融服务机构通过邮件、电话或其他方式提供给公众(如在零售商店柜台或通过目录)的信用卡申请资料中包含该账户的主要条款信息。修正了美国《诚实信贷法》。

1988 年美国《房屋净值贷款消费者权益保护法》(Home Equity Loan Consumer Protection Act)要求债权人向消费者提供有关由消费者住宅抵押的开放式信贷计划的详细信息,并规范了房屋净值贷款的广告发布及房屋净值贷款计划的条款内容。

1991 年美国《诚实储蓄法》(Truth in Savings Act)要求存款机构向储户披露其账户的相关信息,包括年收益率,该利率必须以统一的方式计息,并禁止以某些方法计息。规范了储蓄账户的广告发布。

1994 年美国《房屋所有权保护法》(Home Ownership and Equity Protection Act)要求金融服务机构提供额外的信息披露,限制房屋净值贷款利率和费用数额。修正了美国《诚实信贷法》。

1999 年美国《金融服务现代化法》。该法对个人信息披露予以规范,以强化个人在金融领域的权益保障。法案第五章第一节对金融领域的消费者作出了明确而宽泛的界定,即"主要出于个人、家庭或家用目的而从金融机构处获得金融产品或服务的个人及其法定代表",并将金融机构界定为从事金融性质的活动或其附带活动的任何机构。但是,这个界定仅适用于消费者个人信息保护,同时授权各个监管机构制定各自的个人信息保护细则。

2003 年美国《公正和准确信用交易法》(Fair and Accurate Credit Transaction Act)提高了消费者防治身份被他人盗用的能力,提高了消费者报告的准确性,使消费者对其收到的募捐宣传的类型和数量享有更大的控制权,限制使用和披露消费者敏感医疗信息,建立全国统一的消费者报告标准。修正了美国《公平信贷报告法》。

2009 年 5 月 22 日美国总统奥巴马签署了标志着进入"(美国)信用卡新纪元"的法案——《信用卡履责、责任和公开法》,该法案旨在通过禁止信用卡滥用行为,加强对金融消费者的保护,由此拉开了美国金融消费者保护体系改革的序幕。

2009 年 6 月美国提出《金融监管改革——新基础:重建金融监管的改革方案》,明确此次金融危机的一个重要原因就是对金融消费者保护不力。

美国国会于 2010 年 7 月 21 日通过《华尔街改革和消费者保护法》(Wall Street Reform and Consumer Protection Act,又称《多德—弗兰克法案》,Dodd-Frank Act),旨在加强金融市场的稳定,提高对金融活动"个人参与者"的法律保护力度,为普通个人提供更为公平和透明的金融服务,实施更为有效的监管保护与权益救济，从而应对金融体系中不断变化的风险。

二、监督与管理机制

美国实行双线多头的监管体制，在州层面，主要由各州的银行厅负责，在联邦层面，美国金融消费者保护机构主要是美联储（Federal Reserve System，FED）、货币监理（Office of Comptroller of Currency，OCC）、联邦存款保险公司（Federal Deposit Insurance Corporation，FDIC）、储蓄机构监理局（Office of Thrift Suppervision，OTS）、联邦信用社管理局（National Credit Union Administration，NCUA）、联邦贸易委员会（Federal Trade Commission，FTC）和联邦住房与城市发展部（Department of Housing and Urban Development，HUD）7 家机构，其中美联储、货币监理局、联邦存款保险公司主要负责银行系统消费者保护，储蓄机构监理局、联邦信用社管理局、联邦贸易委员会和联邦住房与城市发展部主要负责相应的非银行系统消费者保护职能。以下主要就联邦层面，负责银行系统的消费者保护管理机构及机制进行详述。

（一）美联储

美联储在金融消费者权益保护方面具有综合性职权。

美联储在金融消费者保护方面的职责有：制定和解释消费者保护法规，以执行相关主要法律；审查银行遵守法规的情况；调查公众对州会员银行遵守消费者保护法律的投诉；解决州与联邦管辖争议；就消费者保护问题向国会作证；开展社区发展活动。

专业金融消费者保护机构：美联储于 1976 年设立消费者咨询委员会（Consumer Advisory Council，CAC），其成员代表消费者、社会团体和债权人的利益，一年召开 3 次会议，面向公众开放。该委员会的主要职责是为美联储的仲裁委员会提供决策建议和纠纷的解决方案，便于其更好地履行相关法律所规定的职责。

（二）货币监理局

货币监理局（OCC）成立于 1863 年，是隶属财政部的独立部门。

在金融消费者保护方面的职责有：特许、规范并监督全国银行、联邦储蓄机构及外资银行分支机构；制定消费者权益保护规则；对于银行的违规行为有权签发暂停令、终止令并进行罚款；日常检查和临时性的现场特别检查权。

OCC 设有消费者支持小组，专门为消费者答疑，提供建议以及在消费者投诉国民银行或其分支机构时为其提供帮助。其在消费者保护领域的具体职责主要包括:就相关立法的实施进行解释;检查银行在消费者保护方面的合规情况;对公众对于国民银行在消费者保护方面的合规投诉进行调查;对于消费者保护问题在国会作证等。

(三)联邦存款保险公司

联邦存款保险公司(FDIC),在金融消费者权益保护方面负责履行美国《诚实信贷法》《诚实信贷法》《社区再投资法》《平等信贷机会法》《房屋所有权保护法》等规定的职权。FDIC 下设监管和消费者保护部。

(四)金融消费者保护局

美国国会 2010 年通过的《华尔街改革和消费者保护法》,系美国 2008 年次贷危机之后美国改革力度最大、影响也最为深远的金融改革法案。这一法案与 1993 年美国《银行法案》一起可以称为美国金融监管的基石,这一法案的通过在世界范围内树立了金融改革和金融消费者保护的标杆,因为这一法案中的内容也是对于金融消费者的保护。

依据美国《华尔街改革与消费者保护法》的内容,金融消费者保护局在美国成为独立专设的机构,隶属于美联储,作为美联储的下属机构,专事金融消费者保护。

1. 金融消费者保护局的独立性

金融消费者保护局具有很强的独立性。金融消费者保护局具有高度的人事自主权,局长由美国总统提名,国会任命,虽设于美联储之下,但是美联储并不能对金融消费者保护局作出人事、职责、程序、审批等各方面的干涉,金融消费者保护局在美联储内具有很高的独立性。同时,美国政府机关也无权干涉金融消费者管理局的工作和事务。金融消费者管理局具有经费保障的独立性,经费从美联储经费中单独列支。责任的独立性,金融消费者保护局不会因为美联储的决定承担任何法律责任;反之,美联储也不会因为金融消费者管理局的任何作为而承担任何的法律责任。

2. 金融消费者保护局的宗旨和目标

金融消费者保护局以金融安全为工作的目标,并把金融消费者保护作为工作重点。旨在保护金融消费者在金融市场中能够获得充足的信息,平衡因信息不对称带来的是市场失灵问题;同时保护金融消费者得到公平的待遇,维护金融市场的健康有序运行。

3. 金融消费者保护局的主要职能

依法对银行实施监管,核心关注信贷业务。首先,CFPB 的设立是整合了过去各类金融监管机构保护消费者的职能以及美国联邦贸易委员会的部分职能。CFPB 的监管涵盖了任何"提供金融产品和服务"的主体。其次,CFPB 有权就消费者金融保护范围内的事项制定具体的监管办法和规则,且只有当金融稳定委员会 2/3 以上的委员认为该规则会危机"美国银行业安全或美国金融体系稳定"时,才可以废止 CFPB 的法案。最后,CFPB 还享有法律规则制定权和司法诉讼主体地位。CFPB 可以召开听证会,或通过诉讼程序来强制执行消费者金融保护法案。这使 CFPB 的监管职能具有可靠性和可操作性,能切实保障消费者在相关金融领域内的基本权益。

受理消费者投诉,保障消费者的公正待遇。CFPB 处理消费者对金融产品或服务的投诉和控告,并对违规违法公司和个人采取司法手段追究其法律责任,以保障消费者在金融市场获得公正的待遇。

设立消费者金融民事处罚基金。根据相关法案的授权,CFPB 有权依据联邦消费者金融法律作出行政处罚,或通过司法程序进行追偿,罚金纳入 CFPB 的消费者金融民事处罚基金(Consumer Financial Civil Penalty Fund),用于补偿那些因为违反联邦消费者金融法律规定而对消费者造成的损害。

三、金融消费纠纷解决机制

(一)各监管机构的纠纷解决机制

美国银行业对于存款人的投诉十分重视,对存款人的一般投诉都交由银行自行解决,只有重大的和疑难的才上升到联邦储备委员会去解决。联邦储备委员会处理纠纷需要金融消费者自己提出,且纠纷无法通过协商解决。而货币监管署则对于违反金融机构规则的行为进行整顿;联邦存款保险公司则专门对于存款人的利益进行保护。金融消费者保护局则对于各领域金融消费者的权利进行主动保护,一方面通过保护金融消费者个人权益,另一方面规制金融机构,平衡双方之间在实力上的巨大差距。如果纠纷尚无法解决,则通过诉讼的方式对金融消费者进行救济。

(二)申诉专员制度

1. 申诉专员制度的产生

1994 年美国《社区发展和监管改进法》第 309 条要求建立独立申诉专员(Ombudsman)制度,根据该法案,申诉专员是金融服务机构与消费者之间的中间联络人,鼓励消费者积极维权,并为消费者保密。消费者可以通过电话或书面形式向申诉专员办公室投诉。美联储、联邦存款保险公司、货币监理局、联邦信用社管理局及金融消费者保护局均设有申诉专员办公室。

2. 申诉程序

投诉的主体除消费者外，还可以是受该机构监管的金融服务机构。

投诉方式主要有电话、网站和书面等，各监管机构的申诉专员网页上均公布了投诉电话、通信地址、电子邮箱等信息。

3. 申诉费用

申诉制度免收费用。

4. 申诉专员处理投诉的程序

当消费者提出上诉或其他适当方式投诉时，申诉专员将为投诉方解释处理程序，指导投诉方按照规定程序进行投诉，对于消费者递交的书面投诉材料，申诉专员将委托储备银行或监管机构工作人员进行调查，对于调查结果表明金融服务机构确有违规行为的，有权根据相关规定发出纠正指令。

5. 申诉专员制度的特点

对外，处理金融消费纠纷方面，美国的申诉专员并不直接解决纠纷，主要充当中间联络作用，其仅有建议权，并没有直接的调查处理权，从总体上看，申诉专员专司接待投诉，就投诉的问题与主管部门负责人沟通争取妥善解决纠纷。

对内，申诉专员负责整理总结投诉数据，并分半年报和年报向所在监管机构报告，并就存在的问题提出相应建议。

四、金融消费者教育

金融消费者教育在美国被称为金融素养教育，发端于20世纪30年代的经济大萧条时期。在这场危机中，众多金融消费者因为缺乏必要的金融知识和理财技能，盲目参与金融投资活动，蒙受了巨大的经济损失。危机过后，美国政府要求学校开设相应的课程，由联邦政府、金融机构和社会组织提供各种资源和帮助。

2002年美国财政部下设金融教育办公室，负责承担对全国金融教育工作的指导和协调职能。

2003年美国《公平交易和信用核查法案》第5项《金融素养和教育促进法》以法案的方式确立金融教育工作在金融体系中的重要地位。随后，美国成立了由财政部、美联储、证券交易委员会等23个部门联合组成的金融素养与教育委员会，作为全美金融教育工作的主要组织者，委员会接受美国财政部金融教育办公室的指导和技术支持。2006 年金融素养与教育委员会制定了《金融教育国家战略》,确定全国性金融教育目标和任务,并定期对战略目标完成状况进行评估。

2008 年美国专门成立"总统金融知识咨询委员会",对名为"金融扫盲队"的志愿者组织提供支持和帮助。

2009 年美国通过的《华尔街改革和消费者保护法案》要求成立金融消费者保护署,并将其列为金融素养与教育委员会的成员,致力于保护美国金融消费者免受不公平的金融产品和金融服务的侵害。

第三节　日本金融消费者权益保护制度

一、法律制度

日本《银行法》及《银行法实施规则》其主要目的是考虑到银行业具有外部性和公共性,加强对存款人等的保护。

2001 年日本《金融商品销售法》对所有与金融产品销售有关的行为进行了统一规范,包括银行、保险、证券、期货、信托及其他具有投资性金融产品的销售行业与行为。该法第一次突破行业界限,以金融消费者为保护对象,明确规定:金融产品提供者必须告知消费者金融产品的风险、利率、价格等事项;金融产品提供者应针对不同的劝诱对象制订不同的劝诱方法;金融产品提供者对消费者的人身和财产损失负有赔偿责任。

2006 年 7 月日本修订了原《证券交易法》并更名为《金融商品交易法》,废止了原《金融期货交易法》《投资顾问业法》《抵押担保证券业法》《外国证券业法》4 部法律,并对《银行法》《不动产特定共同事业法》《保险业法》《信托业法》《金融商品销售法》等进行了修订,进一步统一了金融消费者保护规则。《金融商品交易法》将作为规制对象的"证券公司"更名为"金融商品交易业者",将"证券业协会"更名为"金融商品交易业协会",将"证券交易所"更名为"金融商品交易所",明确金融商品为具有投资性的商品,包括原属《银行法》《证券法》《保险法》《不动产特定共同事业法》所调整的商品,以及新型投资性存单、投资性保单、商品期货等业务。《金融商品交易法》被认为是将股票、债券、外币储蓄等有损失本金风险产品统一规制的一部重要法律。《金融商品交易法》颁行后,《金融商品销售法》也进行了相应修订,扩大了金融商品和销售行为的种类,强化金融服务机构对消费者的民事义务,包括说明义务,禁止金融服务机构及其工作人员向消费者提供断定的判断等。

2010 年 1 月 21 日金融厅公布了《金融与资本市场机构框架发展》,要求场外衍生品交易须通过中央清算,并提高场外衍生品交易的透明度。金融厅金融审议会明确提出将立法理念转变成为消费者服务,即将金融消费者权益保护作为立法的重点,明确未来将分步骤制定《金融服务法》。

日本金融消费者权益保护法律的立法由分散走向统一,从包含在普通立法之中走向专门立法,从偏重于加强对金融机构监管到监管与直接设立保护金融消费者规制并重。在相关法律构建,金融机构信息披露、劝诱等方面的义务规制,金融消费者的知情权、隐私权保护等方面形成了环环相扣,密切相连的制度体系。

二、监督与管理机制

日本在金融监管机构设置上,则形成了以归总理府直接管辖的金融厅为核心,独立的中央银行与存款保险机构共同参与,地方财政局接受金融厅的委托对地方金融机构进行监管的崭新的日本金融监管框架。

(一)设置金融厅

2000 年 7 月金融监管厅更名为金融厅,除监管职责外,金融厅还拥有金融政策制定权和企业财务制度检查权。金融厅是日本金融监管的最高行政部门,有权监管整个金融市场,下设总务规划局、检查局、监督局和审判局,设立证券交易监督委员会、企业会计审计会、金融审议会作为事务局,负责确保日本金融体系稳定和保护金融消费者。

金融厅不直接参与消费者与金融服务机构之间的纠纷解决,但接收金融消费者的投诉并提供法律咨询,针对投诉的内容作出相应的处理,如果投诉金融业务违反相关规定,金融厅监督局可以直接向纠纷所涉金融服务机构发出处理指令,如果投诉其他方面,监督局会要求金融服务机构提交报告予以说明,向行业协会提出建议。

(二)设置消费者厅

2009 年 9 月日本成立消费者厅和消费者委员会,消费者厅负责消费者权益保护工作的具体行政事务,其中重要一项职责是通过规范消费合同为消费者提供保护,包括金融交易合同。消费者委员会由民间人士组成,设在内阁府,有权监督消费者厅和其他中央机构在保护消费者权益方面的行政工作,并对首相和大臣提出相关建议。

金融厅与消费者厅对金融服务机构拥有联合检查权,金融厅有权根据消费者厅的建议或与其协商,对违规金融服务机构作出相应处罚决定。

三、金融消费纠纷解决机制

在纠纷的解决上,日本同其他国家和地区一样,可以采用仲裁和诉讼的方式,除此之外,还存在日本金融 ADR 模式。这里主要就日本 ADR 模式详述。

(一)日本金融 ADR 的设立

在日本,根据《ADR 促进法》《金融商品交易法》《银行法》等法律的规定,金融行业组织首先需要向主管机构——日本金融厅提出申请,日本金融厅再根据申请指定金融各行业组织为金融纠纷解决机构。日本现有全国银行协会、信托协会、生命保险协会、日本财产保险协会、外国财产保险协会、日本小额短期保险协会及日本贷金业协会已经设立了指定纠纷解决机构,用以对投诉实施处理和纠纷解决的职能。而金融纠纷联络协调协会则在各业界团体之间就投诉处理、纠纷解决等事项进行信息交换、联络协调工作。

(二)日本金融 ADR 的特点

1. 行业自主设立

金融 ADR 制度是以基于迄今为止业界团体自主设立的投诉处理、纠纷解决组织建立而成,进行投诉处理和纠纷调解、裁判的中立性和公正性的指定纠纷解决机构,并根据这一指定来对投诉进行处理和对纠纷进行裁判。

2. 具有时效性

在金融 ADR 制度中,基于业内法上的义务或者因金融机构在手续承诺或特别调停案中的承诺所承担的义务,使纠纷解决的实效性得以确保。

(三)日本金融 ADR 的管辖条件

日本金融监管机构并未规定日本金融 ADR 的管辖范围,但是这并不意味着金融 ADR 的管辖就是完全基于金融机构自愿管辖的。首先,金融机构所属业内如果存在纠纷解决机构的,金融机构必须接受管辖;其次,金融机构在存在多家纠纷解决机构的情况下,可以拥有“选择其中之一进行管辖”的选择权;最后,如果金融机构所属业内没有纠纷解决机构的,消费者仍然可以将案件提交给国民生活中心或消费生活中心。日本金融 ADR,本质上都是一种可供选择的纠纷解决机制,消费者可以自行选择任意一种解决方式解决纠纷。如果消费者同时利用金融 ADR 和提起诉讼时,纠纷解决机构将终止相关解决程序。

（四）纠纷解决程序

在投诉处理、纠纷解决的手续方面，没有在法律层面对此作出详细设定，而是在业务规程或是手续实施基本契约里作出了具体的规定，同时，在金融机构的与金融 ADR 对应的手续实施基本契约里也有与此相通的规则。

（五）投诉处理程序

在这个流程中，消费者可以向指定纠纷解决机构提出投诉解决申请，这种申请被要求是书面的、要式的，指定纠纷解决机构在受理申请的场合下，需要答复消费者在咨询中提出的问题，提出必要的建议或者进行必要的调查，同时也要迅速通知金融机构该投诉的内容，并要求金融机构迅速处理投诉。

（六）纠纷解决程序

如果纠纷解决机构认为通过投诉处理程序，纠纷仍然没有得到妥善解决，或者当事人（双方均可）直接提起申请，要求进入纠纷解决程序时，纠纷解决机构就会受理。在受理的场合里，纠纷解决机构选任纠纷解决委员，然后进入纠纷解决程序。纠纷解决委员将向当事双方作出受诺和解案的劝告与特别调停案的提示。纠纷解决委员可以要求当事双方，尤其是金融机构一方提交与纠纷相关的材料作为案件证据，同时也要听取当事双方对纠纷的陈述和各自的意见。然后，纠纷解决委员据以上材料为双方制订和解方案，推进和解的进程。如果未能和解，将进入特别调停阶段。当然，纠纷解决委员如果认为必要，也可以直接进入特别调停。

对于和解方案，当事人双方均可以选择接受或者拒绝，因此仍然是不具备拘束力的。但是纠纷解决委员作出的特别调停案对于金融机构一方具有拘束力，一经做出金融机构通常来说必须接受并妥善履行。对于消费者而言，可以选择接受或是不接受特别调停案。如果选择接受，消费者就享有了要求金融机构履行的权利；如果拒绝接受，消费者仍然可以和争议相对方达成新的和解协议，或者向有管辖权的法院提起诉讼。如果消费者或金融机构提起诉讼，则该特别调停案将自动失效。但是，倘若金融机构没有正当理由却仍然拒绝接收该特别调停案，或者无正当理由不履行特别调停案中的己方义务，就会被视为金融机构对与纠纷解决机构之间所签署《基本契约》的违约，纠纷解决机构有权将金融机构不履行这一事实公之于众，这在公共舆论上将对金融机构的声誉产生重大影响。

一般而言，投诉处理程序和纠纷解决程序所需时间为 2 ~ 3 个月。在处理投诉或解决纠纷的过程中，都存在诉讼时效中断的效力，这一点是为了让消费者从容不迫地利用金融 ADR 制度去解决纠纷,当事人如果对和解案或者特别调停案等金融 ADR 纠纷解决程序达成的处理结果不满意,仍然可以给诉讼这一根本解决纠纷的途径留下必要的时间。因此,不仅仅是金融 ADR 制度,在《ADR 促进法》里,也设计了时效中断的法律效果。

四、金融消费者教育

日本的金融消费者教育主要由作为央行的日本银行和金融服务信息中央委员会共同承担。按照职责分工,金融服务信息中央委员会在全民金融教育的组织和推动方面处于主导地位,该委员会前身是成立于 1958 年的日本储蓄促进中央委员会,经数次变更,2001 年变更为目前名称。日本银行是该委员会的成员,委员会的秘书处设于日本银行内。按照规定,该委员会主要承担两大职责,包括向全体民众提供金融和经济信息以及组织开展国民金融素养教育。

委员会成立以来,密切跟踪国民金融素养教育情况,定期开展调查和分析,研究不足并提出对策。在金融服务信息中央委员会的推动下,金融消费者组织和金融机构及其行业组织等都积极参与各种金融消费者教育工作,通过视频介绍、举办讲座、组织学校教师培训、召开专题研讨会等方式,开展形式多样的公众教育。

此外,日本还非常重视对青年学生的金融教育,2005 年金融服务信息中央委员会确定将当年作为“金融素养教育促进元年”,明确将学校的金融教育作为工作重点,旨在增进青少年对金融知识的理解,推动青少年掌握必要的金融技能,培养未来合格的金融市场参与者。

第七章　金融消费者权益保护实施案例

第一节　银行业机构

近年来,在北京银监局和中国银行总行的统一指导下,中国银行北京市分行积极履行社会责任,金融消费者权益工作取得明显成效。自北京银监局开展对金融机构消费者权益保护工作考核评价以来,该行考核评分、评级在同业金融机构中始终名列前茅,连续被评为一级机构,其中,2015 年、2016 年在北京市银监局的考核评价中,得分均为 101 分。该行在消费者权益保护方面,主要做了以下几方面工作。

一、建立健全消费者权益保护管理体系

一是将消费者权益保护重要议题纳入行长办公会直接决策。分行行长办公会审定《中国银行北京市分行消费者权益保护工作方案》,明确分行消费者权益保护的职责分工、工作机制及流程,明确建立分工协作机制,研究、决策消费者权益保护的重大、疑难问题。二是发挥消费者权益保护委员会的决策平台作用。为切实提升分行消费者权益保护的决策职能,分行专门成立了消费者权益保护委员会,由个人金融条线相关部门及相关职能部门总经理任委员、由分行分管副行长任主席,统筹全行消费者权益保护重大政

策、管理目标、工作规划等决策，充分发挥其对分行消费者权益保护政策和决策传导与沟通的平台作用，切实提升对消费者权益保护工作的决策和推动水平。消费者权益保护委员会实行季度例会制度，研究、审议消费者权益保护的重要议题，听取相关条线部门消费者权益保护制度执行情况，并由行领导进行点评，对存在短板、不足的部门和工作领域提出整改要求。

二、建立、完善消费者权益保护制度体系

中国银行北京市分行将消费者权益保护规章制度建设、执行当作一件大事来抓，着力抓规章制度的建立、完善，并查漏补缺，动态调整。目前，分行已建立了分层次、全覆盖的消费者权益保护规章制度体系：

(一)构建消费者权益保护核心框架制度

制定了《中国银行股份有限公司北京市分行消费者权益保护工作实施细则(2015年版)》，明确规定了消费者组织架构和职责分工、专项领域工作的管理要求和标准、消保工作机制等根本性问题，为消费者权益保护工作奠定了坚实的制度保障。

(二)制定系列消费者权益保护的专项规章制度

制定了《消费者金融知识宣传教育管理办法》《消费者权益保护培训管理办法》《消费者权益保护工作重大突发事件应急预案》《消费者权益保护工作考核评价办法》，解决了消费者金融知识宣传教育、培训管理、重大突发事件应急管理、考核评价等重要管理办法，做到有规可依，有效推动了相关消费者权益保护工作的有效开展。

(三)制定涵盖所有产品和服务与消费者权益保护相关的规章制度

分行相继制定、更新了个人客户信息保护、“双录”、产品服务与定价等系列产品、服务管理办法，从制度和服务的设计开发、定价管理及准入过程等环节，融入消费者权益保护理念，规范了产品销售人员向消费者提示风险、解释合同条款等多种方式，多维度、全方位向消费者履行信息披露义务。

三、建立分工协作、齐抓共管的消费者权益保护工作机制

该行注重加强专业队伍建设，构建一支全行“一盘棋”、分支行三级联动的消费者权益保护工作机制密切相关。

(一)充分发挥消保工作牵头管理部门职能

“火车跑得快，全靠车头带。”该行充分发挥了牵头管理部门的职能，拟订

分行消保工作整体制度及工作方案，推动分行消保工作各项工作机制有效运行，组织协调职能管理部门及支行开展消保工作；监控消保监管要求变化，并对可能对分行整体产生重大影响的监管要求提出风险缓释建议；对产品和服务提供咨询和审查意见；监控并组织有关部门处理消保相关诉讼仲裁案件；负责分行整体消保工作情况报告；配合开展监管机构对消保工作的考核评价、综合检查、调查统计等工作；总体负责与监管机构的沟通联络；其他根据监管要求需要承担的工作。

（二）调动专项工作主管部门和条线部门充分履职

明确消费者个人金融信息保护、消保公众宣传教育、消费者投诉处理、员工消保教育和培训、消保工作绩效考核、消保工作相关利率和服务价格的统筹管理、新产品消保合规审核、消保工作内部审计工作的牵头管理部门，推动相关部门发挥条线统筹职能，分工负责，确保相关制度要求落地实施。明确各职能部门对本条线和本部门的消保工作职责：各产品管理部门在相关产品和服务的设计开发、定价管理、协议制定、审批准入、营销推介及售后管理等管理环节中落实有关消保的外部监管要求和内部管理制度；负责落实本条线员工的消保教育和培训工作；负责本条线消费者投诉处理，组织开展日常管理工作；负责本条线消费者个人金融信息保护，组织开展日常维护和管理工作；负责建立本条线消保工作的应急响应机制；其他根据监管要求需要承担的工作。

（三）发挥绩效考核的导向作用

将消费者权益保护纳入对分行相关部门、各管辖支行的绩效考核体系。分行将消保工作考核纳入机构绩效考核体系中，在主要职能部门和管辖支行考核中设置“消费者权益保护”指标项，对消保工作定期监督，督促落实。其中，分行办公室、个人金融部、银行卡部、渠道管理部及财富管理与私人银行部、工会分别设置 2 分，对管辖支行统一设置 1 分的绩效考核分值。每年度，分行在全辖组织开展辖内机构消费者权益保护考核评价工作，在支行自评基础上，结合分行相关业务条线部门的评价结果，完成对辖内机构的消费者权益保护考核评价工作。该评价结果被赋予一定的系数，直接转化为辖内机构的绩效考核结果，并根据工作业绩情况，适当拉开分差，真正体现奖优罚劣的指挥棒作用，充分发挥了绩效考核导向作用。

四、勇于创新，开展生动活泼的金融知识宣传教育活动

该行注重开展金融知识宣传教育工作，通过主题宣教、常态宣教等方式，

开展丰富多彩的消费者权益保护宣传教育活动，提升了中行的美誉度，取得了积极的社会反响，连续被评为“金融知识进万家”标兵单位，在开展打击非法集资宣传月活动中，也获得了北京市银监局的通报表扬。

（一）多措并举，采取务实管用的宣传教育举措

1. 组建“金融消费权益保护宣讲团”

根据北京市银监局“金融知识进万家”授课案例大赛组织要求，该行举办了全辖案例大赛活动，推荐2名参赛选手参加北京市银监局的竞赛活动。通过案例大赛，该行挑选优秀的参赛选手组成分行“金融消费权益保护宣讲团”，宣讲团成员不定期面向远郊农村、社区、学校、企业、军营、商圈等开展金融知识宣讲活动，受到了金融消费者的高度好评。

2. 设立“金融消费者教育示范点”

为发挥以点带面的效果，分行以分行发文形式要求各管辖支行选择1家标杆网点设定“金融消费者教育点”，从资源配置、咨询答疑、专题宣教等，设置标准化、可复制流程，面对客户开展咨询和宣传活动，以此作为范本向全辖网点推广。

3. 建立金融知识宣传教育督导制度

在开展主题集中宣教期间，由分行法律与合规部牵头组织分行相关条线部门人员，组成宣教活动督导组，深入各支行宣教活动现场，对活动开展进行督导，并及时向分行消费者权益保护委员会办公室反馈督导情况，督促、指导支行开展消费者权益保护集中宣教工作。

（二）选准内容，为公众提供“适销对路”的金融知识

为提升宣传教育效果，该行进一步细分受众类型，根据受众的年龄阶段、知识水平及金融知识需求等因素，设计相应的宣传教育内容和重点。在开展针对不同职业、知识层次、年龄层次的金融宣传教育中，事前要开展深入的基层调研，了解受众真正需要什么样的金融知识、金融工具，逐步将“自上而下的被动接收”转变为“自下而上的主动需求”，形成供求双方的良性互动；每次活动不贪多求洋，结合不同受众当时急需解决的现实问题设置活动主题，围绕一两个知识点讲深、讲透，同时改变单纯说教、内容空泛、流于形式的弊病，将这些知识点与实际结合，转换为通俗易懂的身边案例，真正沉下去、接地气，帮助金融消费者更好地理解、吸纳金融知识。

（三）创新形式，提高金融知识宣传的针对性和有效性

为提高金融知识宣传的针对性和有效性，中国银行北京分行不断总结和探索各种行之有效的宣传教育方式,拓展创新活动形式,使金融宣传贴近百姓的生活和工作,也更易被大众所接受。

一方面,中国银行北京分行认真落实北京银监局、中国人民银行营业管理部等监管部门组织开展的“金融知识进万家”“金融知识普及月”等活动,采取被实践证明行之有效的传统金融宣传形式。例如,选取城乡繁华街道、社区、学校、农村庙会、商圈、集市等场所,开展送金融知识进社、进企业、进商圈、进学校、进医院等宣传活动;通过发放折页手册、印有活动主题口号的小礼物等传递基础金融知识,提示防诈骗要点。同时,还以金融消费者喜闻乐见的演艺形式宣传金融知识,建立消费者权益保护宣传人才库。在人才库中吸纳了一批具有演讲、曲艺、演唱、表演技艺的员工人才,他们自编自导的以金融消费者权益保护为主题的相声、小品、快板、三句半、歌曲等作品,寓教于乐向消费者传递了金融知识,受到了普遍欢迎。

另一方面,在互联网时代,中国银行北京分行还依托微信公众号、自媒体等方式实现金融信息的实时互动交流。例如,在大堂网银体验机界面增加金融知识宣传栏、产品活动信息栏,引导公众通过电子触摸屏浏览。其信息量大、传播快捷、受众量大的特点对传播、宣传金融知识起到了如虎添翼的效果。中国银行北京分行还把全辖各营业网点作为传播金融知识的主阵地,在全行倡导“服务主导”式宣传,创新“微沙龙”“微讲堂”等宣传模式,中国银行网点工作人员巧妙利用客户等候办理业务的时段见缝插针进行“微讲堂”宣传,现场“一对一”讲解金融政策制度,“手把手”辅导产品使用方法,“面对面”提示金融风险防范,确保金融知识宣传入脑入心。

五、强化投诉管理,进一步提升投诉处理质效水平

(一)管理层高度重视,狠抓投诉管理

分行管理层对投诉工作高度重视,压实责任,勇于担当,加强对投诉管理工作的组织领导,将其列入重要议事日程,亲自谋划部署,定期分析研究,加大资源投入,强化督查督办和问效问责,切实提升投诉工作质效。专门召开了以投诉为主题的消费者权益保护委员会,各相关条线部门认真分析、汇报了本条线投诉管理工作现状,分管消保工作的银行领导对投诉工作提出详尽、具体的工作要求。

(二)防患未然,对投诉工作实行有效治理

一是前移工作关口。变事后灭火为事前防范,强化预防性机制建设,在产

品、服务的设计与创新环节嵌入客户体验预审机制,开展投诉风险评估,从源头上防控风险,主动维护消费者权益,减少投诉风险点、预防和降低投诉发生可能。二是加强风险排查,经常性开展投诉事项梳理。针对与消费者相关的各个领域和环节开展全面排查,及时识别引发投诉的潜在因素,抓小抓早抓苗头。三是提升基层工作能力。严格落实首问负责制,加强投诉透明度建设,畅通各层级、各渠道投诉路径。加强一线人员培训和指导,提升首诉首访化解率,依法、及时、就地解决问题,将投诉消灭在萌芽状态。

(三)齐抓共管,协同处置投诉工作

在法律与合规部的牵头协调下,利用分行行长办公会、消费者权益保护委员会的决策平台,细化、明晰分工协作机制,提升了投诉管理的管控效果。同时,赋予投诉管理部门相应工作权限,配备充分资源,在分行工会成立了专门的投诉处理团队,使其在投诉工作中有充足的话语权和必要的激励约束能力。投诉管理部门与各相关部门、支行建立起高效的联动机制,摒弃其只管经营、投诉与己无关的思想,确保各司其职,提升协同效应。

(四)抓关键,"补短板",提升对投诉管理的总体管控水平

一是强化统计分析。建立投诉定期分析机制,要求各支行定期由行长主持召开投诉分析会,逐笔分析,查找根源,拿出解决方案,化解潜在投诉。二是定期开展投诉治理。把握矛盾根源,发现倾向性问题,有的放矢强化源头整改。开展专项治理和集中整治,把全部投诉事项合并同类项,明确重点领域和关键环节,把客户反映强烈突出的、涉嫌违法违规的、顽固反复的、典型性的事项优先整治好。三是加强问责。对损害消费者合法权益以及投诉处理不力的行为和人员加大整改问责力度,保持高压态势。

第二节　证券业机构

2017 年 7 月 15 日习近平总书记在全国金融工作会议上强调:"金融是国家重要的核心竞争力,金融安全是国家安全的重要组成部分,金融制度是经济社会发展中重要的基础性制度。"近年来,我国资本市场不断发展和壮大,成为引领和推动我国国民经济发展的重要支撑力量。随着我国资本市场的快速发展,金融业呈现出金融市场规模扩大化、金融机构经营多元化、金融产品结构复杂化等趋势,证券市场持续发展、快速扩容,投资渠道不断拓展。与此同时,金融风险隐患也在不断积累,违规虚假宣传、信息泄露诈骗等情况时有发生,守住金融的底线,防范金融风险成为金融工作的重要组成部分。金融资本市场运行复杂,损害投资者利益的行为多发,证监会因损害投资者利益而对有关公司作出多重处罚。因此,加强投资者服务教育,具有其必要性和迫切性。投资者教育是资本市场发展的客观需要。要提高资本市场的效率,必须要有理性的投资者。因此,转轨时期的资本市场应当特别重视投资者教育,应该从社会和政治高度认识投资者教育的重要意义。我国证券业投资者保护工作主要构成以证监会为主导,中国证券业协会作为行业自律组织进行行业监督,各证券公司作为具体的投资者教育机构向广大证券投资者进行教育和宣传。

一、证券公司严格遵守投资者保护的第一道防线

《证券期货投资者适当性管理办法》(以下简称《适当性办法》)是我国第一部专门规范证券期货市场适当性管理的部门规章,是资本市场投资者保护的基础性制度,其正式施行将对我国资本市场的发展和投资者保护产生一系列积极作用。《适当性办法》是保护中小投资者的第一道防线,将投资者分为专业投资者和普通投资者两类,并要求经营机构对普通投资者提供特别保护。随着金融创新的不断深入,当前资本市场的金融产品和相关服务呈现出多样性和复杂性,而我国资本市场的参与者仍然以中小投资者为主,中小投资者的知识储备、投资经验以及风险承受能力有限,难以对日益复杂的、专业的金融产品做出充分合理的判断,可能仅仅为了追求高收益而导致承受惨痛的损失。另外,证监会投资者保护局推进建设了两期国家级证券期货投资者教育基地,旨在通过设立专门的投资者保护基地,将证券公司与投资者之间的证券交易纠纷转化为案例,整理后的案例将会作为证券公司投资这教育保护的典型。证券公司将利用这些典型案例为投资者以案说法,提高投资者证券投资的能力和水平,促进证券市场健康持续的发展。

二、强化投资者教育,不断探索投资者教育新模式

证券公司要根据《证券投资者保护基金管理办法》缴纳投资者教育保护专项基金,证券公司还要提供专项预算,专门用于证券公司投资者教育工作。为确保投资者教育活动顺利开展,近年来,部分证券公司逐步加大对投资者教育工作的投入力度。整体上每年都会做好充分的投资者教育专项预算经费,确保专款专用,以加强投资者教育工作的实际开展效果。公司不断加大投资者教育产品的开发投入力度,形成持续开发投资者教育产品的能力。为提高

投资者风险防范意识,进一步扩大投资者保护公益信息的宣传面,按照证监会对投资者保护的要求以及各地证监局的要求,证券公司都要以邮件形式和通过互联网监管信息平台定期发布公益信息,或者通过证券交易终端发布公告或手机短信的形式向客户推送投资者保护公益宣传信息。同时,证券公司对投资者的教育活动要开展常规与非常规投资者相结合,加大普及证券知识力度,多渠道开展投资者教育宣传,形成良好宣传氛围;集中投资者开展股民学习活动,扩大投资者受教育覆盖面,不定期举办大型投资策略报告会,开展户外宣传,加强投资者权益保护,加强公司员工业务培训,提高专业水平和职业素养。

三、严格贯彻落实监管部门和自律组织的工作部署,持续做好投资者教育专项活动

证券公司是与投资者发生投资者交易,进行证券投资开户的直接关系主体,对投资者教育具有重要的意义。根据调查发现各证券公司针对投资者教育保护投入的力度各不相同,其中,中信证券在投资者教育保护方面做得较为深入,专门开展各种投资者教育保护专题,如"蓝天行动""专家讲坛""投资者教育""教育警示展"等专项投资者保护行动。其他证券公司也在相应的专栏设置了专项的投资者教育专项视频及投资知识视频,供投资者进行资助了解和学习。投资者教育宣传工作做得较好的证券公司多位具有国资背景的证券公司,私有化的证券公司在投资者教育方面投入的力度普遍较低。这些证券公司在投资者教育宣传和保护专题教育或者宣传的相关工作做得还不够充分。证券公司作为与投资者直接接触的证券服务机构,缺乏为投资者进行专项投资教育宣传,提高投资者风险识别能力的意识。这样就会导致投资者保护不力,出现危害证券市场健康发展,阻碍金融向好。因此,针对证券公司对投资者教育保护的建设任务还很艰巨,尚需中国证券业协会出台统一的行业内部投资者教育保护规则,统一各证券公司作为投资者教育的标准。

综上所述,证监会作为证券行业投资者保护的最高监管机关,其试图推动将投资者教育纳入国民教育体系,推动各项立法和国家投资者保护示范区的建设。可见国家监管机构对投资者保护的重视程度,并且对投资者教育保护投入力度越来越大。但是,存在的问题主要集中在证券公司作为与投资者一线接触的服务机构似乎对投资者保护教育投入力度过小,与国家监管部门的高度重视出现了较大的反差,证券公司在投资者教育方面的投入有待进一步

提高。

第三节　保险业机构

保险消费者是保险业赖以生存发展的前提和根基。保护消费者合法权益是保险监管机构的核心职能,是保险行业的共同责任。保险公司作为行业的参与主体,应当重视和加强保险消费者权益保护。

一、加强保险公司消费者权益保护的责任

(一)保险公司应当树立客户第一的经营理念

强化服务意识,适应客户需求开发多样化的保险产品,提供个性化、定制化、高品质的保险服务。践行保险行业核心价值理念,诚实守信经营,公平对待消费者。

(二)公平合理设定合同权利义务和厘定产品费率

保险公司要依法制定保险合同条款,不得违反法律法规的禁止性和强制性规定,确保保险合同双方权利义务公平合理;按照结构清晰简单、内容集中明确、利于查找阅读的原则编制保险合同条款,推进合同文本标准化,力求文字表述通俗化;完善保险产品定价模型,合理确定产品费率。

(三)规范销售行为

保险公司要根据产品特点和消费者风险承受能力建立区分销售制度,将合适的产品销售给有相应需求的消费者。不得利用广告或者其他宣传方式对保险条款内容和服务质量等做引人误解的宣传;不得在销售活动中阻碍消费者履行如实告知义务,或者诱导其不履行如实告知义务;不得伪造、擅自变更保险合同,或者为消费者提供虚假证明材料;不得夸大保险产品收益,隐瞒合同重要内容,提供虚假产品信息;禁止未经消费者书面授权或者追认而代替其签订保险合同以及其他违反法律、行政法规和保监会规定的行为。通过电话或者互联网销售保险产品,保留与双方权利义务相关的电话录音和网络销售痕迹。完善委托合同约定,规范与其有代理关系的保险中介机构的销售行为,并对保险中介机构的违规销售行为承担相应责任。

(四)及时公允理赔给付

保险公司要建立公正透明的理赔给付处理和争议解决程序,优化工作流程,简化理赔给付手续,及时、公道地开展理赔给付。对涉及免赔、拒赔和比例

赔付等情况，向索赔人充分说明理由。建立完善小额赔款快速理赔机制，定期开展积压赔案清理工作，不得拖赔、惜赔和无理拒赔。

（五）提升保险服务质量和水平

保险公司要不断改进服务，创新服务模式，丰富服务内涵，加强服务网络建设。建立销售、承保、回访、保全和理赔给付等各环节的服务标准，制订服务承诺，并将服务标准和承诺公开，接受社会监督。

（六）保障消费者信息安全

保险公司要建立消费者信息保护制度，确保信息的采集、使用和保存符合法律规定或者征得消费者同意，确保业务系统记录的消费者信息资料真实完整有效。完善信息技术保障手段，防止消费者信息泄露，不得利用非法获取的消费者信息开展经营活动和获取不当利益，不得篡改消费者信息资料。

二、要加强信息披露

（一）及时披露与消费者权益相关的产品和服务信息

保险公司要在官方网站显著位置公布保险产品条款和服务承诺信息，以清晰和通俗的语言向消费者说明保险产品和服务，重点突出保障范围、免责条款、预期收益等与消费者利益密切相关的内容，并对免责条款做出足以引起消费者注意的提示和明确说明。在保险合同存续期间，及时向消费者披露该产品相关的信息。

（二）加强消费风险提示

保险公司及保险销售人员在销售保险产品时要及时向消费者提示风险。定期向社会公众提示保险购买、理赔、投诉及争议解决等环节存在的风险及注意事项。

（三）加强消费者权益保护工作信息化建设

保险公司要充分发挥信息技术对服务消费者、维护消费者合法权益工作的支持作用，将信息技术运用到产品开发、销售、理赔给付、投诉处理各个环节，改进和完善信息披露平台，提高服务效率和改善消费者服务体验。

三、有效开展消费者权益保护教育

保险公司要将消费者及公众教育纳入客户服务体系，在官方网站、地市级及以上机构的营业场所开辟消费者教育专区，并积极开拓新媒体平台开展保险宣传和普及保险知识，提高消费者的保险知识水平和风险意识。

保险公司为了更好地保护保险消费者权益,不仅通过上述各项措施的持续加强和实施,而且通过开展"客户服务节"等大型活动,引起社会各界共同关注保险行业的消费者权益的保护和关注,进一步树立保险公司保护保险消费者的良好环境。

2016 年 5 月 18 日中国人民保险 2016 年客户节拉开帷幕。围绕"倾听您的心声,服务您的需求"这一主题,集团公司携手旗下人保财险、人保健康、人保寿险等子公司,倾情奉献"逢'18'必有节""拇指理赔 · 极速理赔""'大手牵小手'助学公益行""远离烟草,健康生活""寿险相伴,幸福永久""服务再升级,网购有好礼"等一系列独具特色的客户体验活动,以至诚至爱之心推动服务品质不断升级,精彩回馈广大客户和社会公众。自 2009 年以来,中国人民保险已经连续成功举办了 7 届客户节。通过举办客户节,集团上下服务意识不断增强,客户信任纽带更加牢固。2016 年 5 月 18 日在京举行的客户节启动仪式上,集团公司董事长吴焰出席,并围绕"倾听""回顾""展望"三个关键词向现场嘉宾致辞。中国人民保险客户节以"倾听您的心声,服务您的需求"为主题,源于集团成立 67 年来持续倾听和关注社会和人民群众需求,并以此作为立足点,不断在农业保险、健康保险、责任保险、巨灾保险等诸多国计民生领域创造出政府满意、人民称道和自身欣慰的发展业绩。本次客户节活动有以下三大亮点。

(一)深度开展"请进来、走出去"活动

在近年来探索形成以客户节为载体、各子公司搭建联合展业平台的基础上,全系统各省级党建协调委员会将统筹组织开展面向法人客户的"走出去、请进来"活动,为客户提供涵盖财产险、寿险、健康险、投资的全方位保险金融服务。

(二)突出客户中心,高频率大周期融合线上线下活动

人保财险推出"逢'18'必有节"活动,从 2016 年 5 月至 2017 年 2 月,每月 18 日将开展线上微信活动和线下营销活动;开展"主领未来"服务创新大会、人保伴我行 APP、"十一"黄金周客户自驾游等体验活动;客户节期间借助微信平台,送出公益行联欢会名额、"人保财险车神决战"、与国安老男孩鏖战紫禁城免费北京行名额,以及拍立得照相机、运动手环手表、行车记录仪、车载空气净化器、加油卡等实物奖品。人保寿险以"寿险相伴,幸福永久"为主题,推出专属私人医生健康管理、"服务再升级,网购有好礼"等活动。客户节的启动也标志着中国人民保险客户服务全面升级,顺利切入互联网时代。

(三)助力公益事业,承担社会责任

集团历来重视履行企业社会责任,热心公益事业。近期人保财险将开展“大手牵小手”助学公益行活动,并携手北京市美疆助学基金会在全系统倡议成立“人保美疆班”,捐助新疆地区的少数民族一年级贫困学童。人保健康将以“远离烟草,健康生活”为主题,与北京市控烟协会合作开展《北京市控制吸烟条例》颁布实施一周年系列纪念活动、北京奥林匹克森林公园健步走活动、戒烟专家在线访谈、“学习控烟知识,赢取游轮旅程”等,让客户和社会公众充分了解烟草的危害,学习科学的戒烟方法,激发、创建和维护无烟环境的爱心和责任。

第四节　信托业机构

维护金融消费者合法权益是维护金融市场稳定,推动金融市场可持续发展的关键所在。近年来,随着我国金融市场上理财产品层出不穷,金融产品与服务日益向个人生活渗透和扩展。与此同时,我国金融领域频繁发生金融机构侵害消费者权益的事件,金融消费者权益及其保护问题日益凸显。

对于信托公司而言,“金融消费者”就是普通的委托人,它仅限于自然人,其共性是在与信托公司的交往中处于弱势和被动地位,特别投资者(主动要求信托公司按需发行信托产品并担任次级受益人,或主动要求信托公司提供量身定制信托服务者)和机构投资者不在此列。当前,金融消费者权益保护问题已经引起了我国政府和监管当局的高度重视。作为金融市场上重要的理财机构,信托公司应主动承担起金融消费者权益保护的职责,为构建良好的金融生态、和谐的金融消费创造社会氛围。在金融消费者权益保护方面,信托行业主要做了以下几个方面的努力。

一、建立健全消费者权益保护管理体系

依据联合国全球契约10项原则、国际标准化知识《社会责任指南》(ISO 26000)、《全球报告倡议组织可持续发展报告指南》(GRI 3.1)及《金融服务业行业补充指南》、银监会《关于加强银行业金融机构社会责任的意见》以及中国信托业协会《信托公司社会责任公约》和《信托公司社会责任评价体系》,中国信托业协会于2016年编制了《中国信托业社会责任报告》(以下简称《报告》)。该报告数据源于官方公开发布的数据以及68家信托公司报送的数

据。中国信托业协会会长陈一松在《报告》中指出："2016 年，在宏观经济增速放缓、监管政策趋严、同业竞争加剧的背景下，信托业坚持服务实体经济的定位，严控风险、稳中求变、寻求转型，行业总体发展平稳。信托公司坚持党的领导，发挥信托制度优势，回归信托本源，积极响应'三去一降一补'，服务实体经济，深耕每一项信托业务，行业规模不断扩大，风控能力不断增强。"

二、秉持金融消费保护原则

加强对金融消费者的保护业已成为金融监管领域的发展趋势，由此带来的立法和司法上的变化对信托公司开展业务提出了新的要求。信托行业在开展业务时应当预先考虑到消费者权益保护的相关规范，防患于未然。这不仅是维护金融消费者权益的责任所在，更是信托公司化解经营风险的现实要求。信托金融消费活动的开展必须建立相应的内部管理制度以及落实相应的内部管理体系。信托公司应结合自身业务实际，研究制订金融消费者权益保护工作实施方案、实施细则、工作规程，明确金融消费者投诉、受理、争议解决、考核监督、宣传培训等内容，形成金融消费者投诉争端解决机制，为信托公司有关部门开展金融消费者权益保护工作提供制度保障。落实相应的内部管理体系。建立有效保护金融消费者权益的内部管理体系，明确主管部门、主管岗位、责任范围。就信托公司职能部门设置而言，市场营销部门属于落实执行金融消费者权益保护的一线部门，综合管理部门属于监督实施部门。在公司内部，制定消费者投诉、争议解决程序，确立"受理—分办—跟踪督查—办结—反馈"的工作流程，实行首问责任、限时办结、服务承诺等工作制度，形成规范高效的投诉处置机制。在具体的金融消费者权益活动中，信托行业必须秉持以下原则。

（一）坚持透明度原则，强化信托产品与服务的信息披露义务

信托公司向金融消费者推销金融服务产品时，应使其知晓各项条件和全部条款，尤其是各类费用支出和获得金融服务所需承担的其他成本。保证金融消费者在投资前、中、后的整个过程中都能够了解到其所购买的信托产品的信息。

（二）在信托产品销售中引入适合性规则

所谓适合性规则是指信托公司在向客户推荐产品之前，先要了解金融消费者的知识水平、投资经验以及资产状况，包括日常收入、现有资产、投资目标和风险承受能力等，并依据金融消费者的个人情况向其推荐合适的金融产品。

（三）提升金融消费者权益保护的信息化水平原则

为规范投诉管理，可以在公司网站上开发“金融消费者权益保护信息管理系统”，对外公布统一的投诉电话，投诉处理、进度监测、结果反馈、统计分析等流程全部实现实时电子化运转，通过该系统全程监测工作开展情况。

（四）客户信息保护原则

个人信息被誉为21世纪最富有价值的资源。具体而言，个人信息对自然人具有社会交往价值，对公权力主体具有管理价值，对企业等私主体具有商业价值。然而，在信息商业化过程中，信息失控已成为不争的事实。随着电子商务的普及，消费者成为个人信息泄露的主要受害群体。伴随信息泄露而至的垃圾短信、骚扰电话、精准诈骗日益威胁着人们的隐私、财产甚至生命安全。同时，消费者个人信息泄露还容易破坏市场秩序、制约经济发展，滋长各类犯罪、危害社会稳定，甚至引发公共安全及国家安全危机。因此，保护个人信息安全对于更好协调个人信息保护与信息自由流通，推动我国信息化进程，保护个人隐私，维护国家安全，促进和保障人权具有重大意义。信托公司必须树立建立个人信息保护制度，采取恰当措施保证客户信息得到安全存储、合理利用。

三、切实增加客户收益

截至2016年年底，信托业受托管理资产达到20.22万亿元，比年初增加3.91万亿元，同比增长24.01%；全年清算信托项目累计支付受益人收益7587亿元，同比增加318亿元，增长率为4.38%，信托称为人民群众财富创造和资产保值增值的重要渠道。

2016年理财市场收益维持较低水平，而到期信托产品收益率和兑付率在社会各类理财产品中均处于领先水平，收益较高、风险可控使信托称为满足投资者理财需求的重要选择。清算信托项目平均年化综合回报率7.72%，维持较高水平；信托公司平均报酬仅为0.41%；平均报酬率仅占信托项目平均年化综合回报率的5.31%，充分体现了信托业“利他在前、利己在后”的受托责任（见图11）。

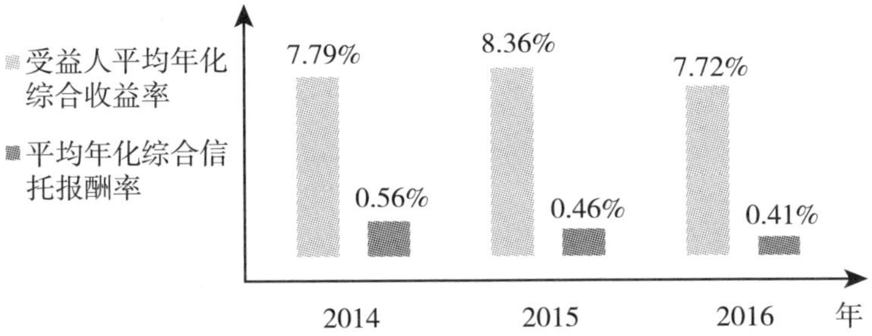

图 11　中国信托业社会责任报告

四、强化客户权益保障

信托业在严格遵守有关政策法规和监管要求的同时，切实履行受托人职责，不断完善制度体系，持续加强风险防控和风险处置机制建设，深入开展投资者教育，充分揭示风险，切实保障了受益人利益，有效提升了客户风险防范意识，“卖者尽责、买者自负”的投资理念进一步强化。

（一）完善制度体系

权益保障，制度先行。各信托公司结合自身实际，制定完善了《消费者权益保护管理办法》《集合信托产品签约录音录像行为规范》等规章制度，明确了客户权益保护工作组织架构及内部职责分工，对公平交易、投诉处理、公众教育和信息保护等以制度形式纳入客户权利保护体系，覆盖产品及服务的全流程。2016 年信托公司与委托人《认购风险申明书》签订率为 100%，信托产品营销“双录”条件达标率为 100%。

（二）夯实风控体系

在经济下行周期下，信托业加快简历全面风险管理体系，不断健全项目风险防控和风险处置机制，严格项目尽调，审慎产品设立，重视存续管理，加强信息披露，强化风险应对，有效保障了信托财产的安全，坚决守住不发生系统性金融风险的底线。信托业 20.22 万亿元的信托资产，不良率仅为 0.58%，风险总体可控。

信托业高度重视风险管理根据内外部环境变化，及时修订完善内控规章制度，不断优化风险管理流程，改进风险管理手段，全面风险管理体系进一步健全。

1. S信托建立风险预警机制

S信托建立以风险报告制度为核心的预警机制,包括舆情管理和问责的风险应急预案机制,同时对于业务方面的主要风险制订了风险处理措施,融进业务操作流程中。

2. Y信托建立法律风险库

Y信托初步建立信托公司法律风险库及风险评估体系,明确法律风险点,并对风险点进行识别、分析与量化评估,构建了法律风险防范长效机制。

3. Z信托推进全面风险管理系统建设

Z信托与某咨询服务有限公司签署战略合作协议,开展全面风险管理系统建设,对公司的制度体系、业务流程、信息系统及数据质量进行梳理,形成了阶段性成果。

(三)加强风险处置能力

2016年内共有21家信托公司完成364.95亿元增资,使68家信托公司平均注册资本由2014年年底的24.54亿元增加至29.97亿元,行业资本实力和抵御风险能力切实加强;信托业严格执行赔偿准备金制度,全行业全年累计预提赔偿准备金达187.03亿元,占所有者权益比重的4.15%,稳中有升;恢复与处置机制进一步完善;信托业保障基金余额808.47亿元,行业"安全网"作用进一步发挥。

五、创新产品服务

2016年信托业在深耕传统优势业务领域的同时,依法合规推进创新转型,丰富信托资金运用方式和服务手段持续拓宽投资渠道,实现产品与服务的持续升级,进一步满足了客户资产管理和财富管理的多样化需求。

(一)继续丰富产品服务类型

信托业在深入开展传统业务的基础上,积极拓展资产证券化、债转股、基金化产品、境外投资等创新业务,极大丰富了产品服务多样性。资产证券化产品创新层出不穷,开展债转股信托业务,继续推动境外投资。

(二)定制个性化产品服务

信托业继续推动产业模式由"以产品为导向"向"以客户为导向"转变,深入挖掘客户需求,充分发挥信托的灵活性,量身定制个性化的金融产品和服务,不断满足客户多元化的资产管理和财富管理服务需求。

中信信托、外贸信托以及建信信托纷纷推出"中信信托·家族信托"品牌,客户众多。

(三)信托公司发力消费信托

消费信贷是金融创新的产物是指商业银行陆续开办的用于自然人(非法人或组织)个人消费目的(非经营目的)的贷款。个人消费信贷的开办,是国有商业银行适应中国社会主义市场经济体制的建立与完善、适应金融体制改革、适应金融国际化发展趋势的一系列全方位变革的重要措施之一。它打破了传统的个人与银行单向融资的局限性,开创了个人与银行相互融资的全新的债权债务关系。近年来,随着信托业务的逐步拓展,众多信托公司纷纷发力消费信托。

(四)借助互联网提升服务水平

以国投泰康为代表的信托公司借助信息系统与互联网手段,不断提升客户服务水平,CRM 系统不断完善,已基本实现预约、排号、统计等功能。国投财富 APP 和微信号也已投入使用,增加了与客户和社会公众沟通的平台,优化了客户体验。

(五)畅通客户投诉机制

以昆仑信托为代表的信托公司制定了《客户投诉处理工作细则(暂行)》,指导客户投诉处理工作,在公司网站、微信公众号平台和宁波销售大厅电子显示屏公示投诉流程、投诉方式、投诉电话,确保客户投诉渠道畅通。

六、强化投资者教育

信托业积极开展多样化的投资者教育,丰富金融消费者投资教育形式,简便畅通的投资者沟通渠道,努力构建立体化投资者教育体系,切实保障投资者的各项合法权益,“卖者尽责、买者自负”的投资理念逐步形成。

(一)协会牵头举办投资者教育活动

由银监会银行业消费者权益保护局和银监会信托监督管理部指导、中国信托业协会主办、国通信托承办的“走进信托与时偕行——中国信托业 2016 投资者教育活动”于 2016 年 12 月 3 日在武汉市成功举办。来自监管部门、行业协会领导、专家与投资者等 200 余人参加了此次活动。通过活动,加深了投资者对信托的认知和理解,拉近了投资者与信托业之间的距离,对投资者树立理性、正确的投资观念起到了积极作用。

(二)提供“适销对路”的金融知识

为提升宣传教育效果,信托业协会根据受众的年龄阶段、知识水平及金融知识需求等因素，设计相应的宣传教育内容和重点。北方信托先后参与“3·15金融宣传服务周”“防范和打击非法集资活动”“防范电信网络新型违法犯罪宣传周”等活动，获得了客户的认可和好评。新时代信托以“普及金融知识，提升金融素养，共建和谐金融”为主题，积极开展“金融知识进万家”宣传服务月活动。

（三）创新形式，提高金融知识宣传的针对性和有效性

建立金融消费者教育制度。信托公司的营销部门不仅是信托产品的销售队伍，还应是信托知识、信托产品及特点的宣传队伍。销售人员实行各项活动，着力提高消费者对信托产品及其内涵的理解，提升其识别金融风险的能力，引导消费者树立正确、合理的消费观念，根据自己的判断能力选择适当的信托消费，教育消费者自觉履行义务、正确使用权利。

第五节 互联网金融机构

一、出借人适当性管理

网贷平台需要建立健全出借人适当性管理制度、充分揭示风险，通过进行出借人教育和测评的方式使出借人充分了解自己的风险承受能力和如何辨别合格的网贷信息中介机构，通过对不同风险等级的出借人进行分级管理，为其匹配相应的产品，从而充分保护出借人的合法权益。

（一）出借人教育

网贷平台必须坚持“金融信息中介”的定位进行“专业经营”，牢牢树立风险管理的理念，履行出借人适当性义务，做好出借人教育。没有一个具备基本金融知识和正确投资观念的投资群体，互联网金融体系的健康和安全就缺少了根基。出借人未对互联网金融产品有相对完备的风险认识时，会使一些蓄意诈骗的企业有可乘之机。出借人的金融知识水平和风险承受能力等因素影响其对网贷产品风险的认知，很大程度影响投资收益的结果，切实关系出借人自身的利益。所以，在网贷平台自身合法合规经营的同时，进行出借人教育的义务也是企业不容推卸的责任，也是整个行业健康良性发展的保证。

目前，宜信公司紧跟监管部门的脚步，已在宜信惠民网站上开设出借人教育模块以供出借人了解和学习。宜信将该模块分为两个部分：风险教育及网贷知识普及。风险教育部分分别讲述了网贷六大“避雷术”、网贷投资可能面临的风险、《网贷风险专项整治工作取得初步成效，网贷风险整体水平正在下降》、网贷信息中介机构禁止行为等。为出借人充分揭示网贷投资可能遇到的风险，明确指出网贷投资存在资金损失的风险，平台并不进行保本保息的承诺或担保；借款人可能因为自身情况未能按照合同约定按时还款，导致出借人可能会面临出借本金和利息无法按时收回的风险等。网贷知识普及模块则重点讲述互联网金融的相关基础知识，包括互联网金融的涵盖范围、网络借贷的定义、网贷平台的定位等，并指出，在出借人办理业务依法获取收益的过程中也同时应当履行出借人义务：(1)向网络借贷信息中介机构提供真实、准确、完整的身份等信息；(2)出借资金为来源合法的自有资金；(3)了解融资项目信贷风险，确认具有相应的风险认知和承受能力；(4)自行承担借贷产生的本息损失；(5)借贷合同及有关协议约定的其他义务。

(二)出借人分级管理

除了出借人教育，网贷平台还必须对出借人进行分级管理，按照出借人风险承受能力的不同对出借人进行分类，设置可动态调整的出借限额和出借标的限制，对不同风险承受等级的出借人分别管理，从而实现把非标产品卖给风险承受能力匹配的人。

1. 出借人风险承受能力划分标准

出借人风险承受能力划分必须遵循以下原则：第一，科学性原则。通过问卷调查出借人的风险承受能力时，需要对出借人的年龄、财务状况、投资经验、风险偏好等项目进行尽职评估，问卷设计要做到科学、合理、客观。第二，适时性原则。出借人的风险承受能力随着年龄、财产和收入状况、资信状况等变化而发生变化，通过与出借人的沟通适时更新出借人的风险承受能力级别。第三，适用性原则。向出借人提供的产品或服务，应当与出借人的产品认知能力、风险承受能力相适应。

2. 出借人风险承受能力评估

风险揭示环节是在进行网贷出借前必不可少的一个环节。宜信公司出借项目的风险揭示书会充分提示出借人：出借有风险，当出借时，可能获得利息，但同时也面临着风险。出借人在作出接受网贷平台服务和出借决策之前，在出借流程中做了相应的系统设置，出借人须仔细阅读风险揭示书，全面认识网络借贷的风险和特性，认真考虑本服务存在的各项风险因素，并充分考虑自身的投资风险意识、风险识别能力和风险承受能力，谨慎做出接受服务和出借的决策。宜信公司在风险揭示书中明确提示出借人本着借贷自愿、诚实守信、责任自负、风险自担的原则自行承担借贷风险。

（三）出借人评估结果与产品的匹配

1. 匹配方式

在面对出借人与借款人的匹配层面宜信平台通过金融云与反欺诈图谱等大数据技术，将借款人按照风险系数进行评级。通过多年自身积累的数据，包括为客户服务的全流程数据，结合强大的网络搜索技术和广泛的合作渠道，领先的数据处理技术，先进的知识图谱技术，专家经验与数据闭环，软、硬件手段等大数据对借款人进行反欺诈的数据甄别，尽最大限度履行平台的撮合甄别职责，将借款人按照风险系数评级，保障合适的出借项目匹配合适的出借人。一旦出借人选择的项目超过了自身的风险偏好及承受能力，系统将限制出借人出借，并根据用户风险测评结果为其提供建议。

2. 网贷平台撮合行为的要求

宜信平台在向出借人提供服务之前，需要对出借人进行调查，填写《风险调查问卷》。根据出借人的选择进行评估，将出借人划分为五档：保守型、稳健型、平衡型、进取型、激进型，并将评估结果告知出借人。对出借人进行告知、警示时，内容真实、准确、完整，不存在虚假记载、误导性陈述或者重大遗漏，语言通俗易懂；告知、警示应当采用书面形式送达出借人，并由其确认已充分理解和接受。出借人的评估结果有效期最长不得超过3年。同一产品的出借人持有期间超过3年的，无须再次进行出借人风险评估。出借人风险承担能力发生重大变化时，可主动申请对自身风险承担能力进行重新评估。对划分为保守型的出借人，不得主动引导购买高于其风险承受能力的产品或服务。稳健性及以上的出借人主动要求购买风险等级高于自身风险承受能力的产品时，应向出借人进行特别的书面风险警示，出借人仍坚持购买的，在获得出借人追加承诺后方可进行出借。互联网金融平台在规范经营的同时，必须做好出借人适当性管理，即将合适的产品匹配到合适的出借人。建立健全出借人适当性管理体系对于线上平台开展业务已刻不容缓。

二、出借人保护机制

宜信公司目前已在网贷官网设置“出借人教育”模块，将进一步跟进和落实出借人保护措施的制度建设和实践，履行监管要求，切实维护出借人以及借款人的合法权益。

目前，我国的对金融权益保护的教育工作基础薄弱，存在区域性不平衡，教育内容以风险揭示、常识普及等基础内容为主。但是，随着网络借贷行业飞速发展,对投资者知识水平提出了更高的要求,对投资者的教育工作是保障网络借贷行业健康发展的重要条件,相当一部分投资人还不了解行业内部结构、运作流程、资金流向;投资人中存在跟风投资现象,甚至有投资人只关注高利率而忽视了对产品安全性的考量。在这样的背景下,投资者教育工作尤为重要,建议相关权益保护部门编写一些通俗易懂的法律科普读物,加强与第三方机构、行业门户,民间协会的互动宣传,提高投资人举报和维权意识。

(一)线上投资人教育

网贷平台的投资人中"80后"占比最大,这部分用户在网络上活跃度较高,故而官方论坛和微信公众号成为投资人教育的主要阵地。官方论坛能够为投资人提供基础理财知识。微信公众号则偏重于热点话题和行业整体发展,有利于投资人对网贷行业政策和发展趋势有所了解。宜信网贷官网论坛,存在类似于"网贷知识讲堂和交流"的投资人教育板块。论坛中的大部分内容是平台和资深投资人分享的新手知识、标的类型选择技巧、投资技巧和如何鉴别平台等。随着投资人逐渐从PC端转向移动端,利用微信公众号进行投资人教育成了重要的教育方式之一。高质量的微信公众号文章,有上万的点击量,投资人教育的效果可观。

(二)线下投资人教育

平台通过线下交流会和考察大会进行内容丰富的投资人教育。部分平台的运营报告表明,"60后"和"50后"投资人的人均投资金额最大,该年龄段的投资人在网络上的活跃度不如"80后"和"90后",他们更讲究"眼见为实"。这也是参与线下考察和交流会的投资人年龄相对较大的原因。当前,平台对线下投资人教育重视程度加大,平台定期前往全国各大城市开展投资人见面交流会和邀请投资人实地考察。投资人见面交流会和考察大会,是投资人和平台进行深度交流的大好机会。平台向投资人分享投资观点,有利于引导投资者建立正确的投资习惯,并加深投资人对平台的运营现状的了解。同时,平台还可以根据投资人提出的问题,明确哪些是投资人最关心的内容,以便优化平台运营。

(三)特色投资人教育

除了常规的线上投资人教育和线下投资人教育,宜信平台尝试推出了形式新颖的投资人教育活动,如防骗漫画、直播、投资者教育动画视频、金融微电影和微信群课堂等,给投资人留下深刻的印象。

三、借款人评级体系

建设借款人信用评级是对评级对象履行借款合同和经济承诺的能力和意愿的总体评价。信用评级是金融机构确定贷款风险程度的依据和信贷资产风险管理的基础,是金融科技的核心竞争力。对网贷平台借款人进行信用风险评价的意义在于,一方面,能减少信息的不对称,帮助投资人了解借款人的融资背景、经营能力、资信水平、资金使用、违约历史记录等;另一方面,对平台提高风险管理水平、降低风控成本和加强互联网金融体系的抗风险能力有一定的促进作用。

(一)借款人评级借款人评级体系

一般包括几个部分:

1. 设定内部评级组织架构,保证评级工作有效运行

金融机构需要设计评级体系运行的组织架构,明确风险管理、信贷等有关部门的职能分工,从管理制度等“软件”方面保证评级体系的正常运行。

2. 完成数据库建设和 IT 系统建设建立评级体系平台

金融机构需要收集和储存关键借款人和贷款特征的数据,保留评级及历史表现等完整的历史数据。

3. 信用评分

量化借款人风险的工具,可以计算借款人违约概率。

(二)信用评分和评级

信用评级的体系的基石是信用评分。信用评分将多维的大量的征信信息,通过统计学和运筹学转化为单一的数字,是对消费者信用简单明了的总结。信用评分是征信最重要的产品之一。在国内,宜信宜人贷风险管理团队和美国 FICO 公司合作开发风控评分卡,并根据国内情况对评分卡不断进行更新迭代,充分利用 FICO 先进的评分技术,结合国内多样的数据源,优化贷前授信流程,提升风险管理能力。它从申请人信用历史、履约能力、网购行为、社交关系、手机使用、信用卡还款行为等各方面展开信用考核,最后的得分决定批核决策,风险定价及授信额度。

(三)信用评级的应用信用评级可以在信贷产品整个生命周期都发挥很大作用

第一,贷前市场营销信用评级在潜在客户筛选、市场准入中可以作为一个主要工具。

第二,贷前审批信用评级结果可以用来决定是否通过信贷审核,确定授信额度、授信费率定价、客户价值分析。如宜信宜人贷线上极速模式利用信用评级进行自动化的信贷审批,并且在定价及定额策略上参考起信用评级。这样不但提高贷款效率,降低人工成本,而且对客户体验也有很大提高。

第三,客户维护与审查对有循环性质的产品,金融机构常常定期审查消费者的下一期借款更新其信用评级来决定是否提额或降额,或进行追加业务。

第四,信贷组合的估价。对资产组合交易,借款人信用评级也被用来预测整个资产组合的总体风险及未来价值。

第五,贷后催收与回收。贷后催收回收中可以依据客户风险评价设定不同催收力度,提高回款效率。

四、客户信息保护

为了有效地保护客户信息安全,宜信公司从以下几个方面开展客户信息保护工作。

(一)企业制度建设层面

完善客户信息保密责任制度,员工签署保密协议;建立对客户信息保护的违规责任认定和相应的处罚制度,健全内控考核机制;建立理智人员的信息安全审核机制;将客户信息进行分类管理、分级授权;及时更新和升级企业安全补丁;严格控制后台系统和数据库的权限。

(二)员工层面

未经授权,不得拷贝、抄录客户信息;妥善保存客户数据;不通过个人有限传送客户数据;废弃客户信息及时销毁;不回复任何向员工索要客户信息的邮件或电话。

(三)合规手册对于客户信息保护的相关规定

1. 一级违规行为

向他人出售或者提供客户个人信息;在履行职责或者提供服务过程中获得的客户个人信息,出售或者提供给他人的;窃取或者以其他方法非法获取客户个人信息的;窃取、泄露、买卖客户、员工相关信息或因私自留存、未妥善存管客户、员工等相关信息导致泄露。

一级违规(违反国家禁止性规定)的须承担的责任有以下两种:第一,违规者责任:直接解除劳动合同。第二,管理者责任:上追一级管理责任;上追二级(间接)管理责任,扣除业绩提绩效或奖金且 1 年内不得晋升,不得在各类评奖、考评中获得优秀、良好评价。

2. 二级违规行为

私自保留或未妥善存管业务活动中获取的客户信息及其各类媒介、载体，存在客户信息面临存在遗失、泄露、毁损风险。

二级违规（违反业务操作或管理制度）须承担的责任有以下两种：第一，违规者责任：试用期员工，直接解除劳动合同；正式员工：扣除业绩提成（绩效）工资或奖金且一年内不得晋升、不得在各类评奖、考评中获得优秀、良好的评价。情节严重的，可同时处以撤职、降职或解除劳动合同。第二，管理者责任：上追一级管理责任；上追二级（间接）管理责任，扣除业绩提绩效或奖金且一年内不得晋升，不得在各类评奖、考评中获得优秀、良好评价。

3. 三级违规行为

未在公司规定时间内完整地向公司或客户转交文件、资料（不论是否为客户带来损失或是否引起投诉）。

三级违规（违反业务操作或管理制度）的须承担的责任有以下两种：第一，违规者责任：试用期员工，直接解除劳动合同；正式员工：扣除一定期限业绩提成（绩效）工资或奖金且 6 个月内不得晋升，不得在各类评奖、考评中获得优秀、良好的评价。情节严重的，可同时处以撤职。第二，上追一级管理责任；上追二级（间接）管理责任。扣除一定期限业绩提绩效或奖金且 3 个月不得晋升，6 个月内不得在各类评奖、考评中获得优秀、良好评价。

管理者所管辖团队的三级违规行为人次按规则累计构成二级违规、一级违规的，按相应违规级别追责、处罚。

（四）业务操作层面

1. 取得客户授权

线上或线下签署用户协议、单独授权书，建议结合业务实际需求，设计取得授权的环节、时点。线上签署的，使用电子签名方式；线下签署的，由信息主体亲笔签名。

2. 对授权内容的要求

必须明示收集、使用信息的目的、方式和范围，以及对外输出个人信息的客户同意。

3. 对授权时效的要求

收集、使用个人信息的授权并非终身有效，根据合法、正当、必要的原则，在用户终止使用相应服务后，应当停止对用户个人信息的收集和使用，并为用户提供注销号码或者冻结账号的服务。

第六节　第三方支付机构

自2015年12月中国人民银行发布的《非银行支付机构支付业务管理办法》在保护消费者权益方面较为系统地对第三方支付机构提出具体的要求以来,近年多家大型第三方支付机构,如A机构、腾讯微信支付等积极履行社会责任,金融消费者权益工作效果卓著,为各方提供了先进的经验。以A机构为例分析,其在金融消费者权益保护方面的工作,除在其《客户权益保障承诺书》明确强调了保障消费者的几大权利指标(财产安全权、知情权、自主选择权、公平交易权、依法求偿权、受教育权、受尊重权、信息安全权)外,主要包括以下几方面。

一、建立健全金融消费者安全权保障体系

金融消费者的安全,主要包括人身安全、财产安全和信息安全这三个方面,因为支付的核心是解决用户需求,如何又快又安全地实现用户所托,是支付的立身之本。如何控制风险,保障财产和信息安全,是消费者最关心的问题,也是金融消费者的第一需求。在具体实践中,尤其是财产安全和信息安全事件频发,亟待保护。因此,金融消费者的财产安全权和信息安全权受到各方的重视,对此,A机构构建了金融消费者安全权保障体系(该体系为本报告自行梳理得出),内容如下:

(一)风险防范控制体系

A机构通过多年的探索,已经实现了风险控制的智能化,防控效果显著,把网络安全视为生命线,新技术和严密风控体系助力金融消费者信息与财产安全的保障。

首先,构建了事前预防、事中监控、事后审核的全程化风险管理体系。A机构风控系统利用历史交易数据进行个性化的验证,提高账户安全性。80%左右的风险事件在智能风控环节就能解决。除了事后审核以外,也格外注重了事前预防、事中监控——事前,将账户的风险分级,不同账户对应不同风险等级;事中,对新上线的产品进行风险评审以及监控策略方案评审。

其次,注重加强专业队伍建设,培养并任用大批专业素养的人才进行风险控制工作,并投入大量资金用于风险监测分析处置的服务器,保障金融消费者

的财产安全从降低风险做起。A 机构所属公司目前的近 7000 余名员中,其中超过 1500 个员工从事风险管理业务;2000 多台服务器专门用于风险的监测、分析和处置;平均 100 毫秒实时风险识别与管控能力。

最后,加强合作,协同各方携手打造风险控制体系。A 机构所属公司正在与公安机关、检察院、法院合作,协同侦破线下扰乱互联网金融秩序的案件,打击犯罪。此外,A 机构所属公司还积极与银行、其他第三方支付公司、风险防控有关的软硬件厂商、A 机构商户和用户、高校及科研机构等社会各界展开广泛合作,以提升支付行业的安全防范的能力。在新的网络安全形势下,注重安全保障不仅是单个企业的义务与责任。上述通过联手行业各方、科研院校以及执法部门进行的全面合作,从"单维治理"变为"生态联动"来保障安全,并通过开放输出安全技术和能力,携手各方创造更安全的数字金融环境,为金融消费者提供更加安全放心的消费环境。

(二)会员赔付保障体系

一是 A 机构用户保障计划不断升级,有效保障金融消费者的财产安全权和依法受偿权。从 2005 年起,A 机构就启动了"你敢扫,我敢赔",当时,网络购物在中国刚刚兴起,A 机构的这一承诺曾让上亿用户放心。如果用户的资金被盗,将获全额赔付,有效保障了消费者的财产安全权。2017 年 A 机构再次升级安全保障计划,从用户扩大到商家,从线上延伸到线下,不仅用户资金被盗可获得赔付,如果商家的收钱码被恶意替换、调包,其损失的资金也将能通过保险公司获得赔付。新金融带来更多便利,为金融消费者提供的保障措施也随之同步升级。

二是人工智能技术保障产品质量和赔付能力。A 机构所属公司将人工智能技术运用于提升智能质检能力与智能赔付能力。原本通过人工去调研服务质量,抽样的覆盖率仅 2% 左右,利用人工智能技术后,智能服务具备了品质的判断能力以及情感判断能力,机器人可以实时地实现客服人员的智能自动质检。

智能赔付能力,助力保护金融消费者依法受偿权。在保险业务上,"我的客服"已经具备了专业的审核能力,平均 24 小时就能够完成赔付。其中 32% 理赔可以在一小时之内直接完成,而且有一半复杂的赔付可以在 6 个小时内完成。

三是 A 机构始终重视保护消费者的资金安全,将自有资金和用户资金分开存放,承诺不挪用、占用用户资金。

四是A机构还建立了包括快捷支付保障、余额支付保障、手机支付保障在内的一整套会员保障体系，全面保护消费者的财产安全权。

（三）安全保护手段

在其官网的安全中心平台显示，除了实名认证账户外，A机构还提供安全控件、数字证书、支付盾、安全保护问题、用户安全策略等丰富多样的安全保护手段，充分保障金融消费者的账户安全。例如，A机构鼓励消费者下载安装安全控件，防止账户密码被木马程序或病毒窃取，提升A机构账户的安全性。在安全策略中推荐并指导金融消费者采用“妥善保管好自己的账户和密码、认真核实A机构的网址、开通专业版网银进行付款、遵守A机构交易流程购物”等措施，让其A机构账户更安全。

另外，研发先进的生物识别技术并将其应用于互联网身份认证领域，实现更高的安全性与更好的用户体验。以领先的人脸比对算法为基础，研发了交互式人脸活体检测技术和图像脱敏技术，并设计了满足高并发和高可靠性的系统安全架构。以此为依托的人脸验证核身产品提供服务化接口，已经成功实现产品化并在网商银行和A机构身份认证等场景应用。这其中的几项核心算法分别是活体检测算法、图像脱敏算法以及人脸比对算法。目前，A机构所属公司运用的人脸识别算法在国际公开人脸数据库LFW上的准确率已经高达99.6%。除此之外，A机构所属公司在2015年年初向公安部提交了人脸识别算法和技术的测试申请，进一步验证人脸活体检测防攻击和人脸比对两方面在实际真实场景的性能。

（四）隐私权保护措施

对于金融消费者的隐私保护和信息安全权保障方面，A机构十分重视。消费者的身份资料和其他特定资料依《A机构隐私权政策》受到保护与规范，通过分析，我们可以发现如下几点。

首先，A机构制定的《A机构隐私权政策》用通俗易懂、简明扼要的文字表达，并对政策中与消费者权益存在重大关系的条款，采用粗体字进行标注进行特别提示说明，虽然隐私政策内容为格式条款，但关键条款均作出特别的提示与说明，这有利于消费者真正地知悉与理解。

其次，该政策内容按照个人信息的生命周期进行系统的规定，丰富全面，包括如何收集个人信息，使用Cookie、Beacon、Proxy等技术，存储和保护个人信息，使用个人信息，共享、转让和公开披露个人信息；消费者如何访问和控制自己的个人信息以及未成年人隐私权特别约定等。做到从各个环节充分保护消费者的个人信息安全。

最后,隐私规则符合现有隐私保护和信息安全的相关法律法规的要求,并较好地平衡了商业价值挖掘和个人信息的保护这两个价值取向。例如,个人信息的收集、转让和使用均明确体现事先同意原则,充分尊重消费者的意愿,充分保障金融消费者的信息安全权和知情权。(1)收集环节,除“与国家安全、国防安全有关的”或者“与公共安全、公共卫生、重大公共利益等有关的”等六项无须事先征得金融消费者同意以外,其他个人信息的收集均会事先征得消费者的明确授权;(2)使用环节,当A机构要将信息用于本政策未载明的其他用途时,或要将基于特定目的收集而来的信息用于其他目的时,会以确认协议、具体场景下的文案确认动作等形式再次征求消费者的同意;(3)转让环节,A机构保证不会将消费者的个人信息转让给任何公司、组织和个人,除非有事先获得消费者明确的同意或授权等情形。

二、构建金融消费者的公平交易权与受尊重权保障机制

(一)通过信息披露,保障金融消费者的公平交易权

A机构遵守公正、平等、诚实、信用原则,在其网站、产品页面或服务协议中公示各服务内容、收费标准等信息。客户有权根据该信息自行选择是否使用某项服务,A机构所属公司不会强制客户使用某项服务。

(二)扩大服务群体至县域和农村,保障消费者的公平交易权

A机构将城市服务功能下沉至县域。在国家“互联网+”的大战略下,A机构正在连接政府服务能力与民众,有助于打造各级政府公共服务平台,提升互联网便民服务功能,提升县域经济,促进县域发展。这使县域居民可享受到跟一线城市居民一样便利的互联网服务,无须奔波,只要在手机上打开A机构,就可以在城市服务平台使用包括公积金查询、社保查询、生活缴费等15项便民服务,推动新型城镇化和新农村建设协调发展。这给予金融消费者平等的交易机会和合理的交易条件,也符合普惠金融发展的要求,使潜在的金融消费者免受歧视获得基本金融服务,这也是消费者公平交易权合理保护的体现。

(三)明确承诺保障金融消费者受尊重权

在《A机构所属公司客户权益保障承诺书》中明确承诺,A机构所属公司尊重金融消费者的人格尊严和民族风俗习惯,除根据法律法规及风险控制需要做出的限制外,不会因用户的性别、年龄、种族、民族或国籍等不同进行歧视

性差别对待。

三、开展生动活泼的金融知识宣传教育活动

第三方支付机构，依托互联网平台通过独树一帜的方式，积极开展金融知识宣传教育工作，包括信用课程、实时互动游戏、在线宣传动漫等生动方式，取得了较良好的教育效果。

（一）信用课程，使金融消费者教育活动体系化常态化

近年来，随着互联网金融的快速发展，大学生参与金融活动的机会和便利性大增，过度消费、多头借贷等信贷问题也随之频发。以大学生为主的青年群体无疑是构建中国信用社会的主力军。但数据和调研显示，绝大多数大学生从未接触过系统的信用教育，信用文化薄弱。A 机构面向大学生群体推出"信用课程"，该信用教育课程体系已在全国 17 个省市的 40 所高校落地，累计开课 122 次，近 4000 名学生参与，在调查反馈中，课程综合满意度超 9 分（满分 10 分）。其良好的经验包括以下几方面。

1. 选对人员，大胆地采用"身边人教育身边人"的方式，更具渲染力和感召力。为提升宣传教育效果，选用消费者打动消费者的方式，令身边人打动身边人，选用大学生讲师进行授课，更容易令同为大学生的同龄人消费者群体快速接受，起到更加良好教育作用。因此，该信用课程由学生项目经理自主招募学生讲师、组织授课、管理课程进度，经过培训的学生讲师，在授课实践中，迭代更新课程内容和授课方式。芝麻信用基金则负责提供坚实的专业知识和教学物资后盾。

2. 选准内容，提高金融知识宣传的针对性和有效性。许多大学生从未意识到信用记录会成为自己的资产和标签，对日后的生活、就业产生重大影响。部分大学生对信用的认识尚停留在道德品质层面。所以根据问题导向，基于受众的知识水平及金融知识需求等因素，信用教育课程在设计上选择和编排了教育内容和重点，更多地从经济生活层面，讲解信用行为及其背后的社会信用体系运作规律。

（二）其他创新形式，提升金融消费者教育的影响力

为提高金融知识宣传的宣传力度和效果，A 机构探索了许多行之有效的宣传教育方式，拓展创新活动形式，使金融宣传贴近百姓的生活和工作，也更易被大众所接受。例如，最能吸引网友的网络小游戏的实时互动方式，其中一款名为《史上最强守护英雄》的游戏中，玩家选择合适的安全软件为战斗伙伴

对抗“钓鱼”“木马”“信息泄露”等怪兽,并回答安全教育问题,回答正确可以一击秒杀怪物,错误则会让怪物起死回生。画面制作精美,娱乐性与教育性都很强。再如,在线宣传手册和宣传动漫等形式,其中《网络英雄传》从网络安全教育入手,运用几幅栩栩如生的漫画,吸引 27,425 人关注,获得了较高的影响力和宣传教育效果。

四、有效保障金融消费者知情权与监督权

(一)明确提出保障消费者知情权,不作虚假或引人误解的宣传

A 机构在《客户权益保障承诺书》中保证:以通俗易懂的语言,通过产品页面、服务协议、公告或使用须知等方式公示其所提供的服务内容信息,包括服务名称、服务内容、服务收费标准等,保障消费者享有知悉其接受的服务的真实情况的权利。保障不发布夸大产品收益、掩饰产品风险等不实信息,不作虚假或引人误解的宣传,尽到合理的风险提示义务。

(二)平台构建多元渠道,面向不同金融消费者群体

针对不同金融消费者人群,设置不同的联系交流方式,保障其知情权,并方便其对 A 机构进行监督。例如,对于喜欢使用在线交流的消费者群体,配置在线客服;对于不善于或者暂时不便于网络交流的群体,设置热线电话 8:00~24:00 时段全程服务;针对手机等移动端用户群体,则可享受随身携带的客户服务。此外,“提建议”平台入口标识显著,便于消费者进入,平台设计人性化,人工反馈高效迅速,能够切实解决消费者的实际问题,保护了消费者的合法权益,也同步促进支付平台和产品的进一步优化和升级,双向共赢。

(三)创新应用人工智能技术,咨询建议投诉服务高度智能化

在咨询与建议的机制构建中,A 机构依靠人工智能技术实现“智能客服”,通过大数据挖掘和语义分析技术来实现问题的自动判断和预测。可以识别到用户的身份信息,客户端也有用户的行为逻辑,就可以知道用户是在哪个环节遇到障碍,另外 A 机构所属公司也会总结整体用户层面遇到的主要问题。在交流过程中,“我的客服”能够通过语义分析等方式获得关键信息再给予匹配。目前,“我的客服”已经积累了近千个经验专家知识调动库、模型库。原本从发现和识别问题到快速调度客户服务解决问题需要 50 分钟,现在1.6 分钟即可做到策略智能调度响应。

（四）拓宽交流投诉建议渠道，建立多层级投诉处理机制

除了认真解答服务咨询以外，A 机构在集团内部建立多层级投诉处理机制，并不断完善咨询、投诉处理机制，并且明确表示不会限制客户寻求法律救济途径，充分保障金融消费者行使自身的监督权，从而维护其合法权益。

图书在版编目(CIP)数据

中国金融消费者权益保护研究报告 / 李爱君主编. -- 北京 : 法律出版社, 2019
ISBN 978-7-5197-3327-8

Ⅰ. ①中… Ⅱ. ①李… Ⅲ. ①金融投资－投资者－法律保护－研究报告－中国 Ⅳ. ①D922.280.4

中国版本图书馆 CIP 数据核字(2019)第 055466 号

中国金融消费者权益保护研究报告
ZHONGGUO JINRONG XIAOFEIZHE QUANYI BAOHU YANJIU BAOGAO

李爱君 主编

策划编辑 沈小英
责任编辑 刘晓萌
装帧设计 马 帅

出版 法律出版社
总发行 中国法律图书有限公司
经销 新华书店
印刷 固安华明印业有限公司
责任校对 杨锦华
责任印制 吕亚莉

编辑统筹 法治与经济出版分社
开本 710 毫米×1000 毫米 1/16
印张 19
字数 307 千
版本 2019 年 4 月第 1 版
印次 2019 年 4 月第 1 次印刷

法律出版社/北京市丰台区莲花池西里 7 号(100073)
网址/www.lawpress.com.cn
投稿邮箱/info@lawpress.com.cn
举报维权邮箱/jbwq@lawpress.com.cn
销售热线/010-83938336
咨询电话/010-63939796

中国法律图书有限公司/北京市丰台区莲花池西里 7 号(100073)
全国各地中法图分、子公司销售电话:
统一销售客服/400-660-6393
第一法律书店/010-83938334/8335
西安分公司/029-85330678
重庆分公司/023-67453036
上海分公司/021-62071639/1636
深圳分公司/0755-83072995

书号:ISBN 978-7-5197-3327-8
定价:78.00 元